ENZYKLOPÄDIE
DEUTSCHER
GESCHICHTE
BAND 68

ENZYKLOPÄDIE
DEUTSCHER
GESCHICHTE
BAND 68

HERAUSGEGEBEN VON
LOTHAR GALL

IN VERBINDUNG MIT
PETER BLICKLE
ELISABETH FEHRENBACH
JOHANNES FRIED
KLAUS HILDEBRAND
KARL HEINRICH KAUFHOLD
HORST MÖLLER
OTTO GERHARD OEXLE
KLAUS TENFELDE

GRUNDFORMEN DER FRÖMMIGKEIT IM MITTELALTER

VON
ARNOLD ANGENENDT

2., durchgesehene Auflage

R. OLDENBOURG VERLAG
MÜNCHEN 2004

Bibliografische Information der Deutschen Bibliothek
Die Deutsche Bibliothek verzeichnet diese Publikation in der Deutschen
Nationalbibliografie; detaillierte bibliografische Daten sind im Internet
über <http://dnb.ddb.de> abrufbar.

© 2004 Oldenbourg Wissenschaftsverlag GmbH, München
Rosenheimer Straße 145, D-81671 München
Internet: http://www.oldenbourg.de

Das Werk einschließlich aller Abbildungen ist urheberrechtlich geschützt. Jede Verwertung außerhalb der Grenzen des Urheberrechtsgesetzes ist ohne Zustimmung des Verlages unzulässig und strafbar. Das gilt insbesondere für Vervielfältigungen, Übersetzungen, Mikroverfilmungen und die Einspeicherung und Bearbeitung in elektronischen Systemen.

Umschlaggestaltung: Dieter Vollendorf
Umschlagabbildung: Magdeburger Elfenbeintafel, Maiestas Domini, Metropolitan Museum of Art, New York
Gedruckt auf säurefreiem, alterungsbeständigem Papier (chlorfrei gebleicht)
Gesamtherstellung: R. Oldenbourg Graphische Betriebe Druckerei GmbH, München

ISBN 3-486-55700-9 (brosch.)

Vorwort

Die „Enzyklopädie deutscher Geschichte" soll für die Benutzer – Fachhistoriker, Studenten, Geschichtslehrer, Vertreter benachbarter Disziplinen und interessierte Laien – ein Arbeitsinstrument sein, mit dessen Hilfe sie sich rasch und zuverlässig über den gegenwärtigen Stand unserer Kenntnisse und der Forschung in den verschiedenen Bereichen der deutschen Geschichte informieren können.
Geschichte wird dabei in einem umfassenden Sinne verstanden: Der Geschichte in der Gesellschaft, der Wirtschaft, des Staates in seinen inneren und äußeren Verhältnissen wird ebenso ein großes Gewicht beigemessen wie der Geschichte der Religion und der Kirche, der Kultur, der Lebenswelten und der Mentalitäten.
Dieses umfassende Verständnis von Geschichte muss immer wieder Prozesse und Tendenzen einbeziehen, die säkularer Natur sind, nationale und einzelstaatliche Grenzen übergreifen. Ihm entspricht eine eher pragmatische Bestimmung des Begriffs „deutsche Geschichte". Sie orientiert sich sehr bewusst an der jeweiligen zeitgenössischen Auffassung und Definition des Begriffs und sucht ihn von daher zugleich von programmatischen Rückprojektionen zu entlasten, die seine Verwendung in den letzten anderthalb Jahrhunderten immer wieder begleiteten. Was damit an Unschärfen und Problemen, vor allem hinsichtlich des diachronen Vergleichs, verbunden ist, steht in keinem Verhältnis zu den Schwierigkeiten, die sich bei dem Versuch einer zeitübergreifenden Festlegung ergäben, die stets nur mehr oder weniger willkürlicher Art sein könnte. Das heißt freilich nicht, dass der Begriff „deutsche Geschichte" unreflektiert gebraucht werden kann. Eine der Aufgaben der einzelnen Bände ist es vielmehr, den Bereich der Darstellung auch geografisch jeweils genau zu bestimmen.
Das Gesamtwerk wird am Ende rund hundert Bände umfassen. Sie folgen alle einem gleichen Gliederungsschema und sind mit Blick auf die Konzeption der Reihe und die Bedürfnisse des Benutzers in ihrem Umfang jeweils streng begrenzt. Das zwingt vor allem im darstellenden Teil, der den heutigen Stand unserer Kenntnisse auf knappstem Raum zusammenfasst – ihm schließen sich die Darlegung und Erörterung der Forschungssituation und eine entsprechend gegliederte Auswahlbiblio-

grafie an –, zu starker Konzentration und zur Beschränkung auf die zentralen Vorgänge und Entwicklungen. Besonderes Gewicht ist daneben, unter Betonung des systematischen Zusammenhangs, auf die Abstimmung der einzelnen Bände untereinander, in sachlicher Hinsicht, aber auch im Hinblick auf die übergreifenden Fragestellungen, gelegt worden. Aus dem Gesamtwerk lassen sich so auch immer einzelne, den jeweiligen Benutzer besonders interessierende Serien zusammenstellen. Ungeachtet dessen aber bildet jeder Band eine in sich abgeschlossene Einheit – unter der persönlichen Verantwortung des Autors und in völliger Eigenständigkeit gegenüber den benachbarten und verwandten Bänden, auch was den Zeitpunkt des Erscheinens angeht.

Lothar Gall

Inhalt

Vorwort des Verfassers XI

I. Enzyklopädischer Überblick 1

  A. Ausgang und Geschichte 1
    1. Eine „überwältigende" Fremdreligion 1
      1.1 Was ist Religion? 1
      1.2 Eigenart des Christentums 2
      1.3 Spätantike Reichskirche 4
      1.4 Konfrontation mit den indigenen Religionen . . 6
    2. Der Prozess der Christianisierung 7
      2.1 Anfänge in Deutschland 7
      2.2 Merowingerzeit 7
      2.3 Karolingische Erneuerung 10
      2.4 Nach Norden und Osten 13
      2.5 Wende des Mittelalters 14
      2.6 Spätmittelalter 17

  B. Elemente mittelalterlicher Religiosität 18
    1. Das Gottesbild 18
      1.1 Gott 18
      1.2 Jesus Christus 21
      1.3 Himmel und Hölle 23
      1.4 Glauben und Dogma 24
    2. Das Menschenbild 27
      2.1 Äußerer und innerer Mensch 27
      2.2 Mensch als Bild Gottes 28
      2.3 Die Heiligen 30
    3. Glaube und Kult 33
      3.1 Ritus und Mythos 33
      3.2 Wort und Bibel 34
      3.3 Gebet und Mystik 36
      3.4 Liturgie und Liturgen 38

4. Sakramente	40
4.1 Taufe	41
4.2 Buße	42
4.3 Messe	44
4.4 Ehe	49
4.5 Ordination	49

II. Grundprobleme und Tendenzen der Forschung 53

A. Frühere und gegenwärtige Tendenzen 53

1. 19. Jahrhundert 53
   1.1 Profangeschichte 53
   1.2 Deutsch-evangelische Sicht 54
   1.3 Romantisch-katholische Sicht 55

2. Die Zäsuren von 1900 und 1918 55
   2.1 Wende zur Religionsgeschichte 55
   2.2 Kulturprotestantismus 56
   2.3 Katholischer Modernismus 57

3. Zwischenkriegszeit 57
   3.1 „Antihistorische Revolution" 57
   3.2 Deutschnationale Grundeinstellung 58
   3.3 Neue Mediävistik 58
   3.4 Nordisches und Südländisches 60
   3.5 „Absterbendes" Spätmittelalter 60
   3.6 Kirchengeschichte 61
   3.7 Liturgieforschung 62

4. Nach 1945 63
   4.1 Revision des Geschichtsbildes 63
   4.2 Sozial- und Religionsgeschichte 64
   4.3 Die neue Sicht des Spätmittelalters 65
   4.4 Postmoderne Mediävistik 66
   4.5 Von der Verfassungsgeschichte zur rituellen Kommunikation 66
   4.6 Anregungen von außen 67
   4.7 Frauen- und Gendergeschichte 67

B. Für ein religionsgeschichtliches Mittelalter 68

1. Erste Ansätze 68
   1.1 Kirchengeschichte 68
   1.2 Profangeschichte 73

Inhalt

2.	Grundzüge	74
	2.1 Hochreligion und Einfachreligion	74
	2.2 Europäische Konfliktpotenziale	75
	2.3 Kosmos und Personalität	78
	2.4 Gentilismus und Universalismus	80
	2.5 Religion und Ethik	84
	2.6 Oralität und Buch	87
	2.7 Glauben und Wissen	89
3.	Einzelprojekte	91
	3.1 Peregrinatio	91
	3.2 Monastische Forschungen	93
	3.3 Heiligenverehrung und Hagiografie	95
	3.4 Angewandte Liturgie	96
	3.5 Geben und Zählen	97
	3.6 Bedeutungsforschung und Mystik	99
	3.7 Bild und Kunst	101
	3.8 Buße und Unreinheit	102
	3.9 Ablass	103
	3.10 Inquisition und staatliche Gewalt	105
	3.11 Staat und Kirche	106
	3.12 Tod, Totenliturgie und Memoria	107
	3.13 Jenseitsvorstellungen und Fegefeuer	109
	3.14 Grabkult und Reliquien	110
4.	Tausend Jahre Mittelalter	112

III. Quellen und Literatur 115

A. Quellen 115

B. Literatur 115

   1. Lexika und Nachschlagewerke 115

   2. Sammelwerke und Gesamtdarstellungen der Kirchen- und Frömmigkeitsgeschichte 116

   3. Einzelperioden 118
      3.1 Spätantike und Germanen 118
      3.2 Frühmittelalterliche Christianisierung 118
      3.3 Königs- bzw. Reichskirche 120
      3.4 Wende des Mittelalters 121
      3.5 Spätmittelalter 122

4. Problemkreise der mittelalterlichen Frömmigkeitsgeschichte 123
   4.1 Gottesbild und Menschenbild 123
   4.2 Einfach- und Hochreligion 124
   4.3 Philosophie und Theologie 124
   4.4 Klöster und religiöse Bewegungen 124
   4.5 Liturgie und Sakramente 126
   4.6 Heiligenverehrung und Hagiografie. 128
   4.7 Bedeutungsforschung und Mystik 129
   4.8 Buße und Unreinheit 130
   4.9 Toleranz und Verketzerung 131
   4.10 Geben und Zählen. 131
   4.11 Tod, Totenliturgie und Memoria 132
   4.12 Fegefeuer und Ablass 132
   4.13 Grabkult und Reliquien 133
   4.14 Frauenforschung 133
   4.15 Ehe 134
   4.16 Bild- und Passionsfrömmigkeit 135
5. Forschungsgeschichte und neue Mediävistik 135

Anhang
   Abkürzungen der biblischen Bücher dt./lat. 137
   Vater unser 139
   Apostolisches Glaubensbekenntnis 139
   Nicaeno-Constantinopolitanisches Glaubensbekenntnis . . 140
   Schematischer Ablauf der Messfeier 141
   Schematischer Überblick über das Stundengebet 142

Register 143
   Personen-/Autorenregister 143
   Ortsregister 147
   Sachregister 148

Themen und Autoren 155

Vorwort des Verfassers

Die im europäischen Mittelalter gelebte Religion war das Christentum. Dieses habe, so wird heute herausgestrichen, überhaupt erst das europäische Mittelalter geschaffen. Deutschland war darin nur ein Teil, Jahrhunderte lang sogar nur ein Randteil. Für eine Enzyklopädie deutscher Geschichte ist dabei ein Spagat gefordert: zum einen das allgemeine, vom Süden und Westen her dominierende Christentum im Auge zu haben, zum anderen die spezielle Entwicklung in jenen Gebieten darzustellen, aus denen Deutschland entstanden ist. Aufs Ganze ist die Christianisierung als Prozess zu sehen, als Auseinandersetzung einer Hochreligion mit einfachreligiösen Systemen. So zu sprechen führt allerdings in religionsdefinitorische Fragen: Was ist Hochreligion und was demgegenüber Einfachreligion? Beim mittelalterlichen Religionsprozess ist das Ergebnis insgesamt erstaunlich: Der ethnische, kulturelle und religiöse Flickenteppich Europa fand zu einer religiösen Einheitlichkeit, die von Schweden bis Spanien reichte. Was also im heute deutschsprachigen Mitteleuropa ablief, geschah, wenn auch nicht gleichzeitig, so doch im Wesentlichen gleichartig in der ganzen westlichen Christenheit. Insofern gibt es keine spezielle, allenfalls nuancierte Christlichkeit in Deutschland.

Arnold Angenendt

I. Enzyklopädischer Überblick

A. Ausgang und Geschichte

1. Eine „überwältigende" Fremdreligion

1.1 Was ist Religion?
Religion versteht sich gemeinhin als Sammelbegriff für die Anerkenntnis und Verehrung transzendenter (überirdischer) Mächte. Immer weiß Religion von Göttern bzw. von numinosen Mächten und verkündet die gebotenen Umgangsweisen. Religion versteht sich als von übermenschlichen Mächten gestiftet, als zu Urzeiten von Gottwesen oder Ahnen geoffenbart; in ihnen gründet sich der Ursprung des eigenen Lebens und was damals, in der normgebenden Urzeit, geschah, hat Vorbildcharakter für die Jetztzeit. Dem Menschen sind dadurch Identitätssicherung wie Sozialintegration verheißen, sogar über den Tod hinaus. Alle historische Beurteilung muss sich bewusst halten, dass der heutigen Religionsethnologie kein religionsloses Volk aus der Vormoderne bekannt ist, dass ferner Religion mindestens seit dem Jungpaläolithikum, also seit 40 000 Jahren besteht, dass sie nur einmal und kein zweites Mal erfunden worden ist: „Sie war überall und immer schon da" (W. Burkert). Schwieriger als die Frage nach dem Wesen ist die nach der Entwicklung von Religion. Allgemein wird vorausgesetzt, dass es in Parallele zu Hochkultur auch Hochreligion gibt, der gegenüber allerdings die einfachen Formen rasch deklassiert erscheinen können, zumal bei Bezeichnungen wie archaisch, primitiv, prälogisch. Tatsächlich sind solche Einfachreligionen keineswegs anspruchslos, entbehren aber doch einer hochkulturellen Überformung, etwa durch Buchwissen und kritische Philosophie. So wie die Rechtsgeschichte „zuerst einfallende Rechtsmaximen" (N. Luhmann) kennt und dafür etwa die Reziprozität („wie du mir – so ich dir") anführt, so entspricht dem in der Religion beispielsweise das geradezu naturhaft praktizierte „do ut des" (ich gebe, damit du, Gott, gibst). Für die europäische Religionsgeschichte bewirkte die Differenz zwischen Hoch- und Einfachreligion die eigentliche Dynamik.

Definition

1.2 Eigenart des Christentums

Was ist Christentum?
Als eine der orientalischen Religionen, nämlich als Spross des Judentums, ist das Christentum in den Westen gekommen. Auffallend ist sein geradezu extremer Personalismus, sowohl im Verhältnis zu Gott wie zu den Menschen, gipfelnd in der Forderung der Gottes- und Nächstenliebe. Gemäß biblischer Aussage gilt Gott als Vater, der sich jedem fürsorglich zuwendet; das verlangt im Gegenzug auch Liebe zu Gott wie zu den Mitmenschen. Hinzu kommt die Gewissenhaftigkeit, nämlich „vor Gott und den Menschen ein reines Gewissen zu haben" (Apg. 24,16). Damit präsentierte sich das Christentum als ethische Religion

Verinnerlichte Ethik
und verlangte strikte Sittlichkeit: Verlangt waren ein sowohl liebevolles wie gewissenhaftes Handeln und infolgedessen eine Internalisierung wie auch Individualisierung. Diese Lebensführung sollte bildungs- und schichtenübergreifend gelten und wirkte in der Antike anziehend.

Gebote
Einzelne Gebote waren durchaus ungewöhnlich, aber vom Ansatz her konsequent. Zu nennen sind die Gewaltlosigkeit und die Feindesliebe, was anfangs einen christlichen Pazifismus entstehen ließ. Rigoros zeigte sich das Christentum ferner in der Ehe; zwar stand diese in der Wertskala nicht obenan, das war die Ehelosigkeit um Christi willen, gleichwohl hatte sie einen hohen Rang als Weg des Heiles, erforderte lebenslange Treue in der Partnerschaft sowie das Bekenntnis zum Kind. Ein wichtiger Grund für die Hervorhebung der Gottes- und Nächsten-

Geistiges Opfer
liebe lag in der Umwandlung des Opfers in ein geistiges. Ursprünglich hatten Blutopfer auch die beiden für die Entstehung des Christentums wichtigsten Religionskulturen, die israelitische und die griechische, praktiziert, diese aber zu kritisieren begonnen. Sowohl die griechischen Philosophen wie die israelitischen Propheten forderten statt materieller und blutiger Opfer die Selbsthingabe und den Einsatz des eigenen Lebens, erstere zur Durchsetzung der geistigen Erkenntnis, letzteren zur Befolgung des Gotteswortes und als Dienst am Nächsten. Das war das geistige Opfer; damit waren Tier- und Blutopfer abgelehnt und Sachgaben nur insoweit noch anerkannt, als sie dem Nächsten dienten. Eine der Konsequenzen war, dass das Christentum anders als die Antike eine

Armenfürsorge
gezielte Armenfürsorge entfaltete, denn grundsätzlich hatte das „Selig sind die Armen" nicht in die griechisch-römische Vorstellungswelt gehört; weder der Staat hellenistischer noch römischer Tradition praktizierte eine spezielle Armenfürsorge. Hingegen zählte im Christentum die Sozialtätigkeit zum innersten Kern religiöser Pflichten, denn Gott selbst hatte sich als Beschützer der Armen geoffenbart, die darum als „selig" (Mt 5,3) galten und deren Unterstützung gottgefällig war. So praktizierten die Christengemeinden von Anfang an Besitzverzicht und

Armenfürsorge. Endlich musste auch das Christentum wie alle Religionen, die ethisches Verhalten über die Qualität der Gottesbeziehung entscheiden lassen, angeben, was den Guten und den Bösen nach ihrem Tod bevorstehe, also die Frage nach Himmel und Hölle beantworten. Die neutestamentlichen Aussagen bleiben hier zurückhaltend: Der Himmel wird als Zusammensein mit Jesus Christus beziehungsweise mit Gott dargestellt (2 Kor 5,8). Ebenso musste, da auch mit der Möglichkeit einer Verwerfung gerechnet wurde, ein Ort ewiger Strafe angegeben werden (Mt 25,46) und so wird eine Hölle, wie sie sich in den Jenseitsvorstellungen zahlreicher Religionen findet, auch im Neuen Testament angeführt.

Himmel und Hölle

Zum Christentum gehörte ferner sein Sendungsbewusstsein: „Gehet zu allen Völkern" (Mt 28,19): Dieser Missionsauftrag gelte den Völkern, wobei aber die Bekehrung der Einzelnen ein unabgeschlossener Prozess bleibe; entscheidend sei, eine Kirche mit Vertretern aller Völker zu bilden. Die Durchbrechung von Grenzen zu allen Menschen hin gilt als Kennzeichen von Weltreligion, nämlich Glaubensinhalte ohne ethnische, völkische oder territoriale Einschränkung einem jeden Menschen anzubieten. Die rasche Ausbreitung hat immer schon Erstaunen erregt, dass nämlich das Christentum sich im Laufe von nur einer Generation aus einer von einem Handwerkersohn in dörflicher Welt gestifteten Bewegung zu einer städtisch geprägten Religion wandelte. Begünstigend waren vielerlei Faktoren: das schon reichsweit verbreitete Judentum, das überall verständliche Griechisch, auch die unbehinderten Reisemöglichkeiten, nicht zuletzt ein allgemeines Verlangen nach persönlicher Religiosität. Verwunderlich bleibt, dass die Ausbreitung ohne besondere Missionare oder spezielle Missionsinstitutionen geschah. Das christliche Erstgebot, Gott zu lieben „mit ganzem Herzen und ganzer Seele, mit all deinen Gedanken und all deiner Kraft" (Mk 12,30; vgl. Dtn 6,4 f.) war nicht erzwingbar und erforderte Freiwilligkeit. Das betraf schon die Taufe, den Eintritt ins Christentum, dem ein mehrjähriges Katechumenat, eine Probe- und Schulungszeit, vorausging, wobei das Glaubensbekenntnis anzueignen und die christliche Lebensweise bis zur Sozialtätigkeit einzuüben war. Unmittelbar vor der Taufe wurde gefragt: „Willst du getauft werden?" Das entscheidende Wort war das vom Täufling selbst zu sprechende „ich glaube" (nicht das erst seit dem 8. Jahrhundert übliche „ich taufe dich" des vollziehenden Klerikers). Es sollte eine freie und persönliche Entscheidung sein, weswegen das Christentum mit aller Kollektivität, sowohl des Volkes wie der Familie, brach. Wie der Eintritt ins Christentum ohne Zwang geschehen sollte, so auch das Verbleiben. Wer sich religiös verging,

Missionsbewusstsein

Freiwilligkeit der Bekehrung

Verzicht auf körperliche Religionsstrafen

wurde geistlich bestraft, nämlich von der „Gemeinschaft der Heiligen" ausgeschlossen (exkommuniziert); auf körperliche Religionsstrafen wurde verzichtet. Bei den früh aufgekommenen Lehrstreitigkeiten und Verketzerungen sollte allein eine geistige Auseinandersetzung geführt werden, anders als etwa noch die Synagoge mit ihrer Auspeitschung und Steinigung.

<small>Gemeinde</small> In seiner äußeren Organisation zeigte das Christentum eine hohe Komplexität: eine hierarchische Leitung und doch eine Gemeinde von Gleichberechtigten, wo volle Heilsrechte auch Sklaven und Frauen zustanden, letztere allerdings früh schon vom Leitungsamt ausgeschlossen wurden. Die Ausbildung von Gemeinden mit zugleich überörtlichen Verbindungen erweist eine große Organisationsfähigkeit, hatte doch keiner der antiken Mysterienkulte Gemeinden im Sinne des Judentums und Christentums hervorgebracht. Erstpflichtig waren das regelmäßige Zusammenkommen zur Liturgie, zur Gemeinschaft der das Gotteswort Hörenden und am Altar Kommunizierenden, sodann die Sozialtätigkeit.

<small>Bischof</small> Vorsteher war der Bischof, der im Blick auf Eignung und vorbildliche Lebensführung ins Amt gewählt wurde: Er sollte Vater der Gemeinde und Diener der Armen sein; ihm oblagen die Glaubensverkündigung, die Liturgie, die Seelsorge wie die Vermögensverwaltung. Da zudem keine Gemeinde abgekapselt bleiben durfte, versam-

<small>Konzilien</small> melten sich die Bischöfe zu Synoden und Konzilien, wo sie anstehende Fragen diskutierten, zu Entscheidungen (canones) ausformulierten und unterschrieben.

1.3 Spätantike Reichskirche

Als das Christentum in der Spätantike bis zu Rhein und Donau gelangte, hatte es sich weiter entfaltet und ausgeprägt: Aus den Kleingemeinden war die Großorganisation Kirche geworden. Bei der Begegnung mit der Antike hatten sich innere wie äußere Prägungen ergeben. In der Religiosität war es zunächst oft ein Gegenkurs gewesen: Die Christen bauten keine Tempel, benutzten Räume in Privathäusern und später Versammlungshallen, vermieden religiöse Begriffe wie Priester (*hiereus*) und gebrauchten lieber profane Ausdrücke wie *episcopus* (Aufseher) oder *diaconus* (Diener). Aber seit dem 3. Jahrhundert hatten auch die Christen wieder Sakralräume mit festem Altar und Priestern. In der Ethik ging man ebenfalls in nicht wenigen Punkten auf Konfrontationskurs, etwa bei Geld, Sklaverei, Ehe und Militärdienst, akzeptierte indes manches aus der Hochethik, etwa aus der Stoa. Überhaupt ist die Annäherung im Intellektuellen erstaunlich, die Akzeptanz von Wahrheitskernen auch aus der Philosophie, etwa die Geistigkeit Gottes und die Seelenlehre. Denn die Wahrheit galt als nur eine und war darum, wo immer vorfindlich, zu akzeptieren. Dabei bediente man sich reflektierter Methodik und philosophischer Begrifflichkeit. Auf diese Weise entstand die Theologie, die logische Erhellung der biblischen Botschaft, wodurch die „gute Botschaft", die das Evangelium zu sein beanspruchte, eine theoretisch-begriffliche Auslegung erfuhr. Die wichtigsten dabei formulierten Aussagen waren die Dogmen als die (zumeist auf Konzilien) definierten Glaubensaussagen. Die grundlegenden Dogmatisierungen der Alten Kirche waren die Lehre von der Trinität und der gott-menschlichen Natur Jesu Christi. *Trinität*

In der Kirchenleitung verstärkte sich die Rolle der Bischöfe, zunächst in ihren Gemeinden, wo sie neben den oberhirtlichen Aufgaben nun auch noch die *audientia episcopalis* (eine halböffentliche Schiedsgerichtsbarkeit) wahrnahmen, sodann in der Gesamtkirche, wo sie auf Provinzialsynoden oder auf allgemeinen (ökumenischen) Konzilien die maßgeblichen Entscheidungen fällten. Hinzu trat jetzt mehr und mehr die Papstgewalt, die sich von den Apostelfürsten Petrus und Paulus herleitete und seit dem späten 4. Jahrhundert anfing, verbindliche Entscheidungen (Dekretalen) zu erlassen. Gleichzeitig war das Christentum seit Ende des 4. Jahrhunderts Staatsreligion geworden und so bestand eine enge Verbindung zum Imperium. Dennoch hielt die Westkirche auf Distanz, wofür Papst Gelasius († 496) seine Zwei-Gewalten-Lehre formulierte: einerseits der Kaiser, der zwar in der Kirche aber nicht über ihr stehe, andererseits die geistliche Gewalt, die zwar höherer Dignität sei, aber einen gesonderten weltlichen Bereich anerkenne. *Bischofsamt* *Papsttum* *Zwei-Gewalten-Lehre*

Als besonders populäres Religionselement entfaltete sich die Heiligen- und Reliquienverehrung. Christliche Märtyrer wie bald auch Asketen (die sich „abgetötet" hatten) galten als „Heilsmittler", als besondere Verbindungspersonen zu Gott bzw. Jesus Christus. Dabei reaktivierte sich die uralte Idee vom Gottesmenschen, den man als der jenseitigen Welt besonders nahestehend glaubte und deswegen als „Träger des Übernatürlichen" ansah; noch deren körperliche Überreste (*reliquiae*) dachte man sich als heilsgeladen. *Heiligenverehrung*

Innerkirchlich hatte sich angesichts der inzwischen entstandenen Massenkirche eine Gruppe von Entschiedenen gebildet: das Mönchtum für Männer wie für Frauen. Sie wollten vollkommen verwirklichen, was im Neuen Testament zwar angeraten, von der Masse aber nicht verwirklicht werden konnte: Gemeinschaftsleben, Armut, Ehelosigkeit und stetiges Gebet. Religionsgeschichtlich zielt Mönchtum eigentlich auf religiöse Selbstvervollkommnung, erfordert darum Weltabgeschiedenheit, Askese und Alleinsein. In dieser Weise hat auch das altchrist- *Mönchtum* liche Mönchtum begonnen, nämlich als Einsiedlertum in Ägypten und Syrien. Da jedoch christlicherseits die Zusammenkunft zum Gottesdienst und die Sozialtätigkeit als erstrangig galten, musste es zu einer Vergemeinschaftung kommen: Zusammenfinden zur Liturgie und gemeinsames Leben im Kloster mit Gebet und Arbeit, sogar mit gemeinsamem Dormitorium und Refektorium – das war der Zönobitismus. Das Klosterideal Benedikts von Nursia († um 547), dessen Regel die wichtigste für das westliche Mönchtum werden sollte, kannte eigentlich nur das Einzelkloster mit strikt gemeinschaftlichem Leben. Obendrein entfaltete speziell das gallische Mönchtum eine bedeutende Sozialtätigkeit.

Benediktsregel

1.4 Konfrontation mit den indigenen Religionen

Ein Vergleich der in Zentraleuropa indigenen Religionen mit dem Christentum führt zu wichtigen Einsichten und Folgerungen. Zunächst einmal: Europa war ein religiöser wie kultureller Flickenteppich, mit jeweils erheblichen Unterschieden. Einen eigenen Religionsstifter, der religionsvereinheitlichend hätte wirken können, hat dieser Kontinent nicht hervorgebracht. Zudem ist keine der indigenen Religionen zur Hochreligion aufgestiegen. Dabei boten die Hochreligionen offenbare Vorteile. Man denke nur an die Menschenopfer, welche schon die griechische und römische Antike verboten hatte und Judentum, Islam und Christentum ebenso ablehnten, die aber bei den Sachsen bis zur Eroberung Karls des Großen und bei den Slawen noch bis ins 12. Jahrhundert fortdauerten. Europa machte sich dadurch religionshistorisch angreifbar. Schon die römische Religion war, weil in einem nichtpersonalisierten Zustand verharrend, von östlichen „entwickelteren" Kulten überlagert worden. In der Spätantike traten dann gleich mehrere Hochreligionen auf. Zuerst kam das Judentum, das im römischen Westen vor und parallel mit dem Christentum erschien; Juden und Christen beriefen sich auf denselben Gott sowie auf die jüdische Bibel, die christlicherseits als Altes Testament rezipiert wurde. Weiter schufen die Araber im Islam gleichfalls eine Hochreligion und eroberten in einem beispiellosen Siegeszug Palästina, Ägypten, Nordafrika, drangen im Westen bis Spanien und Gallien vor, berührten aber das deutsche Mittelalter nurmehr indirekt. Dominant wurde das Christentum, das sich indes im Mittelalter nicht wie von selbst durchsetzte wie in der altkirchlichen Mission. Der Grund lag darin, dass das Christentum als eigentlich städtische Religion nicht den Bedürfnissen agrarischer Völkerschaften entsprach, ja nicht einmal einfachste Fruchtbarkeitsriten anzubieten hatte. Vor allem aber beggnete es einer Vielzahl von Gentilreligionen, wel-

Europa als religiöser Flickenteppich

Konfrontation von Hoch- und Einfachreligion

Gentilreligionen

che Götterglauben und Volksexistenz identifizierten, dabei alles Fremde aus religiösen Gründen abwehrten; weniger einer argumentativen Gottesverkündigung als vielmehr einem in Waffen siegreichen Gott waren sie zu folgen bereit. Es ist das in der mittelalterlichen Christianisierung so oft bezeugte Bekehrungsmotiv des „stärkeren Gottes", infolgedessen für Jahrhunderte bei der Mission Gewalt angewandt worden ist, von der Merowingerzeit bis zu den hoch- und spätmittelalterlichen Ritterzügen ins Baltikum. Am Ende obsiegte das Christentum als überlegene Fremdreligion, die, obzwar an keiner Stelle Europas aus bodenständigen Voraussetzungen erwachsen, dennoch einen einheitlichen Religionsraum schuf.

2. *Der Prozess der Christianisierung*

2.1 Anfänge in Deutschland

Die Anfänge des Christentums im heutigen Deutschland liegen in den spätrömischen Provinzen an Rhein und Donau. Seit der zweiten Hälfte des 3. Jahrhunderts hatte Trier, das im 4. und 5. Jahrhundert zur Kaiserresidenz aufstieg, einen Bischof, galt zeitweilig als kirchlicher Vorort Galliens, sah sogar Hieronymus († 419/20), Ambrosius († 397) und Martin von Tours († 397) in seinen Mauern. Die Stadt dürfte, da heidnische Grabinschriften im 4. Jahrhundert verschwinden und die antiken Tempel nur noch bis Ende des 4. Jahrhunderts besucht wurden, eine christliche Stadt geworden sein, in deren Nachbarschaft auch schon erste mönchische Einsiedler erwähnt sind. Dass in Gallien um 400 fast alle 115 Civitates und obendrein einige Castella einen Bischof hatten, gilt auch für Rhein und Donau. In Köln trat das Christentum 313 mit Bischof Maternus hervor, den Kaiser Konstantin zusammen mit Bischof Agricius von Trier zur Schlichtung des Streits mit den nordafrikanischen Donatisten beauftragte. Weitere Bischofssitze bestanden in Mainz, wohl auch in Worms, Speyer (?), Straßburg und Basel-Kaiseraugst. Für die Donau-Grenze schildert die zeitgenössische Lebensbeschreibung des Heiligen Severin von Noricum († 482) zunächst noch christliches Leben und dann den Abzug der provinzialrömischen Bevölkerung. Die Archäologie hat an Rhein und Donau eine Reihe von bedeutenden spätantiken Kirchbauten freilegen können.

Trier

Köln

Donau

2.2 Merowingerzeit

Für die Christianisierung, ja überhaupt für die europäische Geschichte ist die Taufe des Frankenkönigs Chlodwig im Jahre 498 (?) in mehrfacher Hinsicht ein welthistorisches Datum: einmal als erste katholi-

Taufe Chlodwigs

sche (nichtarianische) Taufe eines Germanenkönigs, weiter als Beginn der fränkisch-provinzialrömischen Symbiose, endlich als Begründung des späteren Frankreich. Anlass soll – wie bei so vielen frühmittelalterlichen Fürstenbekehrungen – die göttliche Sieghilfe gewesen sein, die Hilfe des Christengottes im Kampf Chlodwigs gegen die Alemannen. Der Vorgang, obwohl in der Überlieferung bereits legendär überformt, zeigt eine geradezu idealtypische Königs- und Volksbekehrung: Die ausbedungene göttliche Sieghilfe habe den König samt 3000 seiner Gefolgsleute zur Taufe veranlasst. Hierbei nach persönlicher Bekehrung und innerlicher Glaubensüberzeugung zu fragen, verkennt den Kollektivcharakter, der nur eine Gesamtentscheidung zuließ. Wenn Chlodwig mit seiner „katholischen" Taufe einen vorteilhaften Ausgleich mit den ebenfalls katholischen Provinzialromanen intendierte und noch deren Unterstützung im Kampf gegen die arianischen Westgoten in Südgallien erhoffte, so riskierte er doch auch die eigene Legitimität, die sich aus dem besseren Blut seiner halbgöttlichen Herkunft ableitete; da aber das Christentum keine quasi-göttliche Adelsgenealogie kannte, hätte der getaufte König – wie ihm auch gesagt wurde – auf diese Herkunft verzichten müssen. Doch hat Chlodwig diese Abkehr vom Königsblut nicht vollzogen, ist doch der halbgöttliche Stammbaum der Merowinger erst nach ihm vollauf bezeugt. Chlodwig ist – so muss man feststellen – auf nichtchristliche Weise Christ geworden, ebenso seine kollektiv mitgetaufte Gefolgschaft.

Mag also Chlodwig kaum als entschiedener Christ anzusehen sein, so handelte er doch als Priesterkönig. Er berief 511 alle Bischöfe seines Reiches, das nunmehr fast ganz Gallien umfasste, zum Konzil nach Orléans und erhielt dort eine *sacerdotalis mens* (priesterlichen Geist) zugesprochen, wie denn auch spätere Merowinger-Könige direkt als *rex et sacerdos* betitelt sind. Die Folgen für die Kirchenstruktur waren tief greifend. Die Bischöfe mit ihren Ortskirchen hatten sich immer als umfassende *communio* (Gemeinschaft) verstanden und sich deswegen beim Kollegen der Provinz-Metropole, dem Metropoliten, versammelt; dieser organisierte die als Synoden oder Konzilien bezeichneten Zusammenkünfte, registrierte deren Beschlüsse, kontrollierte die örtlichen Bischofswahlen und erteilte dem Gewählten unter Beziehung von wenigstens zwei Mitbischöfen (Komprovinzialen) die Weihe. So lagerten sich um das Amt des Metropoliten zwei wichtige innerkirchliche Funktionen: die Synodenberufung und die Bischofserhebung. Eben diese beiden Rechtskomplexe nahmen von nun an die Könige wahr, weswegen von einer Königskirche zu sprechen ist: Könige beriefen die Synoden, wie sie auch die Bischofskandidaten be-

2. Der Prozess der Christianisierung 9

stimmten. Indes vermochte kein König selber Weihefunktionen auszuüben, vielmehr bestellte er dafür einen Oberbischof, den er als seinen Gefolgsmann in Dienst nahm. In Gallien, wo bis ins 7. Jahrhundert hinein eine rege Konzilstätigkeit anhielt, war zuletzt der Bischof von Lyon dieser Oberbischof, betitelt als Primas oder auch – wie im Osten – als Patriarch. So fing mit Chlodwig eine Entwicklung an, die im Investiturstreit zwar eine Brechung, aber doch kein Ende erfahren sollte und noch im landesherrlichen Kirchenregiment des Spätmittelalters weiter wirkte. Konzilstätigkeit

Die Umstrukturierung zu einer Königskirche zeigt an, was insgemein für Herrschaft galt: die Königsnähe. Nicht, dass der König absolutistisch hätte regieren können, doch bildete er die Mitte eines herrschaftstragenden Personengeflechts, des Personenverbandsstaates: Potente Adelige traten in seine Gefolgschaft und verlangten Mitherrschaft wie auch Entlohnung. Diese persönlichen Beziehungen gewannen trotz der im Merowinger-Reich noch weiter wirkenden spätantiken Administrationsstrukturen herrschaftstragende Bedeutung und entsprechend musste die Rangstellung des Adels- wie des Ehrbewusstseins, überhaupt auch der natürlichen und künstlichen Verwandtschaften ansteigen. Fortan galten weniger Rechtsstrukturen, als vielmehr Rituale, Zeremonien und Gesten, nicht zuletzt auch deren sakrale Sanktion. Diesem Bedarf wurde nun das kirchlicherseits angebotene Religionspotenzial dienstbar gemacht: Die Taufe galt in den Adelsfamilien weniger als Aufnahme in die Kirche, sondern diente der Lebens- und Dynastiesicherung; zusätzlich knüpfte die Patenschaft (bei der „geistliche Eltern" sich für das Wohl des Täuflings einzusetzen versprachen) ein „Band der Liebe", was gleichfalls für politische Bindungen genutzt wurde. Weiter, die Kommunion diente im Gottesurteil als Rechtsentscheid (vgl. 1 Kor 11,29: bei Unwürdigkeit „isst man sich das Gericht"); der Kirchenaltar wurde Asylstätte; die Heiligen endlich, die in ihren Körpern und Reliquien wie persönlich anwesend gedacht wurden, agierten als belohnende und bestrafende Mächte.

Königskirche

Rituale der Herrschaft

Obwohl Chlodwig bei seiner Taufe zur Ausbreitung des Christentums ermahnt wurde, kam eine „innere" Christianisierung nur langsam voran. Der repaganisierte Norden Galliens – das heutige Belgien, die südlichen Niederlande und der Niederrhein – waren zurückzugewinnen. Aber auch in Innergallien, dessen christliche Anfänge schon über 300 Jahre zurücklagen, vollzogen sich Veränderungen. Der zurückgehende oder überhaupt zusammengebrochene Zivilisationsapparat entzog dem Christentum die hochkulturellen Voraussetzungen: die Hochschulen, die philosophische und literarische Ausbildung, die Schriftproduktion,

„Innere" Christianisierung

sogar die Lesefähigkeit. Bischof Caesarius von Arles († 542) predigte noch nach antiker Weise vor einem städtischen Publikum, indes Bischof Gregor von Tours († 594), der Verfasser der wichtigen „Frankengeschichte", ein mit Einfachreligion versetztes Christentum zu erkennen gibt, dessen charakteristische Züge in den Caesarius-Predigten noch fehlen: die Wundermacht der Heiligen und ihrer Reliquien, die Gottesurteile und Strafwunder, Krankenheilungen und Totenerweckungen, Lichterscheinungen und Visionen. Gregors Blick ist zudem auf seinen Lebenskreis beschränkt, scheint kaum mehr auf die größere Christenheit ausgerichtet; es überwiegt das Interesse an dem Volk und Land, das ihm Heimat war: Gallien. Die fränkisch-gallische Kirche verkapselte sich, pflegte keine besonderen Kontakte mehr zu Rom, betrieb auch keine Mission außerhalb der eigenen Grenzen. Mit Recht ist hier eine ethnozentrische Beschränkung zu unterstellen, weil zu der ideellen und organisatorischen Ausrichtung auf den König auch noch die kirchliche Begrenzung auf den eigenen fränkischen Bereich kam. Insofern ist von einer gentilen Königskirche zu sprechen.

^(margin: Gregor von Tours)

Schon dieses frühe Kapitel provinzialrömisch-fränkischer Christianisierung zeigt die ganze Virulenz der nun absehbaren Vermischungen (Synkretismen) und Konfrontationen: Christus als Sieghelfer, das Verbleiben bei der Stammessage mit Abkunft vom halbgöttlichen Spitzenahn, die kollektive Bekehrung, die Aktivierung der *rex et sacerdos*-Idee, überhaupt die ethnozentrische Abschließung. Methodisch und hermeneutisch ergibt sich daraus die Folgerung, dass zum einen eine mittelalterliche Geschichte nicht ohne vergleichende Religionsgeschichte geschrieben werden kann, dass zum anderen die Stoßrichtung des frühmittelalterlichen Religionswechsels ein eindeutig west-östliches Gefälle aufweist.

^(margin: Synkretismen)

2.3 Karolingische Erneuerung

Schon der irische Exulant Columban († 615) hatte mit seiner auf dem Kontinent begründeten irofränkischen Mönchsbewegung eine höchst charakteristische Entwicklung eingeleitet. Sie initiierte eine neuartige Religionspraxis beim provinzialromanischen wie fränkischen Adel, befriedigte vor allem familiale Religionsbedürfnisse, fasste die Taufe als Sicherung des Gebluts auf, erlaubte dem Adel Hauskirchen und Eigenpriester, ermöglichte endlich auch mit einer neuen Form von Buße eine offenbar begehrte Form der Heilssicherung. Obendrein betrieben die irofränkischen Mönche im gallisch-fränkischen Osten und Norden auch Mission. Noch folgenreicher war die angelsächsische Mission mit ihren herausragenden Vertretern Willibrord († 739) und

^(margin: Irofränkische Mönchsbewegung)

^(margin: Angelsächsische Mission)

2. Der Prozess der Christianisierung

Bonifatius († 754). Das dank einer Missionsinitiative Papst Gregors des Großen († 604) christianisierte angelsächsische Britannien blieb in Kontakt mit Rom und kann darum als erste „Rom-verbundene Landeskirche" (Th. Schieffer) gelten. Auf dem Kontinent bewirkten die angelsächsischen Missionare ein Mehrfaches: Sie verbanden sich mit dem aufsteigenden Geschlecht der Karolinger, Willibrord sogar gefolgschaftlich, Bonifatius indes eher widerwillig; zugleich stellten beide als Erzbischöfe die Verbindung mit Rom her, so dass nun auch die fränkische Kirche eine Rom-verbundene Landeskirche wurde. Eigentlich aber wollten die Angelsachsen die ihnen stammesverwandten Friesen und Sachsen bekehren, was sie freilich in strikter Bindung an die karolingische Expansionspolitik taten, als deren religiöse Emissäre. In Friesland konnte Willibrord das Christentum durchsetzen, für Bonifatius allerdings blieb das anvisierte Sachsen verschlossen; als Achtzigjähriger erlitt er 754 in Friesland den Märtyrertod.

<small>Rom-verbundene Landeskirche</small>

Mit diesem ersten Prozess einer „inneren" und „äußeren" Christianisierung traten Rom und das Papsttum auf neue Weise in den Gesichtskreis Nordeuropas. Bonifatius verstand sich als Gesandter des heiligen Petrus, holte sich beim Papst Missionsauftrag und Segen, begann die verfallene Kirchenordnung im karolingischen Herrschaftsbereich wiederaufzurichten, sowohl den hierarchischen Aufbau mit Anbindung an den Papst als auch die innerdiözesane Organisation mit intensivierter Seelsorge. Dass die karolingischen Hausmeier die Angelsachsen unterstützten und die bonifatianischen Konzilsbeschlüsse offiziell publizierten, zeigt deren Anspruch auf Kirchenhoheit, sogar deren letztlich usurpatorisches Bestreben, die Rolle eines *rex et sacerdos* wahrzunehmen. Einen für das ganze Mittelalter fundamentalen Schritt bedeutete die päpstlicherseits befürwortete Königserhebung Pippins des Jüngeren im Jahre 751, bekräftigt noch durch eine eigenhändige Salbung des ins Frankenreich gereisten Papstes Stephans II. Da die Pippiniden/Karolinger seit Pippin dem Mittleren († 714) faktisch die Regenten waren, aber des königlichen Geblüts ermangelten, musste eine Legitimierung anderswo gesucht werden: eben in der Autorität des Papsttums. Darum auch setzte König Pippin fort, was Bonifatius eingeleitet hatte: die Übernahme der römischen Liturgie wie des römischen Kirchen- und Eherechts, sogar noch militärische Unterstützung des Papsttums gegen die Langobarden und Begründung des Kirchenstaates.

<small>Bonifatianische Kirchenorganisation</small>

<small>Königserhebung Pippins</small>

Karl der Große (768–814) brachte die neue Kirchlichkeit zu höchster Entfaltung, dabei aber auch sein eigenes Regiment sowohl in der Kirche als auch über sie. Er wusste sich an das Papsttum gebunden

<small>Karl der Große</small>

und suchte sich doch darüber zu stellen. Obwohl Jahr für Jahr auf Kriegszügen, intensivierte er das bonifatianische Reformprogramm, kümmerte sich um liturgische Bücher und Lateinkenntnisse, um Klosterregel und Novizenanwerbung, ernannte Bischöfe und Missionare. Sogar Glaubensfragen suchte Karl zu entscheiden: Im Bilderstreit der Ostkirche glaubte er mittels der *Libri Carolini* den Papst korrigieren zu sollen; zur Verurteilung des spanischen Adoptianismus berief er 794 nach Frankfurt ein Allgemeines Konzil ein, verstanden als gesamtkirchliches. Doch scheiterte er, als er 804 die Aufnahme des *filioque* (dass der Geist von Vater und Sohn ausgehe) ins Glaubensbekenntnis verlangte. Gegenüber Papst Leo III. hat er sein herrscherliches Selbstverständnis in dem berühmten *nostrum est – vestrum est* ausformuliert: Seine, des Königs, Aufgabe sei der Schutz der Kirche sowohl nach außen als auch im Inneren, also auch in Glaubensfragen; Aufgabe des Papstes sei das Gebet mit zu Gott erhobenen Händen. Karls Anspruch auf Regelung auch der inneren Kirchenangelegenheiten, der essentiell für sein Herrschaftsverständnis war, widersprach direkt der gelasianischen Zwei-Gewalten-Lehre. Hierdurch entstand Zündstoff noch für Jahrhunderte.

Herrscherliche Kirchenrechte

Karl überschritt nach Süden die Alpen und Pyrenäen, überquerte im Norden den Niederrhein (was im alten Imperium nie gelungen war) und gliederte die Sachsen seinem Reich ein, wobei der zur Christianisierung angewandte Zwang einen im Frühmittelalter einmaligen Höhepunkt erreichte. Am Ende beherrschte Karl ein Großreich noch über die Ausmaße des antiken Westreiches hinaus: von Aachen bis Rom, von Hamburg bis Barcelona, von der Bretagne bis Kärnten. Aufgrund seiner abendlandweiten Herrschaft sah Karl sich zum Kaiser berufen, als Papst Leo III. ihn 799 nach einem Attentat um Hilfe ersuchte und in Byzanz die Kaiserin Irene eine als illegitim erachtete Herrschaft ausübte. Zum Weihnachtsfest des Jahres 800 krönte und salbte ihn der Papst zum Kaiser. Mit Karls Herrschaft und Reich geschah die Geburt des nachantiken Europa, war doch jetzt das Westreich politisch wie religiös wieder zur Einheit gebracht und mit Überschreitung des Rheins sogar nichtantikes Gebiet integriert.

Sachsenmission

Kaiserkrönung

Mönchtum

Zu einem hochbedeutenden Faktor war inzwischen das Mönchtum herangewachsen. Die irofränkische Mönchbewegung hatte die Zahl der gallischen Klöster auf 500 gesteigert und das setzte sich fort. Die Äbte, die inzwischen über riesige Ländereien verfügten, stiegen faktisch zu bischofsgleichen und nun auch politisch respektablen Figuren auf. In der karolingischen Erneuerung bildeten die Klöster wichtigste Zentren für Bildung, Schriftkultur und Liturgie. Sie alle sollten

2. Der Prozess der Christianisierung 13

nun auf eine einheitliche Lebensform verpflichtet werden: Ludwig der Fromme verordnete mit Hilfe des Abtes Benedikt von Aniane in der Aachener Gesetzgebung (816/19) die Benediktsregel für alle Mönchs- und Nonnenklöster, erließ weiter eine spezielle Regel für den Klerus, die Kanoniker-Regel, ebenso die Kanonissen-Regel für Frauen, die geistlich aber nicht klösterlich leben wollten. Diese herrscherlichen Maßnahmen erst schufen die Observanzen, dass sich die geistlichen Gemeinschaften mittels der gemeinsamen Lebensform verwandt wussten und sich als Orden, eben als Mönche und Nonnen bzw. Kanoniker und Kanonissen, empfanden und nicht primär als Angehörige nur eines einzelnen Klosters.

_{Benedikt von Aniane}

2.4 Nach Norden und Osten

Das im 9. Jahrhundert aus den karolingischen Teilungen entstandene Ostreich, das zu Deutschland werden sollte, konnte sich unter den Ottonen konsolidieren. Otto der Große († 973) errang mit der Kaiserkrönung (961) die höchste politische Würde im Abendland, was die deutsche Geschichte nun für bleibend an Rom band. Das ottonische Reich orientierte sich am karolingischen, erreichte allerdings nicht dessen politische und religiöse Höhe. Voll ausgebildet wurde das bereits angebahnte Reichskirchensystem. War im 9. Jahrhundert die gelasianische Lehre in der Weise reaktiviert worden, dass wieder zwei Gewaltenträger proklamiert wurden, nämlich Episkopat und Herrscher, so steigerte sich gleichwohl die Sakralkomponente des Herrschertums: Die kirchlicherseits erteilte Salbung wurde obligat und wies den König bzw. Kaiser vollends als „Priesterkönig" aus. Als Geweihte setzten die Könige die Bischöfe ein, ja verliehen ihnen Stab und Ring und dem vom Königshof berufenen Episkopat ist ein „beachtliches Niveau" (H. Keller) zu attestieren. Ebenso organisierten die Herrscher die Synoden und Konzilien, ja präsidierten ihnen, bei den päpstlichen als Mitvorsitzende. Wie Könige und Kaiser kirchliche Mitherrschaft beanspruchten, so der adelige Episkopat weltliche: Die Bischöfe wurden Reichsfürsten sogar mit Verpflichtung zum Kriegsdienst, was eine deutsche Sonderheit darstellte und bis zum Reichsdeputationshauptschluss von 1803 andauern sollte. Das alles aber stand, kirchenrechtlich gesehen, gänzlich außerhalb der Rechtsnormen und war dennoch Praxis.

Fränkisches Ostreich unter Otto dem Großen

Reichskirchensystem

Im 10. Jahrhundert vollzog das Christentum eine Expansion sondergleichen: im Norden nach Dänemark, Norwegen und Schweden, im Osten und Südosten nach Polen, Böhmen, Mähren und Ungarn. Das ottonische Reich war dafür die Ausgangsbasis. Die Ottonen-Herrscher wandten dabei das Modell der zuvor selbst erlittenen Zwangsmission

Expansion des Christentums

an. Doch scheiterte die im Zuge der Mission intendierte imperiale Ausdehnung des Reiches; im Norden und Osten entstanden eigenständige Kirchenprovinzen, die dann politisch zu Nationen wurden: Dänemark, Norwegen, Schweden, Polen und Ungarn. Einzig die ostelbischen Slawen widersetzten sich, bis sie im 12. Jahrhundert niedergekämpft wurden. Als Quersumme ist zu verzeichnen: Am Ende des ersten Jahrtausends umfasste Europa, nun weit in den Osten und Norden ausgreifend, einen neuen Raum, der sich durch eine gemeinsame Religion und Kultur definierte, die christliche.

2.5 Wende des Mittelalters

Das hochmittelalterliche Christentum auf deutschem Boden blieb im Vergleich mit den südlichen und westlichen Ländern immer noch eine Art Randkultur. Im Blick auf den Aufbruch, den Süd- und Westeuropa im 11. und 12. Jahrhundert, der Wasserscheide des Mittelalters, vollzogen, erweisen sich die neuen religiösen Lebensformen in Deutschland weithin als von Impulsen, Vorbildern und Organisationsformen aus den insgesamt weiterentwickelten südlichen und westlichen Nachbarländern bestimmt. Dass schon der Investiturstreit in Deutschland ausgetragen wurde, war mit darin begründet, dass sich hier die archetypischen und magischen Züge im Sakralkönigtum stärker auswirkten, ja der Glaube an eine herrscherliche Heiligkeit im Reich tiefer verwurzelt war als in den meisten anderen europäischen Königreichen. Die Lösung, nunmehr geistliche und weltliche Gewalt zu trennen, kam aus dem Westen und war dank der Kanonistik eines Ivo von Chartres († 1115/16) ermöglicht worden. In Wirklichkeit blieb die Amtsverfassung der Reichskirche archaisch. Denn obwohl der Investiturstreit Geistliches und Weltliches hatte trennen wollen, wirkte das Wormser Konkordat (1122) dahin, dass die Bischöfe Reichsfürsten blieben, ja sich nun ihre vorgeschriebene Wahl insofern korrumpierte, als die Domkapitel erbadelig wurden; das heißt: Vertreter des niederen Adels nahmen mit einem oft erbähnlichen Anspruch die Kapitelstellen ein und wählten einen Hochadeligen zum Bischof, der sich mehr als Landesherr und Vertreter seines Stammhauses verstand denn als Seelsorger.

Kräftiger noch als je zuvor entfaltete sich um die Jahrtausendwende das Mönchtum, das sich an der lothringischen Abtei Gorze und am burgundischen Cluny inspirierte. Zunächst wirkte allein Gorze auf das Reich ein. Anschließend schuf sich die jungcluniazensische Bewegung in Siegburg, Sankt Blasien und Hirsau Reformzentren mit Ausstrahlung auf schätzungsweise 200 Klöster. Breite Resonanz fand die Kanoniker-Bewegung. Die von Papst Gregor VII. angestoßene Kir-

2. Der Prozess der Christianisierung

chenreform zielte gerade auf die Kleriker und suchte dafür die Aachener Kanoniker-Regel bis zum Besitzverzicht zu verschärfen, verlangte eine ausdrückliche Verpflichtung auf diese strengere Form und wollte zugleich den Zölibat des Klerus durch Gemeinschaftsleben sicherstellen. Weiter kam es in Frankreich und Italien zur Gründung neuer Orden und zur Bewegung der Wanderprediger, freilich mit rascher und intensiver Rückwirkung auf das Reich. Die Zisterzienser, die die altmonastische Handarbeit sogar bis zur Eigenbewirtschaftung ihrer Klostergüter erneuerten (um nicht vom Blut bedrückter Bauern leben zu müssen) und obendrein eine neue, von der Mystik Bernhards von Clairvaux († 1153) inspirierte Frömmigkeit praktizierten, wirkten in Deutschland vor allem kolonisatorisch im ostelbischen Gebiet. Die Prämonstratenser, deren Gründer Norbert von Xanten († 1134) aus dem Reich kam und sein erstes Wirkungsfeld im heutigen Belgien und Nordfrankreich fand, gingen mit ihrem Gründer, als er Erzbischof von Magdeburg wurde, ebenfalls in den Osten. Die Waldenser, die in Lyon entstanden und Buße wie Erneuerung im Volk predigten, kamen erst, nachdem sie zu Ketzern geworden waren, bis nach Süddeutschland und Böhmen. Eine so interessante Bewegung wie die norditalischen Humiliaten, die als verheiratete Laien gemäß dem Ideal der apostolischen Urgemeinde mit gemeinsamem Besitz und Gebet zusammenlebten, gelangten erst gar nicht bis in den Norden. Franziskaner- wie Dominikanerorden, beide seit 1220/21 auch in Deutschland tätig, folgten der großen Welle von Stadtgründungen und leisteten hier eine neue Form der Seelsorge.

Gleichfalls außerhalb des Reiches – sieht man von Lüttich ab – entstand die Scholastik, die rational so weit wie möglich in die Theologie eindringen wollte. Nur gelegentlich hatte es in Deutschland ein isoliertes Aufleuchten von Theologie gegeben und lange noch blieb die deutsche Geisteswelt im Mittelalter provinziell. Die neuen Universitäten etablierten sich in Bologna, Paris und Oxford. Rupert von Deutz († 1129/30) und Gerhoh von Reichersberg († 1169) gehörten zwar mit zu diesem Aufbruch, lehnten aber die rational-dialektische Methode ab. Erst im 13. Jahrhundert richteten Dominikaner, Franziskaner und andere Orden Generalstudien ein, die universitätsgleich waren, aber kein Promotionsrecht hatten. Der erste, im europäischen Vergleich herausragende Scholastiker aus Deutschland war der Dominikaner Albert der Große († 1280), der im Kölner Ordensstudium seine Ausbildung erhalten hatte und auch der erste Deutsche war, der an die Universität Paris berufen wurde. Im Jahr der Grundsteinlegung des gotischen Domes (1248) beauftragte ihn sein Orden in Köln mit dem Aufbau eines Generalstudiums, wohin ihm auch sein Schüler Thomas von Aquin folgte.

Scholastik

Mitwirkung der Orden in den Universitäten

Ebenso wirkte hier der Dominikaner Meister Eckhart († 1328), nachdem er zuvor in Paris doziert hatte. Bei den Franziskanern, deren gleichfalls in Köln angesiedeltes Generalstudium wohl Bonaventura angeregt hatte, wirkte als bekanntester Lehrer Duns Scotus († 1308). Die Kölner Generalstudien konnten die Spitzen der europäischen Wissenschaft in einer Dichte, Fülle und Vollständigkeit versammeln, wie dies der späteren Universität auch nicht mehr annähernd gelingen sollte. Solches Lob vermag freilich nicht darüber hinwegzutäuschen, dass wissenschaftliche Meriten und vor allem auch akademische Grade weiterhin nur im Westen und Süden zu erwerben waren. Erst im späteren 14. Jahrhundert setzten Universitätsgründungen auch auf deutschem Boden ein.

Mystik — Eine erste, auf religiösem Hochniveau sich bewegende Eigenleistung war die (deutsche) Mystik. Wegweisend war Bernhard von Clairvaux († 1153), welcher Bräutigam und Braut des alttestamentlichen Hohenliedes (eigentlich ein erotisches Liebeslied) auf Christus und die Einzelseele und nicht mehr auf die Kirche bezog, dadurch die Mystik individualisierte und emotionalisierte. Der Beitrag des Franziskus von Assisi († 1226) war die Leidensmystik, dass sich der Fromme mit dem leidenden Jesus vereine und so Anteil an ihm nehme. Der als größter Mystiker gefeierte Dominikaner Meister Eckhart, gebürtig aus thüringischem Rittergeschlecht, predigte Seinsmystik, dass Gott der Seele Leben zuströme, indem er sich ihr einspiegele; dadurch bewirke die mystische Vereinigung die Anwesenheit Gottes im Menschen, wofür es sich freizumachen gelte und Gelassenheit nötig sei. Heinrich Seuse († 1366), Dominikaner und Schüler Eckharts, nahm die franziskanische Leidensmystik hinzu und tat sich im Verlangen nach Mitleiden (*compassio*) so viel Selbstkasteiung an, dass es fast bis auf den Tod ging. Er predigte den mystischen Dreischritt von Reinigung – Erleuchtung – Einung, wobei aber die letzte Höchststufe der Einung, die unaussprechliche und nur selten gewährte Gotteseinung, unerreichbar erschien. Praktisch dominierte die Reinigung vom Falschen und das Verinnerlichen des Guten, womit gleichzeitig der religiösen Vervollkommnung eine neue Basis gegeben wurde.

Frauenmystik — Vor allem ist die Frauenmystik anzuführen. Lassen wir dahingestellt, ob Hildegard von Bingen († 1179) und Elisabeth von Schönau († 1164) mit ihren Visionen Mystikerinnen genannt werden können – es bleibt eine stattliche Reihe von Klöstern aus dem deutschen Südwesten, vom Niederrhein, aus Belgien/Holland und noch aus Ostdeutschland anzuführen, wo überall mystische Erfahrungen bezeugt sind: die beiden Brabanterinnen Hadewijch (erste Hälfte 13. Jahrhundert) und Maria von Oignies († 1213), sodann Mechthild von Magdeburg († um 1282), Gertrud von Helfta († 1302) wie noch viele andere. Mystische Frauen, weil dem „schwachen Geschlecht" zugehörend, durften sich zu besonderen Erfahrungen berufen sehen, hatte doch schon Paulus gerade das Schwache als von Gott erwählt bezeichnet (vgl. 1 Kor 1,27). Die Folge war eine besondere Wertschätzung der Frauenmystik, so dass zum Beispiel der Dominikanerorden seinen angesehensten Theologen, Meister Eckhart, zeitweilig nach Straßburg zur Nonnenseelsorge entsandte. Zudem begannen sich die Passionsmeditationen zu feminisieren, indem nämlich der Betrachter das Leiden Jesu mit den Augen Mariens anschauen sollte; ja, letztlich mussten alle Mystiker, weil in einem Liebesbezug zum Bräutigam Christus stehend, die Rolle einer Braut spielen, auch die Männer.

Neuartiges bot die *Devotio moderna*, die „neue Frömmigkeit". *Devotio moderna* Der Begründer Gert Groote aus Deventer († 1384), der sich angesichts des ihm drohenden Pesttodes zu einem radikal christlichen Leben entschieden hatte, strebte eine Laienbewegung an: als Brüder und Schwestern, ohne klerikale Bevormundung und auch ohne obrigkeitliche Strukturen. Im Stillen sollten die Devoten an sich selbst arbeiten, auf alles Äußerliche in Kirche und Welt verzichten und so ein lebendiges Beispiel wahren Christentums geben, zumal durch Verbreiten geistlicherbaulichen Schrifttums, wovon „Die Nachfolge Christi" des Thomas von Kempen († 1471) Weltruhm erlangte.

2.6 Spätmittelalter

Das Spätmittelalter gab der Christianisierung in Deutschland einen ge- Christianisierungsradezu einzigartigen Schub. Reformimpulse vermittelten schon die bei- schub den auf deutschem Boden abgehaltenen Konzilien von Konstanz (1414–1418) und Basel (1431–1437/49). Wie stark die Kirchlichkeit anwuchs, zeigte sich auf doppelgesichtige Weise: sowohl in Massenhaftigkeit als auch in Verwesentlichung, sowohl in Verdinglichung als auch in Verinnerlichung. Die Städte stellten promovierte Prediger an, die Dörfer verlangten nach guten Pfarrern, der Stiftungseifer erbrachte nie gekannte Summen, Wallfahrten wurden zu Massenbewegungen. Demgegenüber hielten die Mystiker ein Ave-Maria, in Andacht gebetet, für nützlicher und verstärkten die Spiritualisierung. Zu den Besonderheiten des Spätmittelalters gehört, dass sich die Theologie bewusst der Volksfrömmigkeit stellen wollte. Den Anstoß gab der Pariser Uni- Volksfrömmigkeit versitätskanzler Johannes Gerson († 1429), der eine ungemein große Wirkung gerade in Deutschland erzielte. Sein theologisches Programm ist mit den Stichworten Erbauung – Frucht – Nutzen – Sicherheit zu umreißen: Theologie habe der Frömmigkeit zu dienen, auch beim einfachen Volk. Die Wirkung zieht sich durch das ganze 15. Jahrhundert: in der Ordensreform, in der Sterbekunst, im Suchen nach Heilssicherheit, in der Kirchenkritik. Die Konzentration auf essenzielle Themen und geistliche Leitbegriffe folgt einem generellen damaligen Zug zu gesteigerter Intensivierung wie gleichzeitig zu Vereinfachung und Zusammenfassung, wie es ähnlich auch in der politischen Administration, in der Übernahme des römischen Rechtes, an den Zucht- und Polizeiordnungen und noch den Handelsmonopolen zu beobachten ist. Das neue Bemühen gewann auf die Gesamtrichtung des Kirchendenkens Einfluss und brachte Konsequenzen für die Durchschnittschristen so gut wie für die Universitäts- und Klosterleute. Weil nun Universitäten auch Spiritualität vermitteln wollten, richteten sie Lehrstühle in Personalunion mit den Ordensstudien ein, so zum Beispiel in Erfurt. Obendrein wirkte die Frömmigkeitstheologie schulübergreifend, so dass Vertreter der *via antiqua* und *via moderna*, Realisten und Nominalisten, Thomisten und Ockhamisten auf je eigene Art davon durchdrungen wurden. Für eine Reform setzte sich entschieden auch der Herausragendste unter den Theologen ein: Nikolaus von Kues († 1464), ein genialer Einzelgänger mit einem weitgehend isoliert dastehenden Œuvre, aber zugleich Reformer, etwa auf seiner berühmten deutschen Legationsreise in den Jahren 1451/52. Weiter bewirkte der neue Buchdruck eine „Literatur-Explosion" (H. Kuhn), die bei Verwendung nun auch der Volkssprachen eine Fülle von geistlichen Schriften hervorbrachte, wobei Gebrauchstypen dominierten, neben Bibelübersetzung und erbaulichem Schrifttum auch Predigt, Sendbrief, Traktat und Dialog; obendrein wurden Kirchenväter und zeitgenössische Theologen bis hin zu Johannes Gerson gedruckt. Für die Gesamtsituation der deutschen Kirche ist endlich bezeichnend, dass sowohl Städte wie Landesherren Reforminitiativen ergriffen, deutlich stärker als etwa die Fürstbischöfe und erst recht stärker als das Renaissance-Papsttum.

B. Elemente mittelalterlicher Religiosität

1. Das Gottesbild

1.1 Gott

Religion rechnet mit positiven Kräften wie auch mit negativen, die personalisiert als gute und böse Geister bzw. als Götter und Dämonen erscheinen. Die Bündelung der positiven Kräfte kann zur Annahme eines

1. Das Gottesbild

Allgottes führen, dass nämlich die besonderen göttlichen Wesen, so die Gottheiten von Orten und die numinosen Kräfte in Dingen und Personen, als Verkörperungen einer universalen, alles durchdringenden heiligen Macht aufgefasst werden. Das ist der monarchisch-monotheistische Religionstyp. Die Frage nach dem Verursacher des immer auch hervortretenden Bösen wird dabei so gelöst, dass der Gott-Monarch über ein Heer untergebener Götter oder gottähnlicher Wesen herrscht und so letztlich die guten wie auch die bösen Mächte dirigiert.

Für die Bibel ist Gott der Erste und Höchste, der zugleich das Gute will und das Böse bestraft. Die widrigen Kräfte sind insofern integriert, als sie nur in einer von Gott gestatteten und begrenzten Weise zu wirken vermögen; im Christentum sind das die Engel und Dämonen. Zudem wird der christliche Hochgott nicht nur ethisch und personal gedacht, sondern auch noch in sich selbst personalisiert: als Trinität. Die neutestamentliche Aussage vom Einssein des Sohnes Jesus Christus im Geiste mit Gott-Vater, weiter auch die Formel „Im Namen des Vaters und des Sohnes und des Heiligen Geistes" (Mt 28,19) hatten in der Alten Kirche zur Trinitätslehre geführt: Der eine Gott existiere in drei Personen. Das eingängigste Verständnis lieferte Augustin mit seiner „psychologischen" Trinitätsdeutung: Wie jede Person ein Bild von sich selbst habe und damit geistigerweise verbunden sei, so finde sich dasselbe gesteigert auch in Gott: der Sohn als vollkommenes Abbild des Vaters, verbunden mit ihm im Heiligen Geist. Dieser personal-ethischen Gottesauffassung stand „der Böse" gegenüber, denn die nicht zu leugnende Erfahrung von Ungutem weckte die Frage nach dem Verursacher, nach dem Teufel. Stärker dualistische Deutungen wähnten die guten und bösen Mächte in einem fortwährenden Kampf, wobei dann Welt, Materie und Leib, weil vom Teufel, abgewertet werden konnten. Im Mittelalter hat der Katharismus einen prinzipiellen Dualismus vertreten: Die bösen Mächte seien so stark wie der gute Gott.

Trinität

Teufel

Entsprechend den verschiedenen Gottestypen variieren auch die Menschentypen: ob und wie der Mensch Gutes und Böses in sich trägt oder den guten oder bösen Mächten ausgeliefert ist, wie er desweiteren vom allmächtigen Gott akzeptiert wird, ob als Knecht oder als Freund. Das dem Christentum zugrunde liegende Verhältnis von Gott und Mensch ist das des Schöpfers und Vaters: Von Gott hat der Mensch sowohl Existenz als auch Lebenszusicherung, soll ihm darum Sohn bzw. Tochter sein, um letztlich zur Freundschaft zu gelangen. Dem Menschen sind Eigenkräfte eingeschaffen, mit denen er sowohl Gutes als auch Böses zu tun vermag; durch entsprechende Betätigung macht er sich entweder zu Gottes Freund oder Feind, wobei freilich

Gotteskindschaft und -freundschaft

die Bibel Gott als langmütig und als Helfer zum Guten definiert. Das biblisch-christliche Gottesbild mit seinem alles bestimmenden Personalismus sieht letztlich hinter allem, was geschaffen ist und was geschieht, Gottes persönliches Wollen. Im Gegensatz dazu ist etwa die fernöstliche oder auch antik-stoische Weltdeutung apersonal: Beide erkennen nurmehr Kräfte mit schicksalhafter Unverrückbarkeit, denen sich dann der Mensch anzupassen hat. Schwierigkeiten bereitete allerdings bei der vom Christentum unterstellten Fürsorge Gottes das Problem der Leid- und Unrechtserfahrung, was zur Erprobung im Guten oder als Strafe für Sünden gedeutet wurde. Eine weitere Folge zeigt sich in der Apokalyptik, in jenem biblischen Denkstrang, der angesichts des oftmals evidenten Triumphes des Bösen mit dem baldigen Eingreifen Gottes rechnete, ja dessen Rache für sicher anzukündigen vermeinte.

Apokalyptik

Für die mittelalterliche Frömmigkeit ist die Personalität Gottes grundlegend gewesen: einmal im Vertrauen auf seine Gerechtigkeit und Güte, die zu zeigen er oft genug mit Askese und Opfern bedrängt wurde, zum anderen auch in apokalyptischen Unheilsdrohungen, in Teufelsängsten und Höllendrohungen. Das mittelalterliche Gottesbild hat dabei mehrfach Akzentuierungen und Verschiebungen erfahren, etwa im Verhältnis von Gerechtigkeit und Güte. Zunächst gelten Hochgötter als Hüter des Rechts, was religionssoziologisch von größter Bedeutung ist, weil erst dadurch alle von Willkürherrschaft Bedrückten eine Hoffnung auf Gerechtigkeit erhalten: Die Götter bestrafen die Rechtsbrecher und retten die Armen und Machtlosen. Das Alte Testament hatte diesen Gerechtigkeitsaspekt bereits um Güte und Verzeihung erweitert: Gott verurteile das Unrecht, aber helfe dem Sünder zur Besserung. Das Neue Testament verdeutlichte weiter, dass auch der größte Sünder bei innerer Umkehr Verzeihung und sogar Straflosigkeit erlange. Zum Mittelalter hin verstärkte sich allerdings wieder der Rechtsaspekt, wofür die Formel aufkam: *deus, qui nullum peccatum impunitum dimittit* (Gott, der keine Sünde ungestraft lässt). Das gab dem Gottesbild eine eherne Strenge, die in der Genugtuungs-Lehre Anselms von Canterbury († 1109) ihren Höhepunkt erreichte: Wegen der Gerechtigkeit müsse Gott für jede Sünde die entsprechende Strafe fordern. Dagegen protestierte aber sofort Bernhard von Clairvaux († 1153), der Gott nicht zuerst als Repräsentanten der Gerechtigkeit, sondern der Liebe ansah, derzufolge Gott Verzeihung übe. Beide Aspekte, Gerechtigkeit wie Liebe, haben sich im Mittelalter immer vermischt, freilich bei Übergewicht der Gerechtigkeit im früheren und der Liebe im späteren Mittelalter, zumal in der Mystik.

Güte und Gerechtigkeit

Strafe und Verzeihen

Ebenso hat sich im Hochmittelalter das Gewicht im Zusammenspiel von göttlicher Allmacht und menschlicher Eigentätigkeit verschoben. Zunächst galt: Für alles Gute und Heilsame musste die Kraft von Gott (*virtus divina*) kommen; zugleich sollte diese Kraft erbeten werden, weswegen verdienstliches Handeln vor Gott erforderlich war, um dessen Kraft zu erlangen. Dieses Modell überwog im Frühmittelalter und kann stichwortartig umschrieben werden mit der Formel: *deus – causa prima et unica* (Gott als erste und einzige Ursache). Die Scholastik entdeckte dann von neuem den Menschen mit seiner Eigenkraft. War zuvor jede menschliche Fertigkeit eine *virtus divina*, eine von Gott verliehene Begabung gewesen, so wurde jetzt des Menschen eigene Fähigkeit herausgestellt, nämlich durch Askese, verstanden nun als Selbsttraining, eigene Fertigkeiten entwickeln zu können und müssen. Die scholastische Formel dafür lautete: *deus – causa prima sed non unica* (Gott als erste aber nicht alleinige Ursache). Thomas von Aquin kannte noch drei „eingegossene göttliche Tugenden", nämlich Glaube, Hoffnung und Liebe, aber gut vierzig vom Menschen selbst anzutrainierende Fertigkeiten. Diese Verschiebung hatte außerordentliche Folgen. Der Mensch sah sich vor eigene Aufgaben gestellt: anstelle des Gesundbetens nun Medizin, anstelle der Gottesurteile menschliches Richten, anstelle der Gottesherrschaft im Staat die Vergesellschaftung aus menschlicher Notwendigkeit, anstelle der vielen Gebete für alle möglichen Anliegen jetzt allein noch die Bitte um den rechten Geist. Tatsächlich war es eine erste Verlagerung vom Religiösen ins Säkulare.

Gottes Allmacht

Menschliche Eigentätigkeit

1.2 Jesus Christus

Den neutestamentlichen Zeugnissen zufolge trat Jesus von Nazareth als der eschatologische Beauftragte und Repräsentant Gottes auf. Gemäß dem religionsgeschichtlichen Schema Abwärts – Aufwärts ergab sich daraus eine Doppelrichtung, von Gott her zu den Menschen und von den Menschen her zu Gott hin. Von Gott her war Jesus der „Sohn des Vaters", sein Repräsentant auf Erden, und von den Menschen her war er als der von einer Frau Geborene der Repräsentant der Menschen vor Gott im Himmel. Hinzu kam die Rolle des Erlösers und Heilands. Zielen Erlösungsreligionen mehr auf Befreiung vom Bösen, das beim Menschen und in der Welt allenthalben anzutreffen ist, so bestärken die Heilsreligionen die Aussicht auf das Heil, verheißen sogar dessen Herbeiführung. Für die Deutung der Person Jesu Christi ergab sich daraus: Als Erlöser (*redemptor*, Loskäufer) kaufte er die Menschen vom Fluch des Bösen los und zahlte dafür mit seinem Leben – das war die Erlösung; als Heiland (*salvator*, Heilbringer) überwand er in der Auferste-

Christusdeutung

hung das Erzübel, nämlich den Tod, und eröffnete damit exemplarisch ewiges Leben für die Menschen – das war die Heilsschaffung. Letztgültiger Inhalt war das Reich Gottes, die über Tod und Teufel triumphierende Durchsetzung der göttlichen Herrschaft, woraufhin zu leben und wofür zu beten war (Vaterunser: „Dein Reich komme"). Jesus setzte seine eigene Botschaft dem zu den „Alten" gesprochenen Gotteswort gleich und rief in heilsentscheidender Weise dazu auf, ihm nachzufolgen, dann werde man ihm auch in der Auferstehung gleich werden. Gefordert war eine „größere Gerechtigkeit" (vgl. Mt 5,20), nämlich unbedingtes Vertrauen zu Gott und Vergebung gegenüber Mitmenschen, ja sogar Feindesliebe (Bergpredigt: Mt 5,1–7,29; Lk 6,20–49). Für Paulus war Jesus Christus das präexistente Gottwesen, das sich erniedrigte und Mensch wurde, den Kreuzestod erlitt, dann durch Gott von den Toten auferweckt und zum *Kyrios* (Weltenherr) erhoben wurde, um so den Menschen zum Heil zu führen. Ein von Paulus mitgeteiltes frühes Christus-Lied, der Philipperbrief-Hymnus, benennt die Erniedrigung am Kreuz sowie die Erhöhung zum *Kyrios* (Phil 2,5–11), was zugleich Vorbildcharakter für die Christgläubigen haben sollte.

Insgesamt findet sich im Neuen Testament eine Fülle von Bildern und Begriffen für die Person Jesu Christi: Menschensohn, Gottessohn, *Christus* (Gesalbter), *Logos*, *Kyrios*, Hoherpriester und *Pantokrator* (Allherrscher). Sie alle sollten sich ergänzen und führten zur Christologie. Zum Leitbegriff wurde der Titel „Sohn Gottes" (Mk 1,11; 5,7). Die nähere Ausdeutung stellte eines der zentralen theologischen Themen der Alten Kirche dar, das erst nach vielen Streitigkeiten gelöst wurde. Das Konzil von Nicaea (325) entschied über die Gottessohnschaft: „Wir glauben ... an den einen Herrn Jesus Christus, den Sohn Gottes, als Einziggeborener aus dem Vater gezeugt, das heißt aus dem Wesen des Vaters, Gott aus Gott, Licht aus Licht, wahrer Gott aus wahrem Gott, gezeugt, nicht geschaffen, wesensgleich dem Vater (was man griechisch ‚homoousios' nennt)" [4: Dekrete der ökumenischen Konzilien 1, 5]. Am Ende stand die Zwei-Naturen-Lehre, deren endgültige Definition das Konzil von Chalcedon (451) lieferte: „In der Nachfolge der heiligen Väter lehren wir alle übereinstimmend, unseren Herrn Jesus Christus als ein und denselben Sohn zu bekennen: derselbe ist vollkommen in der Gottheit und derselbe ist vollkommen in der Menschheit" [Ebd., 1, 86]. Verdeutlichen lässt sich diese Definition am besten an archetypischen Religionsbildern, die ein doppeltes Beheimatetsein, nämlich im Himmel und auf Erden, veranschaulichen: einmal anhand der Bildformel *caput in coelis – pedes in terra* (Haupt im Himmel – Füße auf Erden), was im Frühmittelalter eine häufige Form des Christusbildes wurde, nämlich Christi Haupt im Lichtkreis des Himmels und seine Füße auf der Kugel der Erde; zum anderen anhand der Formel von Christus als dem Hohenpriester, wobei der Priester als Brückenbauer (*pontifex*) die Verbindung zwischen Himmel und Erde bildet. Die Lehre von den zwei Naturen wurde die Grundlage der griechisch-orthodoxen wie der abendländischen Christologie, blieb auch in der Reformation eigentlich unbestritten. Dem Mittelalter war allerdings Jesus Christus vorrangig Gott, oft ohne besonders zwischen Gott-Vater und Gott-Sohn zu unterscheiden.

Lebenswichtiger noch war die Nachfolge Christi. Für alle, die Christen sein wollten, galt sein Leben als exemplarisch und darum musste man sich, um das Heil zu gewinnen, ihm anschließen. Das sollte im Glauben geschehen, nämlich in Anerkennung seiner Heilsstellung und im Vertrauen auf seine im Kreuzestod erwirkte Versöhnung bei Gott. Vor allem aber war die Lebensform Jesu zu übernehmen, also in Liebe und Gehorsam zu Gott wie in Liebe zu den Menschen zu leben, ja nötigenfalls das eigene Leben für die Brüder und Schwestern zu opfern; selbst auch Feinde sollten noch geliebt und die Armen unterstützt werden. Am Ende der Tage werde Christus als Weltherrscher wieder erscheinen, dabei die Menschen richten und die Seinen heimholen. Diese Botschaft hat Jesus nicht niedergeschrieben, sondern vorgelebt. Die Evangelien und Briefe des Neuen Testaments sind apostolische Zeugnisse, soll heißen: Zeugnisse seiner Anhänger; die von ihm erwählten Apostel und Jünger sollten damit „alle Menschen zu Jüngern" machen (Mt 28,19).

1.3 Himmel und Hölle

Eine Religion, die Wert und Zukunft des Menschen von der Gottesfreundschaft her deutet und ewiges Leben verspricht, muss notwendigerweise auch zu bestimmten Vorstellungen von Tod und Jenseits kommen, das heißt: sie muss jene Orte bzw. Zustände anzugeben wissen, wo die Guten mit Gott vereint sein werden und die Bösen, die Gottesfeinde, ihre Verbannung und Strafe erfahren. In der christlichen Deutung folgt dem Tod das Gericht, das aufgrund der Lebensführung über Himmel und Hölle entscheidet. Als solches wirkte es ethikfördernd und zugleich sozialverändernd. Denn die religionsgeschichtlich zunächst vorherrschende Idee, dass die Großen der Welt auch im Himmel wieder Große seien, konnte dadurch gebrochen werden; ja es konnten nun umgekehrt im Gericht die Mächtigen vom Thron gestürzt und die Kleinen in den Himmel erhoben werden. Den Himmel schildert das Neue Testament nur in knappsten Aussagen. Paulus spricht vom „beim Herrn

Gericht

Himmel

sein" (vgl. 2 Kor 5,8), verstanden als Realisierung der Gottesnähe und -freundschaft. Die (jüngere) Apokalypse weiß dann von einem Hofstaat Gottes und von himmlischer Liturgie. Für die Hölle verzichtet Paulus ganz und die Evangelien weitgehend auf Horror-Details: „Verderben und Feuer der Hölle" (Mt 10, 28; 5, 22), „nie erlöschend" (Mt 3,12;25,41). Die Apokalypse wird wiederum deutlicher und spricht von Satan und Sündenpfuhl (Offb 20,7–10.14f.). Hier setzten bald schon weitere Apokalypsen und Visionen an mit zuweilen maßlosen Rache- und Folterkammerphantasien. Die im Frühmittelalter aufkommenden und sich in Schrecken überbietenden Jenseitsvisionen wurden dann von den scholastischen Theologen stillschweigend übergangen.

Hölle

In diesen Zusammenhang gehört auch das Fegefeuer. Eigentlich ist es ein aus Barmherzigkeit gewährter, zwischen Himmel und Hölle angesiedelter Sühneort, konzipiert aus der Hoffnung, dass mit dem Tod das jenseitige Geschick noch nicht entschieden sei. Für die nicht Vollkommenen sollte es noch einen nachtodlichen Reinigungsort geben, wo Feuer die Sündenmakel abbrenne und sich ein Zugang zum Himmel eröffne. Die Fegefeuervorstellung und die Hilfe für die leidenden Armen Seelen verbreiteten sich in der ganzen abendländischen Christenheit, wurden sogar eine der intensivsten (west-)christlichen Religionsuniversalien. Gerade auch im spätmittelalterlichen Deutschland hatte jede Kirche, jedes Kloster, jede Gemeinde, jede Gruppe oder Familie ihren Arme-Seelen-Dienst.

Fegefeuer

1.4 Glauben und Dogma

Wer getauft werden wollte, sollte zuvor gläubig werden, was praktisch bedeutete, das Glaubensbekenntnis zu kennen. Dieses hat sich aus den Tauffragen entwickelt: „Glaubst du an Gott Vater", „glaubst du an den Sohn" und „glaubst du an den Heiligen Geist"; die Antwort lautete: „ich glaube", wobei jeweils längere dogmatische Erklärungen zu Gott Vater, Sohn und Heiligem Geist folgten. Auch jedes Konzil begann mit einem Glaubensbekenntnis. Klassisch geworden sind das so genannte Apostolicum (altrömisches Glaubensbekenntnis, vorgeblich von den Aposteln verfasst) und das ausführlichere Nizäno-Konstantinopolitanum. Mit der Forderung, jeder Getaufte solle sich zur genau umschriebenen Glaubenslehre bekennen, wurde das Christentum „dogmatisch": Wer vom Evangelium (vgl. Gal 1,6–8) bzw. vom Glaubensbekenntnis abweiche, werde Häretiker. Von Anfang an kam es zu dogmatischen Streitigkeiten, an denen sich die alte Christenheit zuletzt spaltete.

Glaubensbekenntnis

Aus dem Bemühen um den rechten Glauben entstanden zahllose Schriften, deren Autoren teilweise ein überragendes Ansehen erlangten: Es waren die „Väter" des Glaubens, von denen vier als „Kirchenväter" apostrophiert wurden: Ambrosius († 397), Augustinus († 430), Hieronymus († 419/420) und Gregor der Große († 604). Glaubensfragen fundamentaler Art wie etwa die Gottessohnschaft und die Zwei-Naturen-Lehre wurden auf gesamtkirchlichen Konzilien entschieden. Dadurch mehrten sich die neben dem Glaubensbekenntnis speziell ausformulierten und für alle verbindlichen Lehrsätze. Im Mittelalter ergaben sich hier Verschiebungen zugunsten des Papsttums, das eine „päpstliche Vollgewalt" beanspruchte, verstanden als gesamtkirchliche Leitungsgewalt. Diese Gewaltenfülle entstand weniger in Machtanmaßung denn in Ausnutzung von Präzedenzfällen; indem die vor Ort zuständigen Instanzen und Gremien zögerten oder versagten, griffen die Päpste ein und behielten sich daraufhin die entsprechende Entscheidungsgewalt vor. Die Beispiele sind zahlreich: Fehlentscheidungen auf Provinzialsynoden wiesen die Päpste nicht mehr zur Neubehandlung zurück, sondern entschieden sie nun selbst; Bischofswahlen wurden bei Zwiespältigkeit in Rom entschieden, was zuletzt zu direkten Bischofsernennungen führte; unmittelbares Oberorgan über dem Bischof war nicht länger der Metropolit, sondern der Papst; Heiligsprechungen nahm nicht mehr der Ortsbischof vor, sondern seit dem 11. Jahrhundert der Papst. Die Lehrautorität war in dieser Vollgewalt nur in bemessener Weise einbegriffen, galt doch der Papst als Hüter der Tradition, nicht aber als Definierer von Dogmen. Dass ein Papst Dogmen hätte erlassen können, war dem Mittelalter überhaupt fremd und wurde erst im neuzeitlichen Katholizismus möglich, mit allerdings insgesamt nur zwei solcher unfehlbarer Erklärungen.

Den Ketzern des Mittelalters ging es eigentlich um christliches Leben und weniger um Dogmatik. Häufigster Anlass war die Frage nach der Würdigkeit des Priesters, ob nämlich auch ein sündiger Priester die Sakramentsgnade zu vermitteln imstande sei, was Augustinus vom allgemeinen Heilswillen Gottes her bejaht hatte, aber im Mittelalter viele bestritten und darüber zu Ketzern (gemacht) wurden, etwa die späteren Waldenser. Die Katharer vertraten die zweite Hauptart mittelalterlicher Ketzerei, nämlich einen Dualismus, infolgedessen man sich von aller Materie und insbesondere auch von Sexualität fernzuhalten habe, weil solches dem Geistig-Göttlichen widerstreite; vorerst stünden sich Gott als Lichtprinzip und der Teufel als Materieprinzip gleichmächtig gegenüber und in diesem Kampf sei strikte Enthaltsamkeit gefordert. Viele Katharer sind, weil sie nach der Geisttaufe nichts Materielles berühren und so auch keine Nahrung mehr zu sich nehmen durften, verhungert und verdurstet.

Ketzerei

Neben dogmatischer Rechtgläubigkeit stand im Christentum ebenso die Forderung nach Toleranz, denn – so Paulus – „die Liebe erträgt alles" (1 Kor 13,7: *caritas tolerat omnia*), wie es zudem auch immer Häresien geben werde (1 Kor 11,9: *oportet et haereses esse*). Die Konsequenz sollte sein, einander zu ertragen: Die Kirche erdulde, die sie nicht zu berichtigen vermöge, wie ja auch das Gleichnis vom Unkraut im Weizen besage, beides wachsen zu lassen (Mt 13,24–30). Auf Körperstrafen für Glaubensvergehen wollte man verzichten. Zur Beilegung von Differenzen dienten die Konzilien. In der Spätantike, als das Christentum Staatsreligion geworden war, trat eine erste Veränderung ein. Da nun der christliche Glaube auch die innere Einheit des Reiches garantieren sollte, unterstützten die Kaiser die Häretikerbekämpfung bis hin zu deren Vernichtung. Tatsächlich begann die Kirche, verurteilte Ketzer der Staatsgewalt zur Hinrichtung auszuliefern (aber nur Ketzer, nicht etwa Verbrecher wie zum Beispiel Mörder) – eine folgenschwere Abweichung vom Erstansatz der Gewaltlosigkeit. Diese Kollaboration setzte sich fort und erfuhr im Hochmittelalter unter Friedrich II. († 1250) ihre letztgültige Regelung: die staatlich durchgeführte Hinrichtung kirchlich verurteilter Ketzer bei Einzug auch von deren Vermögen. Noch über Luther ist nach seiner Exkommunikation durch den Papst die Reichsacht verhängt worden. Doch blieben Theologen-Prozesse selten. Angesichts kategorisch geforderter, aber stetig sich wandelnder Fragestellungen und damit auch neu zu definierender Rechtgläubigkeit waren Verdächtigungen allgemein, indes Hinrichtungen von (Berufs-)Theologen selten. Jan Hus ist ein spektakulärer Sonderfall und Meister Eckhart wurde in einzelnen Aussagen zensiert, nicht aber zum Häretiker erklärt.

Anders steht es mit den massenhaften Ketzerbewegungen, den Katharern, Waldensern und Beginen. Hierfür wurde die Inquisition geschaffen, die freilich zunächst die tatsächlich vorliegende Lebensführung und das Glaubensverständnis erfragen (*inquirere*) wollte, um daraufhin ein Urteil zu fällen; dieses aus Tatsachenfeststellung begründete Urteil sollte das Gottesurteil in Glaubensfragen beseitigen. Doch wurde die Inquisition angesichts landesweiter Ketzereien juristisch so vereinfacht, dass der Ankläger zugleich Richter sein konnte, womit dem Beklagten die Rechtssicherheit genommen war. Hinzu kam die Anwendung der Folter, die kirchlicherseits zuvor verboten gewesen war, nun aber (dosiert) zugelassen wurde. Für Böhmen haben sich von 1335 bis 1350 gegen 4400 Fälle mit 220 Hinrichtungen hochrechnen lassen. Der Ketzertötung hat auch die hohe Theologie zugestimmt, etwa Thomas von Aquin: Wer einmal von dem in der Taufe verliehenen Gottesgeist erleuchtet worden sei, könne nicht ohne Boswillen abweichen und das sei nötigenfalls mit Hinrichtung zu ahnden. Die Inquisition war nicht in allen Ländern verbreitet; in Deutschland wirkte sie unter Konrad von Marburg († 1233) für gut ein Jahr und dann für eine längere Periode im 14. Jahrhundert, um anschließend wieder zu verschwinden. Mit seinem berüchtigten „Hexenhammer" versuchte Heinrich Institoris († 1505) eine Wiederbelebung, indes erfolglos. Die um die Mitte des 15. Jahrhunderts einsetzenden Hexenprozesse wurden von den landesherrlichen Gerichten abgewickelt und seitens der spanischen und römischen Inquisition abgelehnt.

2. Das Menschenbild

2.1 Äußerer und innerer Mensch

Religionen geht es um Sicherung des Lebens und möglichst noch um dessen Steigerung: in Rausch, Ekstase oder Enthaltsamkeit, auch im Überwinden von Raum und Zeit und im Vorgeschmack des Ewigen; dafür soll der Mensch fähig und würdig gemacht werden. Ein wichtiger Schritt geschieht dort, wo sich der Mensch selbst als bildbar erkennt, also seiner eigentlichen Existenz gegenübertritt und diese als gestaltbar ansieht. Das Vorbild für diese Gestaltung ist in der Regel normativ vorgegeben, etwa inkarniert in einem göttlich legitimierten Menschen, von dem her es abgeschaut und übernommen werden kann, oder auch in einem göttlicherseits dem eigenen Selbst eingestifteten Bild, das dann herauszuarbeiten ist. Die erfahrene Doppelpersönlichkeit verdeutlicht: Der Mensch ist mehr als Physis; er kann sich und die Welt voraus- und neudenken, ist einer überirdischen Beseligung fähig und ragt damit über die beschränkte Wirklichkeit hinaus. Oder traditionell: Der Mensch ist Leib und Seele.

Mensch als Bild Gottes

Aufs Ganze lassen sich mehrere Arten und Phasen von Vorbildlichkeit beobachten, die sich zum Teil sogar religionsgeschichtlich und kulturgeschichtlich aufbauen. In frühen, einfachen oder auch archaischen Kulturen dominiert das Urbild. Das heißt, der einzelne orientiert sich an den für alle Zeiten normierenden Gestalten des Anfangs, etwa am Spitzenahn der eigenen Familie, am Heros des Volkes oder am Gründer der Religion. Daraus resultiert beispielsweise das mittelalterliche Phänomen der Nachbenennung, dass bestimmte Familien – wie etwa die Karolinger – einen Leitnamen hatten; zugrunde lag die Vorstellung, im Nachgeborenen lebe der Ahn weiter, ihn habe der Nachbenannte im eigenen Leben nachzugestalten. Ein solcher Mensch sollte und wollte nicht eigentlich „er selbst" sein, sondern immer nur die Wiedergeburt der Vorbild-Person. Eine Selbstverwirklichung, um die je

Vorbilder

eigene Art auszufalten und sich als Individuum von anderen zu unterscheiden, wäre nur als Verfehlung erschienen. Sobald aber bereits mehrere Vorbilder sozusagen zur Auswahl stehen, beginnt eine Auseinandersetzung, ein Gespräch, zunächst meist als Außengespräch mit dem erwählten Vorbild, etwa im Meister-Schüler-Verhältnis. Eben darum werden die großen Religionsvirtuosen aufgesucht, man lebt mit ihnen zusammen, erlernt auf diese Weise ihre neu- und andersartige Lebensweise, sammelt nicht zuletzt ihre Aussprüche und schreibt sie auf, um sie ständig zur Verfügung zu haben wie auch weitergeben zu können. Zuletzt folgt dann das Selbstgespräch mit dem im inneren Selbst vorfindlichen Bild, das als emporziehendes Über-Ich oder auch als einredende Gewissensstimme erfahren wird. Im Mittelalter realisierten sich solche Bestrebungen in der Nachfolge Christi, in der Heiligenimitation, im klösterlichen Lehrgespräch und in der Mystik mit ihrer Forderung, den inneren Menschen herauszubilden.

Meister-Schüler-Verhältnis

Selbstgespräch

Wenn Religionen ethisch werden, und das geschieht in deren späteren Phasen, entstehen Konzepte eines vor allem ethisch guten Menschen. Die griechischen Philosophen haben diese ethische Lebensführung reflektiert und eine entsprechende Einübung gefordert, die nicht mehr der Ekstase als vielmehr der Ethik diente. Diese Übung, die *askesis* (von der sich unser Wort Askese herleitet), verstand sich als geistigethisches Training und sollte eine innere Abgeklärtheit bewirken: Der rohen Natur sei der wahre Mensch erst noch abzugewinnen: der innere Mensch als das sozusagen bessere Ich; dafür seien Körper, Sinnlichkeit und Geist zu beherrschen, nötigenfalls Leib wie Leidenschaft zu unterdrücken, um den Geist zu befördern. Das Ergebnis ist kulturell wie religiös von außerordentlicher Bedeutung: Nicht einfach der geborene und naturgegebene Mensch ist das Ziel, sondern eine als äußeres oder inneres Bild vorgegebene Zweitgestalt wird zum Zielbild. Eine solcherart zumeist erst in Hochkulturen und Hochreligionen voll entwickelte Konzeption lässt dann die Blutsabfolge als zu beschränkt erscheinen und so tritt an die Stelle des blutsgebundenen Ahnenvorbildes das freigewählte Geistesvorbild. Die Hochformen optieren darum für eine geistige Verwandtschaft, das heißt: für eine Nachahmung jedweder gelungenen Menschlichkeit oder vorbildlichen Gottesverehrung, auch wenn dieselbe außerhalb des eigenen Clans oder Volkes anzutreffen ist.

Askese als Einübung

Geistesverwandtschaft

2.2 Mensch als Bild Gottes

Mensch als Geschöpf

Das biblisch-christliche Menschenbild ist wesenhaft auf Gott bezogen. Er hat den Menschen „als unser Abbild, uns ähnlich geschaffen" (Gen 1,26) und zwar den Mann wie die Frau; damit hat er ihnen Leben wie

2. Das Menschenbild

Lebensraum gegeben und sie zu ewiger Glückseligkeit bestimmt. So galten zwei Grundaussagen: Geschaffen sein durch Gott und gestaltet werden nach dessen eingepflanztem Bild. Vermessentlich aber kündigte das erste Menschenpaar diese Harmonie auf und erfuhr die Vertreibung aus dem Paradies; infolgedessen lasteten nunmehr Mühe, Leid und Entbehrung auf den Menschen, zuletzt noch der Tod. Gemäß dieser Deutung sollte das in aller menschlichen Existenz vorfindliche Übel in einer persönlichen Sünde des Erstpaares begründet sein, deren Folgen sich allerdings auf alle weiteren Generationen übertrugen. Die christliche Theologie sprach dann von Erbsünde. *Ursünde*

Im Neuen Testament erscheint Jesus Christus als das maßgebliche „Ebenbild des unsichtbaren Gottes" (Kol 1,15). Das ermöglichte in Kombination mit der alttestamentlichen Idee vom Bild Gottes im Menschen die Deutung, dass ein jeder, weil schon als Bild Gottes geschaffen, ebenso Bruder bzw. Schwester des göttlichen Erstbildes Jesu Christi sei, zwar nicht in gleicher, aber doch in annäherbarer Vollkommenheit. Für den Menschen bedeutet das, dass er eine Doppelgestalt besitze, die Paulus einen „ersten" Menschen als „von der Erde stammend" und einen „zweiten" als „himmlisch" nannte (1 Kor 15,47). Der altkirchliche Theologe Origenes († 254) sah das dem Menschen eingestiftete Gottesbild als Abbild des Christus-Logos und proklamierte als Lebensaufgabe, diesen zweiten Christus in sich zur Entfaltung zu bringen. Das bestärkte die bereits neutestamentlich gebotene Nachfolge und erforderte, fortwährend auf Jesus zu schauen und mit ihm das eigene Leben zu gestalten. *Innerer und äußerer Mensch*

Indem die Vulgata übersetzte: „geschaffen als Bild und Ähnlichkeit" (Gn 1,26: *ad imaginem et similitudinem*), gab sie Raum für weitere Ausdeutungen. Besonders ging es darum, inwieweit nach dem Sündenfall des ersten Menschenpaares noch die bei der Erschaffung grundgelegte Ebenbildlichkeit fortbestehe. Die meistverbreitete Antwort lautete, die *imago* bestehe weiter, aber die Steigerung dieses Bildes zur vollen Ähnlichkeit (*similitudo*) sei behindert. Um so intensiver gebot sich daher, das im Menschen weiterhin gegebene Gottes- bzw. Christusbild nach Kräften herauszuarbeiten und möglichst zur Vollgestalt zu bringen. Oder um mit Meister Eckhart zu sprechen: Der innere Mensch sei wie ein roher Block, aus dem nach Bildhauerart die wahre Gestalt, eben die gottähnliche, herausgearbeitet werden müsse. Eine andere Weise war, auf das Antlitz Jesu Christi zu schauen, das man im Bild auf dem Schweißtuch (*vera Icona*) der Veronika wiedergegeben wähnte und durch Anschauen das eigene innere Jesus-Bild bestärken sollte. Dürers Selbstbildnis von 1500 zeigt den Maler, wie die verinner- *Verlust der Gottebenbildlichkeit*

Antlitz Jesu

lichte *vera Icona* gleichsam aus seinem Gesicht hervorleuchtet. Dass im 15. Jahrhundert überhaupt das Portrait wiedererstand, resultiert aus dem Bestreben, am äußeren Aussehen das eigene Innere wiederzufinden, das man zugleich auch spiegelbildlich vor sich sehen wollte. Dass im Griechentum die Vorstellung einer Seele entstand, welche die Person sowohl in ihrem Leben wie noch über den Tod hinaus repräsentierte, gilt als „die entscheidende ‚psychologische Wende' in der europäischen Religionsgeschichte" (B. Gladigow). Auch das christliche Leib-Seele-Verhältnis wurde davon bestimmt, freilich mit dem biblischen Vorbehalt, dass erst Leib *und* Seele den ganzen Menschen ausmachten. Dabei konnte allerdings die geistig mächtigere Seele zu einem dualisierenden Verständnis führen: der Leib als hinderliche und sterbliche Außenhülle, dagegen die Seele als ewig-unvergänglicher Person-Kern, als wahrer innerer Mensch. Für das Mittelalter sind gleichzeitig eine Reihe von Einfachformen festzustellen, wie sie sich weithin in der Religionsgeschichte finden: die Seele als Vogel (weil im Flug Raum und Zeit überwindend), als kleine Menschengestalt (weil den Kern des Menschen darstellend), als Engel oder Dämon (weil aus einer anderen Welt stammend). Typisch ist für all diese Konzepte, dass der Leib dabei als Haus bzw. Käfig erscheint und mit seinen Sinnen die Öffnungen (Außenfenster) zwischen Innen und Außen bildet.

Leib und Seele

2.3 Die Heiligen

Die Getauften galten als an Gott übereignet, daher nannte sie Paulus allesamt „Heilige". Mit der Erfahrung indes, dass diese Geheiligten gleichwohl sündigen konnten, beschränkte sich die Charakterisierung heilig mehr und mehr auf die gegenüber den Durchschnittschristen Herausragenden und Besseren. Als solcherart herausragend galten anfangs nur die Märtyrer, die Jesus bis in den Tod gefolgt waren, nach den Christenverfolgungen aber ebenso die Asketen, die sich abgetötet hatten. In diese Abtötung konnten dann dualistische Ideen und Praktiken einfließen: Nahrungs- und Schlafentzug, Kasteiung und Vernachlässigung der Körperhygiene, auch Erstickung des Geschlechtsempfindens, im Mittelalter noch Selbstgeißelung. Dank solchen Tuns aber galten die Asketen als Freunde Gottes, welche Himmelskraft vergegenwärtigten, und darum wurden sie verehrt und angefleht: die Heiligen als himmlische Mittler. Während Gottvater und sein ihm zur Rechten thronender Sohn in erhabener Transzendenz und Weltüberlegenheit den ganzen Kosmos und alle Zeiten beherrschten, besaßen die Heiligen jeweils eine Zuständigkeit für ihren (Grab-)Ort und ihren speziellen Festtag, den sie im Jahreskreis als den ihrigen beanspruchten. Die Bewohner

Märtyrer
Asketen

Heiligen-Grab und Heiligen-Tag

2. Das Menschenbild

solcher Orte wie die am Festtag Herzupilgernden erfuhren einen besonderen Schutz, das Patronat der Heiligen: auf Erden bei Not und Tod, im Letzten Gericht als Fürsprache und am Ende als Himmelsgeleit. Die Spezialisierung nach Ort und Zeit steigerte sich noch, als bestimmte Heilige und deren Reliquien für jeweils spezifische Anliegen zuständig wurden: der Gürtel Mariens für eine gute Geburt, der herausgebrochene Zahn der heiligen Apollonia bei Zahnkrankheiten. Im Spätmittelalter war der ganze Kosmos der Heiligen aufgeteilt in spezifische Zuständigkeiten für alle erdenklichen Nöte und Anliegen, auch für alle Stände, Gruppen und Völker. Seinen Tag beherrschte der Patron zuletzt so sehr, dass Kinder bei ihrer Taufe oft einfach nach dem Tagesheiligen benannt wurden, wie etwa beim Reformator Luther, der am Martinstag getauft wurde.

Weil die Heiligen vorbildlich die Nachfolge Christi verwirklicht hatten, galten sie als „zweiter Christus" und so war ihnen nachzueifern, so dass gute Christen auch bestimmte Heilige widerspiegeln konnten. Ein Abt zum Beispiel galt als lobenswert, wenn er ein *novus* oder *secundus Benedictus* war, wenn in ihm der Erstabt von Montecassino wiederauflebte und er selbst gar nicht als eigengeartet hervortrat. Franziskus († 1226) wurde ebenfalls als *novus* und *secundus* bezeichnet, aber gleich in mehrfacher Beziehung: wie der Patriarch Jacob, weil ein Segen für seine Söhne; wie Jeremia, weil ein Mann der Schmerzen; wie Mose, weil Verfasser eines geistlichen Gesetzes; wie Johannes der Täufer, weil Zeugnis gebend für das Licht. Vor allem aber galt Franziskus als ein „zweiter Christus", weil er dessen Wundmale trug. Wegen dieser vielen Vorbilder wurde Franziskus nicht einfach als Kopie, sondern als Neukomposition gesehen.

Zweiter Christus

Die Wirkweisen der Heiligen hatte schon das Neue Testament unterschiedlich akzentuiert: ob eher Glaubenszeuge oder eher Wundertäter. Zuerst war der Wille Gottes zu tun und so lassen manche Stellen Wunder als irrelevant erscheinen: „Viele werden an jenem Tage zu mir sagen: Haben wir nicht mit deinem Namen Dämonen ausgetrieben und mit deinem Namen viele Wunder vollbracht? Dann werde ich ihnen sagen: ich kenne euch nicht, weg von mir" (Mt 7,22f.). Doch konnte auch verheißen werden: „In meinem Namen werden sie Dämonen austreiben; sie werden in neuen Sprachen reden; wenn sie Schlangen anfassen oder tödliches Gift trinken, wird es ihnen nicht schaden; und die Kranken, denen sie die Hände auflegen, werden gesund werden" (Mk 16,17f.). Somit war eine für die ganze Christentumsgeschichte divergierende Konstellation geschaffen: die Heiligen als ethisch und religiös Vollendete oder auch als Wundertäter. Der ethisch-religiöse Heilige

Wunder

stand offiziell vornean, der wundertätige aber zog die besondere Volksgunst auf sich, schon wegen erhoffter Hilfe in täglicher Not. Das ethisch-religiöse oder aber wundertätige Konzept entschied jeweils darüber, was man als innere Kraft der Heiligen ansah, als ihre *virtus*: Diese konnte als sittliche Geübtheit erscheinen, doch ebenso als wundersame Mana-Kraft. Bei ersterer Sicht bestand die Askese darin, sich sittlich zu trainieren, bis die entsprechenden Tugenden eingeübt waren, bei letzterer Sicht, vor Gott solange Verdienste zu erwerben, bis er *Vir Dei* seine Wundermacht verlieh. Ein Beispiel für Mana-Erwerb bietet schon die Lebensbeschreibung des heiligen Martin von Tours († 397). Bei seiner ersten Totenerweckung habe er sich über die starren Glieder des Verstorbenen gelegt und so lange gebetet, bis er die Wunderkraft in sich einströmen verspürte und den Toten zu erwecken vermochte. Im Hintergrund steht die Figur des Gottesmenschen, der weit über das Christentum hinaus anzutreffen ist: Gebet wie Askese, überhaupt alle gottgefälligen Werke erwerben Verdienste bei Gott, der daraufhin zum Lohn die Wunderkraft gewährt. Daneben wusste man im Mittelalter aber immer auch um solche Heilige, wie etwa der allzeit verehrte Augustinus, die ohne Wundertaten und nur aufgrund des Glaubenszeugnisses heilig waren. Doch überwog bis zum Hochmittelalter die Gestalt des Wunder wirkenden Gottesmenschen. Da zudem diese Wundermacht immer der zuvor geleisteten Askese entsprach, galt Verdiensterwerb als vorrangig, *Famula Dei* sogar in der Leistung abzählbar und bei Gott einklagbar. Frauen-Heilige waren nicht minder mächtig, so dass auch Asketinnen, sofern sie nur verdienstvoll lebten, in gleicher Weise wundertätig werden konnten und hierin den Männern nicht nachstanden. Die Frommen des Spätmittelalters optierten mehr für das Nachahmenswerte, weniger für das Wunderbare. Thomas von Kempen († 1471) entschied sich nur zögerlich zur Abfassung von Wundergeschichten und wollte lieber das auswählen und niederschreiben, was das moralische Verhalten des Lesers verbessere und seinen Ansporn zur Tugend bestärke.

Auskunft über die Heiligen liefern vor allem die Viten, die Lebensbeschreibungen. Zunächst scheint noch die ältere Auffassung *Viten* durch, derzufolge die Viten ihre Heiligen als ganz von Gottesliebe und wunderbaren Tugenden erfüllt darstellen und alles andere, so die Lebensumstände oder auch inneren Kämpfe, weglassen; sie beschreiben also nicht eigentlich eine psychologisch nachvollziehbare Entwicklung mit Reifung und Erfolgen oder mit Zweifeln und Niederlagen. Der Heilige stand und steht von Anfang an als Vollendeter da, schon vom Mutterleib an – eine Aussage, die der ganzen voraufklärerischen Religionswelt entsprach. Wiewohl dieses stereotype Heiligenbild noch in der „Legenda Aurea" des 13. Jahrhunderts seinen Höhepunkt erfuhr, zeichneten sich seit dem 12. Jahrhundert doch auch andere Tendenzen ab, nämlich die Andeutung eines inneren Entwicklungsprozesses wie auch die Hervorhebung des Ethisch-Religiösen. Die päpstliche Kanonisation, das heißt: die kirchenoffizielle Erklärung des Status der Heiligkeit, ist seit der Jahrtausendwende vor allem deswegen zustande gekommen, weil man die ethische Heiligkeit gegenüber der Wunder wirkenden sicherstellen wollte. Endlich ist an die ästhetische Erscheinung der Heiligenbilder zu erinnern. Bei ihrem Anblick sahen ihre Verehrer mehr als nur eine blendende Gestalt, gewahrten den gottgestalteten Heiligen.

3. Glaube und Kult

Die Religionspraxis kann man auf zwei Wesensphänomene fokussieren: auf heilige Handlung und heiliges Wort. Beide gelten als göttlicherseits den Menschen mitgeteilt bzw. geoffenbart, um Heil zu vermitteln. Religionsgeschichtlich ist es die uralte Doppelung von Ritus und Mythos.

3.1 Ritus und Mythos

Beim Versuch, mit Hilfe der Humanbiologie zu den Anfängen der Religion zurückzugelangen, zeigen sich Äußerungsformen, die älter sind als die artikulierte Sprache, eben die Rituale, beispielsweise Jagd- und Kriegertänze, Formen der Geschlechterbegegnung, auch Verehrung unsichtbarer Wesen, nicht zuletzt die Bestattung der Toten. Religionsgeschichtlich gilt: Jede rituelle Handlung hat ein göttliches Modell, ein Urbild aus der Vorzeit. Weil Rituale für das Verhalten zunächst ebenso viel bedeuten wie die Worte für das Denken, wird man den Menschen ein rituelles Wesen nennen dürfen. Rituale stabilisieren und regulieren das persönliche wie gesellschaftliche Leben, zumal in Krisensituationen und Phasenübergängen (*rites de passages*): Geburt, Heirat und Tod, Herrscherinthronisation, Wechsel der Jahreszeiten, Bedrohungen durch Naturkatastrophen, Missernten und Seuchen, Krieg und Frieden.

<small>Rituale haben göttliches Vorbild</small>

    Ritus und Mythos bedingen sich. Setzt die rituelle Kultfeier den göttlich-ewigen Ursprung von neuem gegenwärtig, um die heilsame Fortdauer des guten Anfangs für die Jetztzeit zu gewährleisten, so erzählt der Mythos die dazu nötige fundierende Geschichte. Religionsgeschichtlich verstehen sich Ritus wie Mythos als jenseitig, als aus einer anderen Welt stammend, ragen indes in diese Welt hinein und erbringen bei Vollzug bzw. Rezitation eine überirdische Wirkung. Diese tritt un-

<small>Mythos als fundierende Geschichte</small>

fehlbar ein, sofern nur Ritual und Wortlaut präzise eingehalten werden. Daraus erklärt sich die Objektivität des Kultgeschehens, wobei ein falsches Wort oder ein falscher Gestus die Wirkung zunichte machen. Dieselbe Genauigkeit erfordert übrigens auch das alte Recht; wird die Formel oder Gebärde unvollständig oder erweitert vollzogen, tut sie nicht ihre Wirkung. Daraus resultiert die Formstrenge, wie sie für Kult und Recht gleichermaßen verbindlich ist. Verfahrensgemäße Richtigkeit, nicht subjektive Beteiligtheit ist hier das Postulat.

Das primäre Handwerkszeug, das Religion anbietet, verfolgt zwei Intentionen: Böses beseitigen und Gutes herbeischaffen, letztlich um dadurch zum vollen Leben zu kommen, sogar zum ewigen. Die Austreibung des Bösen geschieht im Exorzismus, die Herbeiholung des Guten im Segen. Zur Vertreibung des Bösen, ob nun als Dämon oder Unheilsmacht verstanden, bedarf es des Bundes mit einem Gott oder sonst einer stärkeren Macht, die dem Bösen überlegen ist. Sobald dann das von bösen Mächten besessene Wesen, ob nun Mensch, Tier, Pflanze oder Ding, freigeworden ist, muss es, weil „leer", mit guten Geistern und Kräften neu aufgefüllt werden. Das geschieht im Segen, der gleichfalls im Bund mit einer überlegenen Macht erlangt wird. Aus dieser Kooperation mit den Übermächten resultiert die in vielen Religionen anzutreffende Sonderrolle von Priestern, Schamanen und Gottesmenschen. Sie verfügen über eine spezielle Macht, die zum Exorzismus wie zum Segen befähigt, jedoch auch zum Fluch, welcher Menschen wie Dinge in einen göttlichen Bann schlägt. Es kann sogar der Einzelne auch sich selbst verfluchen; so ist jeder Eid eine bedingte Selbstverfluchung: „Sollte ich das und das nicht tun bzw. erfüllen, treffe mich göttliche Strafe". Das Mittelalter hat sich in seiner Religionspraxis weitgehend nach solchen Bedürfnissen ausgerichtet, dabei auch Verfluchungen und Schwüre praktiziert, obwohl das Neue Testament solches verboten hatte.

3.2 Wort und Bibel

Das Christentum wurde zur Buchreligion, indem es die heiligen Schriften der Juden übernahm, diese zum Alten Testament erklärte und weitere, die neutestamentlichen, hinzufügte. Das Buch der Bibel zog, zumal in gottesdienstlicher Verwendung, Verehrung auf sich, wobei Schrift, Bebilderung und Einband künstlerisch ausgestaltet wurden. Die zunächst religiös motivierte Buchkultur erzielte im Mittelalter bahnbrechende Wirkung. Lange noch hatte die Bibel die Bezeichnung *sacra pagina* (heilige Seite) und schied die mittelalterliche Welt in eine literarische und orale Religionskultur. Zumeist war die Bibel das erste

3. Glaube und Kult

Buch bei den schriftlosen Völkern, etwa des Bischofs Wulfila († 383) Übersetzung für die Goten. Hören, Lesen und Meditieren führten weiter zur Schriftauslegung und zur Theologie. Die karolingische Bildungserneuerung setzte bei der Bibel an, weiter bei den liturgischen Büchern. Die produktivste Schreibstätte entstand in Tours, die neben anderem jährlich zwei Vollbibeln produzierte mit dem vom sprachenkundigen Kirchenvater Hieronymus († 419/420) redigierten lateinischen Text, der so genannten Vulgata. Diese Version ging im Hochmittelalter in den Lehrbetrieb der Pariser Universität ein und bildete die Grundlage der ganzen abendländischen Theologie. *Vulgata*

Für das frühe Deutschland ist die Geschichte der Bibelübersetzung so alt wie die Geschichte der deutschen Literatur. Als Sonderleistung des karolingischen Ostreiches sind zwei volkssprachliche Bibelepen zu verzeichnen: der altsächsische „Heliand" mit 5983 Stabreim-Zeilen und „Das Buch der Evangelien" des Mönchs Otfried von Weißenburg († um 870) mit 7104 Langzeilen. Es sind die beiden mit Abstand größten Epen der Karolingerzeit, die einzigen, die der spätantiken Bibeldichtung vergleichbar sind und dazu noch in Auswahl, Anlage und Formulierung eigenständig verfahren. Für das Hochmittelalter ist die in Korrelation von Bild und Text aufgebaute „Biblia pauperum" zu nennen. Indes waren volkssprachliche Bibeln dem Ketzereiverdacht ausgesetzt, so schon bei der Bewegung des Petrus Waldes († vor 1218), der sich die Bibel in die altfranzösische Sprache hatte übersetzen lassen und seinen Anhängern zur Predigtgrundlage empfahl; die von John Wyclif († 1384) angeregte englische Übersetzung eigneten sich besonders die ketzerischen Lollarden an. Die in geistlicher Lektüre so rührigen spätmittelalterlichen Devoten ließen indes bei Laienbrüdern die volkssprachliche Bibellektüre nicht zu. Als mit Papierherstellung und Buchdruck auch mehr und billigere Bibelausgaben herauskamen, riefen amtskirchliche Vertreter, in Deutschland der Mainzer Erzbischof und Reichsreformer Berthold von Henneberg († 1504), nach Verbot und Zensur. Dennoch erschienen 18 deutschsprachige Vollbibeln vor Luthers Übersetzung – eine ungewöhnliche Blüte. Humanisten wie Erasmus von Rotterdam († 1536) empfahlen die Volkssprachlichkeit und die Reformatoren realisierten sie, wobei allerdings ihr Prinzip *sola scriptura* nicht zur erhofften Eindeutigkeit in der Auslegung führte. *Bibelübersetzung* *Volkssprachliche Bibeln*

Dass die Bibel nicht nur theologisch und liturgisch verwendet wurde, zeigte sich in Anwendungen, die man religionshistorisch als magisch und mantisch bezeichnen muss. Bibeltexte dienten, entweder als ganze Kodizes oder nur als Pergamentstücke mit einzelnen Worten oder Versen, als Amulette zur Geisterabwehr, Wahrsagerei und Zaube- *Bibelzauber* rei. Sie wurden beispielsweise für Wetterzauber benutzt, bevorzugt etwa der Evangelienbeginn nach Johannes (da dieser Apostel zu den „Donnersöhnen" [Mk 3,17] zählte). Ebenso allgemein war die Bibelmantik, dass man die Bibel aufschlug und die zuerst ins Auge fallende Stelle eine aktuelle Frage entscheiden oder über die Zukunft aussagen ließ; solches Bibellesen war offiziell verboten, jedoch während des ganzen Mittelalters üblich, etwa auch bei Franziskus.

3.3 Gebet und Mystik

Gebet

Neben dem Ritus steht als die wichtigste Form geistig prägender Formierung die Sprache. Zu aller Religion gehört das Kraft spendende und wirkmächtige Wort, das Segen wie auch Fluch herbeizuführen vermag. Sobald der Mensch das heilige Wort in den Mund nimmt, betet er. Die Ausübung kann in außerordentlicher Vielfalt geschehen: persönlich und kollektiv, in Alltagssprache und in Kunstform, als heilige Rezitation und als Schrei momentaner Befindlichkeit, als Gehorsams- und Versprechenswort; es kann verbunden werden mit persönlichen Gesten und gemeinschaftlicher Liturgie, kann vollzogen werden in der stillen Kammer und im öffentlichen Tempel. In personal bestimmten Religionen versteht sich Gebet vornehmlich als Lob und Dank, auch als Klage und Bitte. In mehr kosmischen Religionen ist Gebet Preisung der

Zauberwort

Himmelsmächte wie auch Umgang mit dem naturbeherrschenden (Zauber-)Wort.

Glaube kommt vom Hören

Christlicherseits vermittelte sich Gottes Wort im Buch der Bibel und sollte, da Grundlage des Gottesverhältnisses, gehört, gelesen und beherzigt werden. Paulus schuf dafür die Formel: „Der Glaube kommt vom Hören" (Röm 10,17). So war das Hören des in der Bibel niedergelegten Gotteswortes die Grundlage sowohl des liturgischen Gottesdienstes als auch des persönlichen Betens. Die dafür angewandte Abfolge war so einfach wie einleuchtend: in der Lesung das Hören Gottes und im Gebet das Antworten der Menschen. Entsprechend gestaltete

Wortgottesdienst

sich der Gottesdienst: Zunächst hörte man das Gotteswort in der liturgischen Lesungsreihe Gesetz – Propheten – Psalmen – Apostelbrief/ Apostelgeschichte – Evangelium, oft allerdings verkürzt zu einem dreigliedrigen oder auch nur zweigliedrigen Schema von alt- bzw. neutestamentlicher Lesung und Evangelium; darauf folgte dann als Antwort das gemeinschaftliche oder persönliche Beten. Die Abfolge von Hören und Beten lag als Grundstruktur sowohl dem gemeindlichen Wortgottesdienst wie dem mönchischen Stundengebet zugrunde. Letzteres erfuhr eine den Tag wie die Nacht überspannende Ausdehnung. In Anlehnung an das Psalmwort vom siebenmaligen Tageslob (Ps 119,164) waren es sieben Tagzeiten: das Morgenlob oder Matutin (später Laudes genannt), dann zur 3., 6. und 9. Stunde die Prim, Terz, Sext und Non, zuletzt das Abendlob (Vesper) sowie das Abschlussgebet vor dem Schlaf (Komplet), dann noch zur (Mitter-)Nacht die Vigilien (später Matutin genannt). Hatte das Stundengebet der Benediktregel täglich 37 Psalmen umfasst, steigerten die karolingischen Monastiker auf 117, Cluny sogar auf bis zu 216, während die Zisterzienser wieder zur Zahl der Benediktsregel zurückkehrten.

Seit dem Hochmittelalter meldete sich ein neues Bedürfnis nach Verinnerlichung und Spiritualisierung. Hatte nach frühmittelalterlicher Auffassung jedes Gebet eine bestimmte Wirkung freigesetzt, so vergrößerte sich diese im Maße vermehrter Rezitation, weswegen die Abtei Cluny mit ihren zweihundert Psalmen als gnadenmächtigster Ort der Christenheit galt. Den Text brauchte man nicht eigentlich zu verstehen. Bei Lateinunkundigen wurde bis ins Hochmittelalter das lateinische Beten damit begründet, dass ein Edelstein seinen Wert auch in der Hand des Nichtkenners behalte. Das Spätmittelalter aber verlangte nach einer verinnerlichten Frömmigkeit und so lautete nun die Antwort: Das Paternoster auf Latein sei zwar ebenso gut im Mund eines Laien wie eines Klerikers; doch könne der verstehende Kleriker mehr Innigkeit haben als ein nichtverstehender Laie. So entstanden nun volkssprachliche Gebete, die sich oft mit dem Stundengebet vermischten. Inhaltlich konzentrierte sich die Frömmigkeit im Hoch- und Spätmittelalter auf den *Christus passus*, auf das emotionelle Sich-Einfühlen in Akte und Worte seiner Passion, wie es besonders die Franziskaner und die mystischen Frauen pflegten. Diese Passionsfrömmigkeit bewirkte eine vertiefte Innerlichkeit, folgte sie doch der Logik von Liebe und Leid. Inbild wurde die *vera Icona*, das „wahre Bild" des in das Schweißtuch der Veronika eingedrückten Leidensgesichts Jesu, dessen Anblick als Gottesschau aufgefasst wurde.

Wesentliches floss auch von der Mystik ein, die sich im Spätmittelalter mit der Passionsfrömmigkeit verband. Mit ihren drei Stufen der Reinigung, Erleuchtung und Einung lieferte die Mystik sogar das Grundmuster. Ein bemerkenswertes Beispiel hierfür bietet Heinrich Seuse († 1366). Als junger Dominikaner studierte er bei Meister Eckhart, vollzog nach dessen Verurteilung eine Wende vom Lesemeister zum Lebemeister. Nicht mehr begriffliche Theologie wollte er treiben, sondern geistliches Schmecken und Fühlen erstreben: mit dem Herzen innerlich zu empfinden, was keine Zunge in Worte zu fassen vermöge. Dies griffen die spätmittelalterlichen Devoten auf und entwickelten daraus ihre „neue Frömmigkeit".

Marginalien: Gebetsteigerung; Andacht; Passionsfrömmigkeit; Mystik

3.4 Liturgie und Liturgen

Die christliche Ritualität wird mit dem im 16. Jahrhundert üblich gewordenen Begriff Liturgie bezeichnet. Von Anfang an gab es Strukturen für die gottesdienstlichen Zusammenkünfte, doch waren die Gebete kaum festgelegt, ebensowenig alle einzelnen Riten; insofern war die Liturgie „frei". Erst in der Spätantike und im Frühmittelalter erfolgte eine Fixierung und dafür schuf man Bücher: das Lektionar für die jeweils vorgeschriebenen Bibellesungen, das Sakramentar für Mess- und Tauffeiern, das Benediktionale für Segnungen, das Pönitentiale für Bußtarife. Dank dieser „Verbuchung" herrschte nun auch wieder der religionsgeschichtlich wohl bekannte Ritualismus vor, demzufolge ein Fehler in Wort oder Gestus das Ritual nichtig oder gar strafwürdig machte. Insofern verlief ein Prozess von Freiheit zur Form. Weiter geschah im spätantiken Rom die Fixierung auf Latein (neben welchem ursprünglich auch Griechisch gestanden hatte) als der allein heiligen Sprache.

Von der freien zur fixierten Liturgie

Die karolingische Kirchenreform setzte bei Gottesdienst und Liturgie an, verlangte dafür so hohe Genauigkeit, dass sich etwa Bonifatius die im Hochgebet zu machenden Kreuzzeichen eigens vom Papst vermerken ließ, dass auch Karl der Große persönlich in Rom ein richtiges Sakramentar erbat. Die nun anhand römischer Vorlagen geschaffene Einheitsliturgie verbreitete sich im Reich Karls und noch darüber hinaus, schuf so im ganzen Abendland einen einheitlichen Gottesdienst, der – weil überall und alltäglich gefeiert – eines der wichtigsten Einheitsinstrumente wurde. Da aber die spätantike Liturgie Roms bereits ihre ursprüngliche Verständlichkeit durch vielerlei Veränderungen und Verfeierlichungen verloren hatte, kam eine neue Deutungsmethode auf: die Allegorese, die hinter dem äußeren Verlauf einen geistlichen Sinn suchte. Dem Messritus sah man zum Beispiel das Leben und vor allem die Passion Jesu Christi unterlegt. Erstaunlicherweise hat die Scholastik, die das überkommene Erbe in Theologie und Exegese zu hinterfragen unternahm und auch neue Wege beschritt, die Liturgie unberührt gelassen; ja dadurch, dass sie den Literalsinn bevorzugte und die Allegorese hintanstellte, verschärfte sie bei der Liturgie noch deren Erklärungsbedürftigkeit. Im Spätmittelalter, als Beten zugleich innerliches Verstehen sein sollte, blieb es gleichwohl bei dem fürs Volk unverständlichen Latein. Doch entstanden volkssprachliche Erklärungen wie ebenso begleitende Andachtstexte. Erst die Reformation tat den Schritt zur Volkssprachlichkeit wie auch zu reformerischen Umgestaltungen.

Römische Liturgie als Vorbild

Mess-Allegorese

Um die mittelalterliche Liturgie in ihrer ganzen Breite und Anwendung zu verstehen, muss man sich von der juridisch-neuzeitlichen

3. Glaube und Kult

Unterscheidung in eine offizielle Liturgie und in so genannte volksfromme Bräuche freimachen. Das Mittelalter praktizierte hier ein großes Ganzes, denn das Verlangen nach möglichst vielfältiger Ritualität war ungleich breiter, als es die offizielle Liturgie anbot. Dass dabei theologisch gesehen Ausuferungen geschahen, kann nicht überraschen, wenn beispielsweise Reliquien bedeutungsvoller waren als die Eucharistie. Im Vordergrund standen Heilszeichen und Heilsstoff, weniger die devote Einstellung. Was irgendwie Sakralität zu besitzen schien, wurde real genutzt: Kreuzzeichen, Weihwasser, Reliquien, Kerzen und Amulette, ebenso Gebete, Formeln, Bücher, Sprüche und Texte. Wo immer man Himmelskraft vergegenwärtigt glaubte, da wurde sie in Anspruch genommen, ob nun fromm oder zauberisch.

<small>Mittelalterliche Ritualität</small>

So volkstümlich mittelalterliche Liturgie auch sein mochte, sie bedurfte des Liturgen. Im Neuen Testament sind Apostel, Lehrer, Älteste, Episkopen und Diakone bezeugt. Daraus bildete sich eine Ämterhierarchie: Bischof, Priester, Diakon und Subdiakon. Das Amt des Bischofs, des bestallten Apostel-Nachfolgers, entwickelte sich zum monarchischen Episkopat: der Bischof war erster Liturge, verantwortlich auch für Lehre, Sozialdienst und Gemeindebesitz. Dabei ist für Gallien eine Sonderentwicklung zu beobachten, dass der Bischof in der Spätantike auch zum Stadtherrn wurde und als solcher weltliche Aufgaben übernahm, was sich für die Bischofsstädte bis ins Mittelalter fortsetzte, ja sich insofern noch verstärkte, als zusätzlich seit dem 10. Jahrhundert die Rolle eines Landesherrn für bestimmte Regionen dazukam. Gerade im deutschen Reich war der Bischof des Hoch- und Spätmittelalters nicht mehr zuerst Liturge, auch kein theologisch gebildeter und pastoraler Seelenhirte, sondern primär Reichsfürst, der zuweilen kaum noch Sakralhandlungen vollzog. Die Priester waren die Bischofsbeauftragten vor Ort, also Lehrer, Liturgen und Sozialverantwortliche in der Pfarrgemeinde, in der sie zuständig waren für Gottesdienst samt Predigt, Taufspendung, Trauung mit Brautsegen, Sterbebeistand und Beerdigung, dazu für Sonntagsheiligung und die Zehntzahlung, Prozessionen und Wallfahrten, auch Armenfürsorge und Kirchbau. Auf dem Land war der Pfarrer zugleich Bewirtschafter des Pfarrgutes, also Bauer unter Bauern, und vermochte als solcher oft kaum mehr als die Messe zu lesen. Einen liturgisch, pastoral, asketisch und theologisch hinreichend qualifizierten Niederklerus auszubilden ist erst am Ende des Mittelalters möglich geworden, als durch die vermehrten Universitäten theologische Bildung vordrang. Im Verständnis des Priesteramts stand die Konsekrationsvollmacht obenan: die Würde und Fähigkeit, den Leib und das Blut Jesu Christi zu bereiten. Dem war die Wortver-

<small>Bischof</small>

<small>Seelsorgspriester</small>

40　　　　　　　　　　　　　I. Enzyklopädischer Überblick

Predigt　　　kündigung nachgeordnet. Diese nahmen seit dem Hochmittelalter hauptsächlich die Mendikanten-Orden wahr, wobei sich die Dominikaner direkt als Prediger-Orden verstanden. Zuletzt stifteten Städte Predigerstellen für in Theologie Promovierte. Ein besonderes Problem war
Ehelosigkeit　die von den Liturgen geforderte Ehelosigkeit, die im Mittelalter eine Forderung nach Freisein von Beschmutzung durch Sexualstoffe war, um reiner Altardiener sein zu können. Faktisch lebten nicht wenige Kleriker in eheähnlichen Verhältnissen und vererbten nicht selten ihre Stellen an Söhne weiter. Doch hatte die Vorstellung, ein jeder Kultdiener müsse unbefleckt sein, gerade im Volk hohe Plausibilität und konnte leicht gegen konkubinarische Priester mobilisiert werden.

4. Sakramente

Alle Religionen bieten heilige Handlungen an. Die wichtigsten im Christentum heißen Sakramente, verstanden als von Gott her wirksame
Heilshandlungen　Riten und Zeichen (*signum efficax*). Schon die apostolische Gemeinde
im NT　kannte neben der Predigt auch heilige Handlungen. Das Neue Testament überliefert den Auftrag zur Taufe (vgl. Mt. 28,19: „Tauft auf den Namen des Vaters und des Sohnes und des Heiligen Geistes"), ebenso zum Herrenmahl (vgl. Mt 26,26f: „esst" und „trinkt"; 1 Kor 11,25: „Tut dies zu meinem Gedächtnis"). Das Mittelalter praktizierte eine ganze Fülle von Heilsriten, was die scholastische Theologie vor das Problem der Abgrenzung stellte. Über dreißig Heilshandlungen lassen sich ausmachen, die zeitweilig als Sakramente galten, bis im 12. Jahrhundert die Siebenzahl festlegt wurde: Taufe, Firmung, Buße, Eucharistie, Priesterweihe, Ehe und Letzte Ölung; zuvor hatten auch etwa Weihwasser, Kirchweihen, Gottesurteil, Exorzismus, Königssalbung und dergleichen dazugezählt. Das Sakrament verstand sich als von Gott her wirksames Heilszeichen, das gleichwohl menschliches Mittun erforderte, entsprechend dem neutestamentlichen Postulat, „Gott zu lieben mit ganzem Herzen und ganzer Seele, mit all deinen Gedanken und all deiner Kraft" (Mk 12,30). Infolgedessen waren auch die Sakramente
Sakrament und　in Liebe zu Gott zu vollziehen. Da ein derartig „liebevoller" Vollzug
Freiheit　naturgemäß nicht befohlen werden konnte, mussten Sakramente und alle Heilshandlungen wie Taufe, Ehe, Ordination oder auch Mönchsgelübde aus freiem Entschluss und in Unabhängigkeit erfolgen, so dass Sklaven ohne Zustimmung ihrer Herren die Ehe eingehen oder auch eine Ordination erhalten konnten. Nicht, dass die geforderte Freiheit immer gegeben gewesen wäre, gleichwohl bestand die ideelle Forderung und diese wurde zu einer Quelle auch der persönlichen Freiheit.

4. Sakramente

Von der Sakramentenspendung her – so die Kanonistik – habe sich das kanonische Recht mit dem Freiheitsstatus des Menschen befassen müssen und so für die Freiheit in der mittelalterlichen Gesellschaft größte Bedeutung erlangt.

4.1 Taufe

Die Taufe ist ein Tauchbad oder – so meist in der Praxis – eine Übergießung, welche Reinigung und Neuwerdung symbolisiert. Mit der Aussage: „Wer glaubt und sich taufen lässt" (Mk 16,16) betonte das Neue Testament den vorrangigen Glauben. Im Frühmittelalter musste man sich notgedrungen auf ein Minimum beschränken: auf das Glaubensbekenntnis und das Vaterunser. Doch galt deren Kenntnis als so unverzichtbar, dass beide Teile sogar in die Volkssprachen übersetzt wurden, obwohl inzwischen das Latein zur heiligen Sprache aufgestiegen war und allein als liturgiefähig galt. Allerdings war geradezu eine Revolution der germanischen Religionswelt erforderlich, um beispielsweise das „Vaterunser" verständlich zu machen, fehlte doch eine Vorstellung von einem Vater-Gott ebenso wie von Himmel oder Hölle. Noch schwieriger musste es um das Glaubensbekenntnis bestellt sein mit seiner teilweise philosophisch-dogmatischen Redeweise, mit Begriffen wie „wesensgleich", „gezeugt, nicht geschaffen" oder „eines Wesens". Die Massentaufen, wie sie etwa im Sachsenland stattfanden, blieben noch unter dem frühmittelalterlichen Minimum. Alkuin, Karls des Großen wichtigster Berater in Missionsfragen, hat das im nachhinein kritisiert: Nichts nütze die Abwaschung, wenn nicht in der vernunftbegabten Seele die Glaubensheiligung vorausgehe; man könne den Menschen zum Glauben wohl ziehen, aber nicht zwingen. Tatsächlich sind uns aus der Sachsenmission „Tauffragen" erhalten geblieben, ein für die Mission wie für die germanisch-sächsische Religion bedeutsames Zeugnis: das „Altsächsische Taufgelöbnis" als Absage an die alten Götter und Zusage an den dreifaltigen Christen-Gott.

Wo überall die Erstchristianisierung durchgeführt war, erhielt jedes neugeborene Kind möglichst rasch die Taufe, sollte es doch von der erbsündlichen Gottesferne befreit und vor jeglichem Verderben gerettet werden; für ungetauft verstorbene Kinder konzipierte die Theologie den *limbus puerorum*, einen jenseitigen Aufenthaltsort zwischen Himmel und Hölle. In der mittelalterlichen Lebenswelt fungierte die Taufe als das in allen Religionen und Kulturen anzutreffende „Aufnahme-Modell". Während aber sonst der Vater das Kind aufnimmt und ihm damit Lebensrecht zuerkennt, beanspruchte im Christentum schon das ungeborene Kind ein Recht auf Leben; selbst auch missgeborene Kin-

Marginalien: Glaube als Voraussetzung; Zwangstaufen; Kindertaufe

der, die zu töten viele Kulturen und Religionen (auch die griechische Philosophie) erlaubten, sollten am Leben erhalten werden. Das führte schon in der Alten Kirche zu größerer Fürsorge für Kinder und im Frühmittelalter forderten die Bußbestimmungen einen Schutz, der zuweilen Züge modernen Rechts trägt.

4.2 Buße

Tathaftung

Religion will Heilssicherung und ist darum immer auch mit den in Leben und Weltverlauf eintretenden Schäden und Lücken befasst. Wo eine Fehltat als Störung des Gleichgewichts im kosmischen, sozialen und religiösen Gefüge verstanden wird, orientiert sich das Verfahren nicht am Täter, sondern allein an der störenden Tat. Für das Frühmittelalter sei ein Beispiel aus der „Lex Saxonum" vom Jahre 802/3 zitiert: Wenn beim Fällen eines Baumes derselbe durch Zufall (*casu*) einen Anderen erschlage, habe der Fäller als Sühne das volle Wehrgeld zu zahlen. Obwohl doch der Fäller keine Tötung beabsichtigte und der Mitarbeiter zufällig zu Tode kam, ist eine Wiederherstellung geboten, weil eben Tötung eine Störung im allgemeinen Gefüge bedeutet, die strikt eine Behebung verlangt. Hier gilt noch das Prinzip: Das alte Recht fragt nicht nach dem Täter, nicht nach Fahrlässigkeit und Vorsatz. Anlass der Bußpflichtigkeit ist der Rechtsbruch als äußeres Ereignis, welches nicht ethisch bewertet wird, so schwer verständlich dies auch modernem Denken sein mag. Das wiederum hatte mehrere Folgen; einmal, „das archaische Recht kannte keine Gnade, weil der Rechtsbruch kein Gegenstand menschlicher Rechtsprechung war" (H. Hattenhauer); weiter, die Beseitigung oblag nicht unbedingt dem wirklichen Verursacher und konnte auch stellvertretend oder kollektiv abgeleistet werden. Festzuhalten ist ein Doppeltes: Buße bezeichnete zunächst nicht eine Gesinnung, sondern die Technik der Beseitigung von Störung und Unheil; und: es kam nicht darauf an, wer die Buße zahlte; Hauptsache war, sie wurde gezahlt.

Gewissen

Die Weckung von Innerlichkeit und speziell des Gewissens war ein langer Weg. Denn ethnologisch lässt sich feststellen: Das nicht bekannt gewordene Böse wird als nichtexistent bewertet. Demgegenüber hatte die philosophische Ethik Griechenlands und der Prophetismus Israels das Gewissen zum Sprechen gebracht und das Neue Testament erhob es zum Maßstab. Paulus forderte, mit sich selbst ins Gericht zu gehen, um so dem Gottesgericht zuvorzukommen; handeln solle man „nicht allein aus Furcht vor Strafe, sondern vor allem um des Gewissens willen" (Röm 13,5). Das bedeutete: an die Stelle des von außen zu gewärtigenden Gerichts das innere Gericht des eigenen Gewissens zu

4. Sakramente

setzen. Für die mittelalterliche und speziell (germanisch-)nordische Welt dürfte zunächst noch keine Gewissenhaftigkeit vorauszusetzen sein. Erst die Scholastik brachte eine dezidiert theologische Wiederentdeckung, nun mit der Konsequenz, dass dem individuellen Gewissensspruch unbedingt zu folgen sei, selbst auch gegen kirchliche Autoritäten.

Neben der Selbstverurteilung durch das eigene Gewissen stand die Kirchenbuße. Die christliche Urgemeinde lebte im Enthusiasmus, dass ein Getaufter schwerer Sünde enthoben sei. Doch sah man bald auch Gemeindemitglieder in Kapitalverbrechen verwickelt und damit außerhalb der Kirchengemeinschaft gestellt. Das veranlasste dazu, nach gebrochenem Taufversprechen noch einmal eine Rückkehr zu ermöglichen. So entstand das Bußinstitut: Bei Mord, Ehebruch und Gotteslästerung, verstanden als extrem unchristliches Verhalten, schloss der Bischof für eine bestimmte Zeit aus der (Kommunion-)Gemeinschaft aus (darum: Exkommunikation), was der Besserung und Bewährung dienen sollte. Denn auch der Sünder war weiterhin zu lieben, seine Untat allerdings zu verabscheuen; er sollte sich bekehren, vorzuweisen in Akten neuer Gottes- und Nächstenliebe; erst daraufhin wurde die Wiederversöhnung ausgesprochen. Wenn auch das Bekenntnis vor dem Bischof geheim blieb, so brandmarkte die Exkommunikation doch öffentlich zum Sünder, weswegen die Buße in der Spätantike nur noch auf dem Sterbebett erbeten und erteilt wurde. Hier nun schuf die irofränkische Mönchsbewegung eine Änderung. Wie die Mönche schon immer ihre alltäglichen Vergehen vor dem Abt bekannten und mit einem nur Stunden oder wenige Tage währenden Ausschluss aus der Gemeinschaft abbüßten, so nun auch die Christen allgemein: Jedes Vergehen (auch ein nichtkapitales) war vor einem Priester zu bekennen (beichten) und erhielt eine Buße, die meist in einer bestimmten Anzahl von Fasttagen bestand, wofür Berechnungsfristen erstellt wurden, die in Bußbüchern aufgelistet waren. Dieses System einer oftmaligen Beichte mit begrenzter (Fasten-)Buße ist seit der Karolinger-Zeit allgemein üblich geworden. Dabei wurde die Lossprechung bald schon direkt nach dem Bekenntnis gewährt, also im Vorgriff auf die noch abzuleistende Buße.

Mit dieser oftmaligen Beichtmöglichkeit und sofortigen Versöhnung gingen noch weitere Veränderungen einher, die gleichfalls konzeptuell vom altkirchlichen Bußverständnis abwichen. Hatte dieses auf innere Bekehrung des Sünders abgezielt und dementsprechend die Bußzeit bemessen (weswegen etwa Augustinus den Grad der Reue und nicht die Länge der Bußzeit wertete), so verfuhren die neuen Buß-

Christliche Buße

Exkommunikation

Irisches Bußsystem

Beichte

bücher schematischer. Sie bestraften sowohl große als auch kleine Fehltaten, ob nun willentlich begangen oder nur versehentlich und ungewollt eingetreten; bei Bewusstheit und Absichtlichkeit allerdings mit erhöhter und bei Unwissentlichkeit und Versehentlichkeit mit ermäßigter Buße, aber in keinem Falle ohne eine solche. Hatte die Alte Kirche die Sünde als persönliche Beleidigung Gottes verstanden und darum die Buße medizinell angewandt, das heißt: als Heilmittel zur Gesinnungserneuerung gegen die aus falscher Herzenseinstellung begangenen Sünden, so straften die Bußbücher auch ungewollte und sogar unbewusste Vergehen. Zumal eine Tötung, ob beabsichtigt oder zufällig begangen, verlangte eine Buße von sieben Jahren; dasselbe galt auch bei Notwehr und gerechtem Krieg. Weiter wurden Fehler in der Liturgie, etwa Husten oder die falsche Rezitation der Abendmahlsworte, mit Schlägen und Bußpsalmen geahndet, ebenso ein aus Krankheit verursachtes Erbrechen der Kommunion. Endlich bewirkten die aus der religionsgeschichtlichen Universalie Beschmutzung herrührenden Befleckungen, etwa Samenerguss und Menstruationsblutung, eine Kultunfähigkeit und erforderten gleichfalls Buße, abzuleisten etwa mit Psalmenbeten.

Gewollte und ungewollte Vergehen

Heilende und strafende Buße

Der Prozess der Verinnerlichung, die Weckung von Selbstkontrolle und Schulderkenntnis und damit die Fähigkeit zum Sündenbekenntnis waren langwierig, aber folgenreich. Bei Beichten von Laien hat offenbar der Priester zunächst nur Fragen gestellt, die mit ja oder nein beantwortet wurden, so dass eine innere Ergründung kaum stattfand. Erst als das Vierte Laterankonzil von 1215 die jährliche Beichte zur Pflicht machte und zugleich besondere pastorale Bußhilfen erfolgten, kamen stärker verinnerlichte Formen auf, beispielhaft seitens der Mendikanten. Im Spätmittelalter ist dann eine internalisierte Praxis vorauszusetzen: Die jetzt neu konzipierten „Bußsummen" gehen detailliert die Lebensfelder und -situationen durch, unterscheiden schwere und leichte Sünden, spezifizieren nach Umständen, etwa nach Beruf und vor allem nach innerer Einstellung. Ebenso wird dem Priester die „Kunst des Beichthörens" nahegebracht, nämlich Urteilsvermögen, Verschwiegenheit und heilsame Bußerteilung.

Verinnerlichung des Sündenbewusstseins

4.3 Messe

Religionsgeschichtlich ist früh das Wissen bezeugt, dass Töten und Blutvergießen im Zentrum der Grundordnung menschlichen Lebens stehen. Noch der Antike war durchgehend bewusst, dass jede Nahrungsaufnahme eine Tötung erforderte, ob nun von Pflanze oder Tier. Eben das sei Grundgesetz: Leben gehe aus dem Töten hervor, selbst

4. Sakramente

auch in der schlichten Form des Essens. Die Einsicht, Leben zeuge sich nur immer aus Leben fort, war ein Erschütterndes im Sinne des religiösen Tremendum und wurde „nicht als Primitives, sondern als Fundamentales" empfunden (Walter Burkert). Darum auch gilt das Opfer als Erstakt aller Religion; es besagt: Irdisches den Göttern/dem Gott zu übereignen, um Himmlisches zu erlangen (nämlich menschlicherseits nur schwer oder überhaupt nicht Erreichbares wie Überwindung des Todes). Dafür wurden auch Opfertötungen von Tieren und sogar von Menschen vollzogen. Hochreligionen lehnen solche Opfer ab und übertragen das Gesetz „Leben um Leben" auf die sittlich-geistige Ebene: Recht, Wahrheit und Sozialität gebe es nur dank eines selbstlosen und aufopfernden Einsatzes bestimmter Menschen und eben das hatte die griechische Philosophie geistiges Opfer genannt. Dieses ließ die alte Opferstruktur neuartig wiedererscheinen, dass nämlich eigenes Leben aus dem von anderen für Recht, Wahrheit und Sozialität geleisteten Einsatz resultiere, also Menschen immer aus dem Opfer anderer ihr Leben gewännen bzw. bestärkten. Selbstopfer

Im Christentum wurde der Tod Jesu als geistiges Opfer gedeutet, als Lebenseinsatz und Hingabe „für die vielen" (Mk 14,24; Mt 26,28). Das von Jesus mit den Jüngern gefeierte Abschiedsmahl, in dem er seinen Tod als heilsbedeutsame Lebenshingabe hinstellte, verstand die Christengemeinde als zu wiederholende Heilshandlung, theologisch als Sakrament. Die Deutung des Todes Jesu als Heilsgabe hatte zwei Aspekte: einen sühnenden (Jesu Tod tilge Sünden) und einen heilsschaffenden (er vermittle ewiges Leben). In beidem sah man Anlass zum Dank, weswegen die ganze Feier Eucharistie (Danksagung) hieß. Zugleich aber stellte sich eine Aufgabe: Die Kommunizierenden sollten die Gestalt Jesu Christi leibhaftig in sich aufnehmen, um daraufhin auch selber dessen Lebensweise zu verwirklichen und zwar nach zwei Richtungen hin: zur Bezeugung des Gotteswortes und zur Hilfe dem Nächsten, also wie Jesus bis zur Lebenshingabe Zeugnis geben und Sozialdienst üben. So gründete sich jede Opferfeier der Christengemeinde im Tod Jesu, war sowohl Gottesdienst wie Nächstendienst, letzterer verstanden als Sozialsorge. Jesu Tod als Lebenshingabe

Eucharistie

Schon in der Spätantike erfuhr die Eucharistie eine erhebliche Umdeutung. Mit dem Entlassungsruf (*Ite, missa est* – Geht, jetzt ist Entlassung) war eine Segnung durch den Bischof bzw. Priester verbunden; dieser Segen wurde nun als eigentliches Ergebnis angesehen und gab der ganzen Feier einen anderen Namen: *missa*/Messe. Theologisch war das eine Simplifizierung, verstanden nämlich als ein für alle und für alles ersprießlicher Gottessegen. Gravierend war auch ein Weiteres: Messe als Segen die Rückkehr zu irgendwie vorgeistigen Opfervorstellungen, denen zufolge der Mensch eine (materielle) Opfergabe darbringt, die dann Gott entgelten muss. Infolgedessen wurden die für die Messfeier notwendigen Gaben von Brot und Wein wie auch die Sozialgaben als von Gott zu entlohnende Darbringungen begriffen. Dies galt um so mehr, als der Priester Brot und Wein in das Fleisch und Blut Jesu wandelte und somit zu Opfergaben machte, denen Gott sich nicht entziehen konnte und die er mit himmlischen Wohltaten entgelten musste. Infolgedessen entstanden zum Beispiel die Votivmessen, aufgefasst und praktiziert als Opferdarbringung mit genau benanntem *votum* (Wunsch, Bitte). Schon die ältesten Sakramentare des 7. Jahrhunderts enthalten eine Vielzahl von entsprechenden Formularen: für Reisende, zur Erlangung von Liebe und Eintracht, gegen Beunruhigung und Tumult, gegen Sterblichkeit und Viehseuchen, für Regen oder Sonnenwetter, am Geburtstag und mehr noch für den Sterbetag, bei Unfruchtbarkeit einer Frau oder bei Ablegung des Keuschheitsgelübdes einer Witwe, für den Frieden und für die Könige, gegen schlechte Richter und Aufsässige, für die Bekehrung der Ungläubigen und so fort. Wie aber die Messe *impetratorisch* (fürbittend) wirkte, so auch *propitiatorisch* (sühnend): Messen konnten zur Abbüßung von Sünden gefeiert werden und ließen sich dabei mit bestimmten Zeiten des Bußfastens verrechnen. In den frühmittelalterlichen Bußbüchern finden sich entsprechende Umrechnungen: eine Messe für zwölf Fasttage, zehn Messen für vier Monate, 20 Messen für sieben Monate und 30 Messen für ein ganzes Jahr. Bei langen Bußzeiten konnten die zur Bußverkürzung gefeierten Messen in die Hunderte gehen und bei einer Mehrzahl von Büßern sogar in die Tausende. Und wie die Messe zur Bußerleichterung bei Lebenden angerechnet wurde, so auch bei Verstorbenen: als Arme-Seelen-Messen. In der mittelalterlichen Frömmigkeitspraxis war die Messe die häufigste und auch begehrteste Kulthandlung.

Noch weitere Veränderungen schlossen sich an. So kann man von einer Klerikalisierung sprechen. War das geistige Opfer der altkirchlichen Eucharistie so verstanden worden, dass zwar Kleriker die liturgische Leitung innehatten, jedoch alle, Kleriker wie Laien, sich gleicherweise an das Opfer Jesu Christi anschlossen und so ihr geistliches Mitopfer vollzogen, traten seit dem Frühmittelalter die Priester als Allein-Opfernde hervor, indem sie das Messopfer für die Gemeinde oder für bestimmte Personen sowie in einzelnen Anliegen, ja sogar noch für sich selbst, darbrachten. So entstand die Privatmesse, die der Priester auch ohne Gemeinde feiern konnte, indem er das spezielle Anliegen mit der von ihm vollzogenen Opferung des Leibes und Blutes Christi vor Gott brachte. Dabei kam auch das Messstipendium auf. Wenn man einen Geistlichen verpflichtete, eine oder mehrere Messen in besonderen Anliegen zu feiern, dann zahlte man ihm einen Geldbetrag, gedacht als Beitrag für seinen Lebensunterhalt. Endlich änderten sich die zur Messe mitzubringenden Gaben. Waren zuvor das zur Feier notwendige Brot wie auch der Wein aus den mitgebrachten *Caritas*-Gaben genommen worden, so wurde nun das eucharistische Brot in der speziellen Form münzengroßer Weißbrotscheiben (Hostien) hergestellt und die weiterhin mitzubringenden Gaben in Naturalien, Sachgütern oder zunehmend in Geld geopfert. Damit verstärkte sich die Kommerzialisierung, denn gerade die Geldgaben bildeten einen wesentlichen Teil der Kirchen- und Kleruseinkünfte. Praktisch wurde das Bestellen und Bezahlen von Messen ein Sich-einkaufen in himmlische Gnaden, was mittels Stiftungen sogar für ‚ewige Zeiten' gelten sollte. Diese durch Geldzahlungen bestellbaren Messen wurden zumeist von speziellen Messpriestern oder aber in Ordenskonventen gelesen. Wohl betrachteten die neuen Orden des 12. und 13. Jahrhunderts solche Geldeinkünfte aus geistlichen Handlungen als verwerflich. Aber angesichts der großen Nachfrage nach privaten und speziellen Messfeiern begannen auch sie, wieder Stipendien anzunehmen. Die Franziskaner behandelten die Messgelder als treuhänderisches Sondervermögen. Die Dominikaner verhielten sich unbefangener: Thomas von Aquin betrachtete die gespendeten Gelder als Almosen und legitimes Entgelt für geistlich-religiöse Arbeit. Den Messbestellern, die bei der Zelebration meist nicht selber anwesend waren und sich folglich nicht im geistlichen Opfer mitopferten, erhielten aber dennoch die Messfrüchte zugerechnet. Spätmittelalterliche Auflistungen und Merkverse priesen die Segnungen der Messe, betonten aber auch wieder die Mitfeier: Wer die Messe höre, vermehre den Glauben, stärke die Hoffnung, gebe dem Nächsten ein gutes Beispiel, bringe das Leiden des Herrn in Erinnerung, verliere währenddessen keine Zeit, erfahre Befreiung aus körperlichen Banden, erhalte die Gesundheit wieder, schütze sich vor plötzlichem Tod, erwirke Ablässe, erwerbe Verzeihung der Sünden, bekehre zuweilen große Sünder, befreie Seelen aus dem Fegefeuer. Die Messhäufigkeit steigerte sich noch einmal zu einer „usage obsessionelle de la messe" (J. Chiffoleau): Hunderte, ja Tausende von Meßfeiern in allen erdenklichen Anliegen, vor allem für die Armen Seelen, sogar noch um bestimmten Menschen den Tod zu wünschen (Totbeten). Auch die Dörfler bemühten sich um ihre tägliche Messe; denn – so die Begründung in Stiftungs- und Kirchenurkunden – die Feier einer Messe bewirke mehr als alles flehentliche Gebet der ganzen Welt.

Opfergaben

Gnadenkauf

Wie die Praxis das Postulat der möglichst häufigen Feier zu bewältigen hatte, so die Theologie das Problem des Opfers und besonders das der Verwandlung von Brot und Wein in Leib und Blut Jesu Christi. In der Frage, ob eine Messe, wenn für zwei Personen gefeiert, dem Einzelnen weniger erbringe als dieselbe Messe für nur eine Person, obsiegte das Zählen und in der Frage der Wesenverwandlung glaubte man Jesu historisch-identisches Fleisch und Blut gegenwärtig. Die scholastische Transsubstantiationslehre distanzierte sich von solch allzu grobem Realismus. Die Verwandlung vergegenwärtige selbstverständlich Leib und Blut Jesu Christi, aber nicht in bluttriefender Weise, sondern in jener verklärt-vergeistigten Form, wie sie Christi Auferstehungsleib im Himmel besitze. Wie sehr aber die Verwandlung zur blutenden Hostie und deren Darbringung im Messopfer den Mittelpunkt bildete, zeigt sich im massenhaften Zulauf zu solch wunderbar blutenden Hostien, wofür in Deutschland besonders Wilsnack (Brandenburg) bekannt war. Dass bei der Messe eben dieses Fleisch und Blut des Gottessohnes geopfert wurde, galt als Erstes, nicht der Kommunionempfang, der meist nur zur Osterzeit stattfand, wie ihn das Vierte Laterankonzil 1215 als Minimum vorgeschrieben hatte.

Neben der materialisierten und magischen Auffassung erhob sich indessen bei den wahrhaft Geistlichen ein ganz anderes Verständnis: ein radikal spiritualisiertes. Die Mystiker nannten das blutende Fleisch Jesu Christi eine ungeschlachte Vorstellung. Ihr Axiom, dass ein einziges Gebet oder asketischer Akt, sofern nur vor Gott in Andacht und Ergebenheit vollzogen, mehr zähle als eine Tausendzahl, übertrug sich auch auf die Messe: eine, in Andacht gefeiert, sei mehr als viele. Luther konnte daraus die Konsequenz ziehen: Gott sei es genehmer und den Menschen nützlicher, die vielen Messen auf einen Haufen zu nehmen, statt ihrer jahrlang Tausende zu zelebrieren. Obendrein entwickelte sich eine Form von geistlicher Kommunion. Gestützt auf das Augustinus-Wort: „Glaube und du hast schon gegessen", konnte auf reales Kommunizieren verzichtet werden, zumal Jesus sich den wirklich Glaubenden oft selber visionär zeigte und sie geistlich speiste. Zu den überraschenden Leistungen der spätmittelalterlichen Devoten-Frömmigkeit gehört, dass sie das bei jeder Messfeier angemahnte Selbstopfer neu entdeckten; Thomas von Kempen schrieb in seiner „Nachfolge Christi": „Ich will nicht dein Geschenk, ich will dich". Insgesamt ist die Spiritualisierungstendenz so stark angewachsen, dass von hier die Frage zu beantworten wäre, warum die Menschen 1515 die Hostie sehen wollten, und warum sie 1525 das reine Wort Gottes hören wollen (P. Blickle).

4. Sakramente

4.4 Ehe

Wie in allen Einfachgesellschaften lag auch im Mittelalter das Verheiratungsrecht bei den Eltern bzw. der Sippe, zumal für junge Frauen, die meist bei Geschlechtsreife, etwa mit 12 Jahren, verheiratet wurden. Die Hochzeitsfeier galt dem ersten Beischlaf und der kirchliche Segen dem Ehebett. Allerdings hatte das Christentum von der Antike das Konsens-Postulat übernommen und erweitert, dass nur die Zustimmung der beiden Partner eine Ehe begründe, ferner die Ehe als unauflöslich anzusehen und auf das Kind auszurichten sei. Obwohl das Kirchenrecht im 12. Jahrhundert das Konsensrecht neu herausarbeitete, wurde es praktisch nicht verwirklicht. Dass obendrein die Scholastik die Ehe als Sakrament herausstellte, machte sie samt ihrer Sexualität zu einem Weg des Heils. Belastend wirkte freilich, dass bis ins hohe Mittelalter die Lustempfindung als Sünde galt und die Pollutio-Vorstellung, derzufolge jede geschlechtliche Betätigung irgendwie verunreinigte, schwer zu eliminieren war. An einem neuen Eheverständnis hat überraschenderweise die klösterliche Liebesmystik mitgewirkt. Für Bernhard von Clairvaux stellte eine wirkliche Liebeseinigung Gleichheit her, jedenfalls geschehe es so zwischen dem himmlischen Bräutigam und seiner irdischen Seelen-Braut. Für die Minnelyrik wurde das Freiwilligkeitsprinzip maßgeblich, nämlich Zurückhaltung des Mannes, bis sich auch die Frau die Liebeseinigung wünsche – also eine Gegenseitigkeit. In Wirklichkeit war das Eingehen einer Ehe vielen Zwängen ausgesetzt. Die herrschende Adelsschicht arrangierte mit Hilfe von verabredeten Ehen politische Bündnisse und die Zünfte achteten auf Ehrbarkeit; vor allem die Wechselfälle des Lebens erzwangen oft Eheabschlüsse, ohne groß nach Eignung oder Zuneigung zu fragen.

Ehe als Sakrament

Mystische Hochzeit

4.5 Ordination

Dem Neuen Testament zufolge sollten sich alle Getauften als Priester verstehen. Gleichwohl sind auch Amtspersonen mit den Namen Bischof (*episkopos*), Presbyter und Diakon bezeugt. Bei deren Auswahl war die religiös-ethische Amtseignung ausschlaggebend, während die endgültige Einsetzung durch rituelle Handauflegung geschah. Auf diese Weise entwickelten sich Weihen für die einzelnen Ämter, zunächst für die ‚höheren' Ämter von Bischof, Priester, Diakon und Subdiakon, später auch für die niederen Ostiarier (Türhüter), Lektoren (Vorleser), Exorzisten (Dämonenbeschwörer) und Akolythen (Begleiter). Das neutestamentliche Amtsverständnis verpflichtete zur Dienstbereitschaft, nämlich „Diener aller zu sein" (Mk 9,35). Das bedeutete: Die Weihen waren „relativ", bezogen auf Seelsorgs- und Gemeinde-

Weihen

dienst. Seit der Spätantike mischten sich jedoch andere Gesichtspunkte ein: Die Weihe galt als besonderer Segen und wurde als persönliche Auszeichnung gewertet, was nun bedeutete, dass der Weiheempfang „absolut" wurde, nämlich geschätzt um seiner selbst willen und ermöglicht auch ohne Gemeindedienst. Zudem verband sich seit der Spätantike mit den höheren Weihen die Forderung nach Ehelosigkeit, ursprünglich verstanden als gänzliche Verfügbarkeit für Gottes- und Gemeindedienste, nun aber mehr und mehr im Sinne kultischer Reinheit interpretiert. Oft kam noch die Vorstellung hinzu, jeder wahre Sakramentenspender müsse die Gottesgnade, die er vermittele, auch selber besitzen. Hiergegen hatte schon Augustinus eingewendet, der Gnadenbesitz des Sakramentenspenders sei letztlich nie überprüfbar, und von daher dann das Axiom: Gott wirke unfehlbar seine Gnade in den Sakramenten, auch unabhängig vom Gnadenstand des amtlichen Spenders; doch gebe er seine Gnade nie ohne Bereitwilligkeit des Empfängers. Es war also ein „objektives" Angebot Gottes und ein „subjektiver" Empfang.

Die Ämterhierarchie setzte sich im Mittelalter fort, freilich nicht ohne Um- und Neuakzentuierungen. Der Bischof war und blieb der Erste in Lehre, Liturgie, Besitzverwaltung und Armensorge, hatte also in seiner Diözese die Jurisdiktion (rechtsverbindliche Weisungsgewalt). Die Priester vertraten den Bischof vor Ort, während Diakone und Subdiakone ursprünglich Vermögensverwalter und Caritasobleute waren. Die Gesamtheit der Geweihten hieß Klerus und bildete einen eigenen Stand mit Rechtsvorzügen und Steuerfreiheit. Das schuf Spannungen gegenüber der Laien- und Bürgerwelt. Zugleich war der Klerus auch in sich Spannungen ausgesetzt, gehörten doch die Bischöfe und Äbte für gewöhnlich dem (Hoch–)Adel an, verblieben rechtlich und mental in ihrer Standesschicht und traten als Herren auf. Demgegenüber rekrutierte sich die Priesterschaft aus Nichtadeligen, ja sogar aus Nichtfreien, die in den Niederklerus aufstiegen und dadurch Freiheit erlangten. Zugleich stellte sich das Problem, wie und wo ein Geistlicher, der in einer weithin agrarischen Welt auch noch Bauer war, eine speziell pastorale und theologische Ausbildung erhalten sollte. Speziell die Standesherrlichkeit des deutschen Hochklerus und Bäuerlichkeit des Niederklerus bewirkten eine tiefe Zerklüftung.

Klerikalisierung der Klöster

Die wohl folgenschwerste Veränderung kam mit der Klerikalisierung der Klöster. War das Mönchtum zunächst eine Bewegung von Laien gewesen, die am sonntäglichen Gemeindegottesdienst teilnahmen, so wandelte sich das Kloster der Karolingerzeit zu einer Gemeinschaft von Klerikern: Hochstufe des Mönchseins war die Weihe zu Diakon und Priester. Auf diese Weise verbanden sich asketisch-monastische Lebensführung und Priesterexistenz, wobei der Mönchspriester als der erwiesenermaßen bessere erschien. Infolgedessen verschärfte sich die Frage nach dem richtigen und würdigen Priester, ja entwickelte sich zum Kernpunkt aller mittelalterlichen Ketzereien. Das an sich berechtigte Verlangen nach würdigen und reinen Sakramentsspendern wurde dabei aufgrund des Augustinischen Axioms der vom Spender unabhängigen Gottesgnade zur Ketzerei erklärt. Ein durchgreifendes Reformbemühen für den Klerus hat es nur einmal im ganzen Mittelalter gegeben: die Kanoniker-Bewegung des 11./12. Jahrhunderts. Diese zielte auf gemeinschaftliches Leben samt Ausbildung und Spiritualität, verlangte aber letztlich monastisches Leben und musste deswegen vor der Seelsorgewirklichkeit scheitern. Aus der Kanoniker-Bewegung ging wesentlich auch die neue scholastische Theologie hervor. In den Städten übernahmen zuletzt die Bettelorden die Seelsorge samt Beichthören und Predigt. Erst im 15. Jahrhundert gewannen universitätsgebildete Kleriker neues Ansehen.

II. Grundprobleme und Tendenzen der Forschung

A. Frühere und gegenwärtige Tendenzen

Die Ächtung des Mittelalters als „finster" betraf vorrangig die Religiosität. Denn wer wollte schon, seitdem Kant das Wesen der Religion als Ethik, ihre Riten aber als „Fetischmachen" und „Afterdienst" erklärt hatte, in „selbstverschuldeter Unmündigkeit" verharren? Überhaupt sah man Geschichte nicht länger als von Gottes Hand gelenkt, sondern erklärte sie kausal aus sich heraus als Profangeschichte, gedeutet sogar im Bann eines aufklärerischen „Antisupranaturalismus" (Ernst Troeltsch). Dadurch ging die Logik religiöser Interpretation verloren. Mit der Romantik schwang zwar das Pendel zurück in die religiöse Richtung und Novalis († 1801) besang die „schönen glänzenden Zeiten, wo Europa ein christliches Land war". Doch profitierte die Erforschung der mittelalterlichen Religiosität davon nur wenig, wohl aber die Geschichtsschreibung eines „deutschen" Mittelalters; es interessierte das Altdeutsche, die Helden-Epen, der gotische Stil, sogar Dürer-Tracht und allem voran die deutsche Kaiserherrlichkeit.

1. 19. Jahrhundert

1.1 Profangeschichte

Wie die deutsche Geschichtswissenschaft insgesamt so begann auch die Mediävistik des 19. Jahrhunderts die nationalen und mehr noch die machtpolitischen Aspekte als Realpolitik zu verherrlichen. Die tonangebenden Historiker der preußisch-kleindeutschen Schule, enttäuscht von der misslungenen Revolution von 1848, stimmten der von Bismarck „mit Blut und Eisen" herbeigeführten Reichseinigung zu und projizierten nun ihre eigene Hinwendung zu Staat, Macht und Nation ins Mittelalter zurück: Die großen Herrscher hätten primär im Interesse eigener Macht gehandelt, dabei der Religion zwar Tribut gezollt, aber die Kirche immer nach den Erfordernissen ihrer Politik behandelt. Das

_{Machtpolitik im Mittelalter?}

Religiöse erschien nur als Marginalie, allenfalls als zeitübliche Befangenheit oder taktierendes Zugeständnis.
Ein zweites Kennzeichen war die Absetzung von allem Welschen und Romanisch-Römischen. Selbstverständlich hatte das deutsche Volk bereits in der Antike bestanden und sich damals schon erfolgreich am Rhein verteidigt. Als Aufgabe der Historie galt es nun, den bis in die Gegenwart andauernden Abwehrkampf darzustellen und vor allem die originär deutsche Eigenart, das eigentliche „deutsche Wesen" herauszuarbeiten. Die Rechtsforschung etwa betrieb – wie die Zeitschrift der Savigny-Stiftung für Rechtsgeschichte zeigt – eine Scheidung in germanisch, romanisch und kanonistisch. Das Christentum wurde daraufhin untersucht, ob und wie es das Germanentum verformt habe. Vielfach galten Luther und die Reformation als Durchbruch zu aufgeklärtem und zugleich deutschem Christentum, als Aufbruch insbesondere zu deutsch-protestantischer Gelehrsamkeit und Kultur. Historiker mit entsprechenden Deutungen wurden tonangebend. Heinrich von Sybel († 1895), 1848 Frankfurter Abgeordneter und später Bismarck-Bewunderer, kannte als historischen Maßstab allein den geschichtlichen Erfolg. Heinrich Treitschke († 1896) erklärte als Wesen des Staates „zum ersten die Macht, zum zweiten die Macht und zum dritten nochmals die Macht", wähnte des Weiteren schon bei den Germanen das unbeschränkte Recht der Persönlichkeit. Georg von Below († 1927) sah überall bereits den preußisch-deutschen Anstaltsstaat, wie ihm „Staatlichkeit" überhaupt „historisches Gesetz" war. Selbst Otto Gierke († 1921), der die gesellschaftliche Horizontale untersuchte und eine genossenschaftliche Bewegung von der germanischen Volksfreiheit bis zur bürgerlichen Selbstverwaltung hin entdeckte, zielte auf germanisch-deutsche Eigenart, auf „Volksgeist" und „Nationalcharakter". Das Ganze wirkte dann auf die aktuelle Politik ein. Bismarcks Ausspruch: „Nach Canossa gehen wir nicht!" war ein Reflex aus Giesebrechts „Deutscher Kaisergeschichte" und eröffnete den Kulturkampf aus der Überzeugung heraus, „dass Reibung und Konflikt gleichsam die Grundsubstanz aller Politik seien" (L. Gall).

1.2 Deutsch-evangelische Sicht

Für die evangelische Kirchengeschichtsschreibung stand das Mittelalter im Schatten der Reformation, diente als Hintergrund für das neu entzündete Glaubenslicht. Wichtiger noch schien die Frage nach dem National-Deutschen. Seitdem Jacob Grimm († 1863) eine „Deutsche Mythologie" vorgelegt hatte, sah man viele germanische Religionselemente im christlichen Volksaberglauben weiterleben. Friedrich W.

Rettberg († 1849), der als erster eine (evangelische) „Kirchengeschichte Deutschlands" vorlegte, sprach von einer Wahlverwandtschaft des germanischen Charakters mit dem Evangelium. Diskutiert wurde nun, ob und wie Christentum und Germanentum zueinander stünden, ob und wie die vorgeblich sinnige Wesensart der Deutschen mit dem Christentum zusammenpassten. Oft genug wurde evangelischerseits die deutsche Reformation als Vollendung des Christentums angesehen, demgegenüber national-emanzipatorische Stimmen seit der Jahrhundertwende von einer Verformung des Germanischen sprachen, das sich der jüdischen Einsprengsel zu entledigen habe. Unvoreingenommen urteilte Albert Hauck († 1918) in seiner „Kirchengeschichte Deutschlands"; wohl galt ihm Chlodwigs Taufe zu Reims als Erstereignis deutscher Kirchengeschichte, doch deutete er im Ganzen nicht germanisch, negierte sogar eine sittlich-religiöse Überlegenheit der Franken.

Verhältnis Christentum – Germanentum

1.3 Romantisch-katholische Sicht

Dem Katholizismus des 19. Jahrhunderts galt das Mittelalter im Gefolge der Romantik als Epoche idealer Christlichkeit. In der Kunst folgte die Neugotik, in der Theologie die Neuscholastik. Der herausragendste Vertreter, Johannes Janssen († 1891), opponierte gegen die Reformation und den nachfolgenden Fürstenabsolutismus, ebenso gegen das kleindeutsche Reich von 1871 und dessen Nationalismus. In seiner vielbändigen und auflagenstarken „Geschichte des deutschen Volkes seit dem Ausgang des Mittelalters" (1874/94) (über-)zeichnete er das Spätmittelalter als eines der gedankenreichsten und fruchtbarsten deutschen Zeitalter, als die schlechthin gelungene Synthese von Christentum, Deutschtum und Kirchlichkeit: die Liebe zum Volk, befördert von den Herrschern wie von den Gelehrten und betätigt in „christlichem Socialismus". Janssen gelangen sozial- und mentalitätsgeschichtliche Beschreibungen, die derzeit wieder Interesse finden.

Spätmittelalter als fruchtbarste Zeit

2. Die Zäsuren von 1900 und 1918

2.1 Wende zur Religionsgeschichte

Für 1900 wird heute eine Wende zur Kulturgeschichte konstatiert, wobei auch Religion neu in den Blick kam: statt des romantischen Rückgriffs auf das Mittelalter nun der Rückblick in die ganze Religionsgeschichte. Die Folge war ein allgemeines Interesse an Mythen und Mystik, an Ritus und Kult. Unterschiedliche Programme und große Namen sind zu nennen: Max Weber († 1920), Ernst Troeltsch († 1923), Ernst Cassirer († 1945), Max Scheler († 1928), in Frankreich Émile Durkheim († 1917) und Lucien Lévy-Bruhl († 1939), in England Edward Tylor († 1917), James George Frazer († 1941) und Bronislaw Malinowski († 1942), in den Niederlanden Gerardus van der Leeuw († 1950) und in Schweden Nathan Söderblom († 1931). Erste Lehrstühle für Religionswissenschaft und für Religionssoziologie entstanden, in Deutschland allerdings verspätet. Unter den Historikern sprach Karl Lamprecht († 1915) von „Kulturgeschichte", bezog aber nicht Religion mit ein, brachte überhaupt die ganze Historikerschaft gegen sich auf. Evangelische Theologen begründeten in Göttingen die Religionsgeschichtliche Schule, welche Religion als etwas sich Entwickelndes auffasste und das Christentum in den Rahmen der allgemeinen Religionsgeschichte stellte. Als einer der Wortführer sah Ernst Troeltsch „das Wesentliche aller Religion nicht in Dogma und Idee, sondern in Kultus und Gemeinschaft". Auch die Phänomenologie Husserls († 1938) gab Anstöße, weitervermittelt durch Max Scheler. Weltweite Resonanz fanden zwei 1917 erschienene Bücher: von Rudolf Otto († 1937) „Das Heilige" (wobei heute das Konzept einer religiösen Erlebnis-Kategorie fraglich geworden ist), weiter von Friedrich Heiler († 1967) „Das Gebet", dem noch 1961 eine mehr phänomenologische als historische Gesamtdarstellung folgte: „Erscheinungsform und Wesen der Religion".

2.2 Kulturprotestantismus

Angesichts der überragenden Geltung europäisch-deutscher Kultur wie des nunmehr hinterfragten christlichen Absolutheitsanspruchs entstand der Kulturprotestantismus: Letztlich stehe hinter der modernen Kulturentwicklung die „protestantische Selbstreflexionskultur", die indes zum Kulturbestand unabdinglich sei. An die Stelle des anstößig gewordenen dogmatischen Absolutheitsanspruchs sollte ein solcher von faktischer Unentbehrlichkeit treten, wobei sowohl Genese wie Geltung dieser kultur- und religionsgeschichtlichen Symbiose herauszuarbeiten seien. Der wichtigste theoretische Kopf war Ernst Troeltsch, der bedeutendste Historiker Adolf von Harnack († 1930). Letzterer betrachtete die Weimarer Klassik mit Goethe als Kulturvollendung, stellte als Religionsform diejenige Jesu dazu, die eine Religion der Liebe sei: „Gott der Vater und der unendliche Wert der Menschenseele" – so Harnacks berühmte Frömmigkeitsformel. Da obendrein das Christentum alle Religionsformen und -stufen in sich schließe, erübrige sich jede weitere religionsgeschichtliche Betrachtungsweise. Als Bestätigung dieser kultur-protestantischen Auffassung galt die damals weltweit bewunderte deutsche Wissenschaft, wofür Harnack selber mit seiner stupenden Gelehrtheit und Schaffenskraft ein herausragendes Beispiel abgab.

2.3 Katholischer Modernismus

Der katholischen Kirchengeschichtsschreibung galt die Kirche als das wichtigste Thema, wie sie auch allzeit die wichtigste Beförderin der Kultur gewesen war. Eine Hinwendung zur allgemeinen Kultur- und Religionsgeschichte vollzog sich nur zögerlich, blieb doch die eigentliche Referenzzeit das Mittelalter. Für gleichwohl aufkommende Fragen nach Zusammenhängen mit der modernen Kulturentwicklung ist der in Straßburg und ab 1919 in Bonn lehrende Elsässer Albert Ehrhard († 1940) beispielhaft. Weil alle Religion und so auch das Christentum im Verbund mit der allgemeinen Kultur stehe, dürfe der Katholizismus nicht dem Mittelalter verhaftet bleiben, müsse sich vielmehr für den Kulturfortschritt der Moderne öffnen. Kirchenoffiziell wurde indes eine Historisierung des christlichen Absolutheitsanspruchs befürchtet und solches als modernistisch gebrandmarkt. Ein wichtiges Resultat erbrachte mit kultur- und religionsvergleichenden Arbeiten zu Christentum und Antike Franz Joseph Dölger († 1940; nicht zu verwechseln mit dessen Vetter, dem Byzantinisten Franz Dölger), der zum Begründer des „Reallexikons für Antike und Christentum" wurde.

Zögerliche Öffnung zur Kultur- und Religionsgeschichte

3. Zwischenkriegszeit

3.1 „Antihistorische Revolution"

Sowohl evangelischer- wie katholischerseits erfuhr die kultur- und religionsgeschichtliche Ausweitung gleich nach dem Ersten Weltkrieg einen jähen Abbruch in „antihistorischer Revolution" (F. W. Graf). Gegen eine befürchtete Relativierung des Christentums zu Kultur- und Religionsgeschichte setzte Karl Barth († 1968) seine Dialektische Theologie und zog eine schroffe Trennungslinie gegen alle Historisierung, auch gegenüber der Kirchengeschichte; es gelte allein das Wort Gottes, unabhängig von allem sonst. Bezeichnend auch sind Leben und Werk Erik Petersons († 1960), der sich vom Pietismus zur Göttinger Religionsgeschichtlichen Schule wandte, dabei mit Liturgieforschung begann, dann weiter nach der Kirche als theologisch verbindlicher Lehrautorität fragte und zuletzt konvertierte. Zu nennen ist ferner Karl Holl († 1926), der sich gegen die liberale Theologie stellte, eine Luther-Renaissance heraufführte und zugleich mediävistische Forschungen vorlegte. Katholischerseits sah man sich durch die nun auch jenseits der eigenen Reihen vollzogene Wende zum Objektiven vollauf bestätigt. Die Kirchengeschichtsschreibung schied zwischen einer mehr objektiven Periode bis einschließlich der Romanik und einer mehr subjektivistischen von der Gotik bis zur Moderne. Als dafür exemplarisch ist

Dialektische Theologie: gegen Historisierung

Lortz: objektives Mittelalter

Joseph Lortz († 1975) zu nennen, der dieses Konzept in seiner auflagenstarken „Kirchengeschichte in ideengeschichtlicher Betrachtung" popularisierte: „Das Mittelalter war eine Zeit des Universalismus, des Objektivismus, des Klerikalismus", bis dann „seit dem Ende des 13. Jahrhunderts, nein schon seit Mitte des 12. eine Zersetzung" eintrat, verstanden als bindungsfeindlicher Subjektivismus.

3.2 Deutschnationale Grundeinstellung

Die Historikerschaft der Zwischenkriegszeit war insgesamt deutschnational eingestellt, wobei „die meisten deutschen Historiker zwar nicht direkt Nazis waren, aber doch die Geschichte so national, konservativ oder sonstwie rechtsorientiert lehrten und schrieben, dass die Nationalsozialisten sie nicht gleichschalten mussten" [318: J. KOCKA, Zwischen Nationalsozialismus und Bundesrepublik, 341]. Gleichwohl konnten bei dieser Einstellung – was heute weniger leicht vorstellbar ist – Konflikte mit dem NS-Regime entstehen und solche wurden deutschnational ausgetragen, wie etwa der Streit um Karl den Großen, den die NS-Ideologen anfangs als „Sachsenschlächter" denunzierten und wogegen dann 1935 Karl Hampe († 1936) im Sammelband „Karl der Große oder Charlemagne?" protestierte: „Wir wollen nur zeigen, wie er als Gesamtpersönlichkeit von germanisch-deutscher Art und Abstammung erscheint. Seine Sachsenkriege sollen, ohne die furchtbaren Härten seines Vorgehens zu beschönigen, in ihrer grundlegenden Bedeutung für die deutsche Zukunft gewürdigt, seine richtunggebende Politik zur Eindämmung der Slawenflut und zur Vorbereitung germanisierender Siedlung im Osten ins rechte Licht gerückt werden."

Rechtsorientiert, nicht unbedingt nationalsozialistisch

3.3 Neue Mediävistik

Indes öffnete sich die Mediävistik nach dem Ersten Weltkrieg erstmals auch kultur- und religionsgeschichtlichen Fragestellungen. Johannes Fried hat von einer „Revolution" gesprochen: „Jetzt wurden vermehrt Texte zur Kenntnis genommen, die zuvor ein eher randseitiges Dasein fristeten. Häretische Traktate, religiöse Schriften, Frömmigkeit, die Geistesgeschichte wurden entdeckt, ... auch die Einbettung der politischen Verfassung in die Liturgie" [316: J. FRIED, Vom Zerfall der Geschichte, 51]. Eine pointiert weltanschauliche Deutung lieferte 1922 der Scheler-Schüler Paul L. Landsberg († 1944) mit seinem viel gelesenen Buch „Die Welt des Mittelalters und wir", das Otto G. Oexle „ein Schlüsselwerk der Epoche" genannt hat [324: Geschichtswissenschaft, 176]: Das Mittelalter stehe als menschliche Grund- und Wesensmöglichkeit für Ordnung und Ordnungsvertrauen, demgegenüber sei die

Kultur- und religionsgeschichtliche Fragestellungen

Neuzeit seit dem spätmittelalterlichen Nominalismus negativ zu bewerten. Der Zeitbezug sollte eindeutig sein: das Mittelalter als die positive und organische Ordnung. Ein bleibend wichtiger Anreger wurde Aby Warburg († 1929), der ein neues Konzept von Ikonologie entwickelte, das dann Erwin Panofsky († 1968) weiter ausarbeitete. Unter den Mediävisten wurde Percy E. Schramm († 1970) angeregt zu „Herrschaftszeichen und Staatssymbolik". Besonders hat sich mit Ritualismus und sakralen Gemeinschaftsformen auch der Kreis um Stefan George († 1933) befasst; zugehörig bzw. davon beeinflusst waren Ernst Kantorowicz († 1963) mit seinem Buch „Laudes regiae", ferner Wolfram von den Steinen († 1967) mit „Heiliger Geist des Mittelalters", ebenso Gerhart Ladner († 1993), der Verfasser des Corpus der „Papstbildnisse". Mit „Religiöse Bewegungen im Mittelalter" eröffnete Herbert Grundmann den Weg zur Ordensgeschichte, freilich bei Akzentuierung des als antiinstitutionell erachteten Phänomens „Bewegung" („wie sie sich den kirchlich-klösterlichen Ordnungen einfügte oder entzog") und bei Einbeziehung auch der Ketzergeschichte. Gerd Tellenbach († 1999) schrieb „Römischer und christlicher Reichsgedanke in der Liturgie" sowie „Libertas ecclesiae". Mitten im Zweiten Weltkrieg vollendete der Münchener Kanonist Eduard Eichmann († 1946) „Die Kaiserkrönung im Abendland" mit Verweisen sogar auf das aus vorchristlicher Zeit bestehende Königspriestertum. Für Byzanz publizierte Otto Treitinger „Die oströmische Kaiser- und Reichsidee nach ihrer Gestaltung im höfischen Zeremoniell" (1938) und „Vom oströmischen Staats- und Reichsgedanken" (1940), die beide zusammen 1956 als Buch erschienen. Einen Durchbruch besonderer Art bewirkte Otto Brunner, als er 1939 „Land und Herrschaft" vorlegte, dabei die Intention der älteren Forschergeneration, schon im Mittelalter Staatsformen moderner Art zu suchen, aufgab und von „Haus und Herrschaft" sprach. *Brunner: Land und Herrschaft*

Vor dem Hintergrund der allgemeinen Zeitsituation muss das starke Interesse an Staatssymbolik und -zeremoniell auffallen. Die aufklärerische Staatsidee mit ihrer Emanzipation von Kirche und Religion war durch die Umbrüche in und nach dem Ersten Weltkrieg erschüttert und man fragte wieder nach dem religiösen Hintergrund. Tatsächlich fällt auf: Wo kultische Phänomene und gerade auch Liturgie positiv konnotiert wurden, galt das Interesse verstärkt den symbolischen Formen der Staatshoheit – darum also das Interesse an Zeremoniell, Krönungsordines, Herrscher-Adventus, Akklamationen und Laudes regiae. Die wirkliche Breite der mittelalterlichen Ritualität wurde allenfalls partiell erfasst. *Staatssymbolik*

3.4 Nordisches und Südländisches

Breit setzte sich die germanisch-deutsche Deutung fort: Germanischem Wesen entsprächen ein sinniger Ernst, aber mehr noch Maßlosigkeit, Formmangel, Subjektivismus und Mystik; zu bändigen und zu formen seien diese Eigenschaften nur mit Hilfe des Südländischen. Der nordische Mensch – so etwa in Kunstgeschichte und Germanistik – besitze nichts Ruhiges, hingegen ungehemmte, maßlose Bewegtheit, was alles erst mit der Christianisierung eine feste Form erhalten habe. Am stärksten erstrebte diese Überformung der Kreis um Stefan George: Der „Deutschheit" – so der dem Kreis zugehörige Germanist E. Bertram 1917 – stelle sich vom „Süden" her eine ambivalente Herausforderung, nämlich eine Gefährdung durch das südliche Romanen- und Hellenentum, wie andererseits dasselbe Deutschtum durch das Südliche eine wesensgemäße Steigerung und Überhöhung erfahre; denn Deutschheit bedeute „deutscher zu werden", sei ein „Steigerungswort". Der Heros, der die „alte Gleichung von ‚sehr deutsch' gleich südlich-überdeutsch" paradigmatisch zu erfüllen schien, war Friedrich II., der „große Hohenstauferkaiser". Dessen „Überdeutschheit" behandelte als zentrales Thema der dem George-Kreis zugehörige Ernst Kantorowicz († 1963) in seinem „Kaiser Friedrich II.". Noch 1933 bezeichnete er angesichts des ihm ob seines Judentums drohenden Verlustes der Frankfurter Professur „Das geheime Deutschland" als eine „geheime Gemeinschaft der Dichter und Weisen, der Helden und Heiligen, der Opferer und Opfer"; doch dürften das Römische und Hellenische, das Italienische und das Englische „nicht als undeutsche Fremdheiten, sondern als menschlich ursprüngliche Gegebenheiten der deutschen Urtiefen" gedeutet werden.

3.5 „Absterbendes" Spätmittelalter

Der Niederländer Johan Huizinga († 1945) schilderte das Spätmittelalter in seinem 1918 publizierten „Herbst des Mittelalters" als eine lieblich-verspielte wie auch raffiniert-grausame, im letzten makabermorbide Spätzeit, eben als „absterbendes Mittelalter", demgegenüber der aufblühende Humanismus die „goldene Harmonie des Klassischen" geboten habe. Die Religiosität habe auf jede Geistesregung und alle Lebensdinge eingewirkt, sich dabei so sehr mit Weltlichem vermischt, dass ihr Wesen erstickt sei. Willy Andreas († 1967) konzipierte das zuerst 1932 und dann 1959 im 20. Tausend erschienene „Deutschland vor der Reformation" als „Zeitenwende". Will-Erich Peuckert († 1969) betitelte sein 1945 abgeschlossenes Spätmittelalterbuch als „Die große Wende", weil „der Mensch des fünfzehnten Jahrhunderts Ja gesagt hatte zu seinem Untergang". Aber anders als Huizinga zielte Peuckert nicht auf Klassik und Renaissance, sondern auf die Reformation und den darauf zurückzuführenden Umschlag von einer Bauernkultur zur städtischen Bürgerkultur. Der Kunsthistoriker Wilhelm Worringer († 1965) stellte in „Formprobleme der Gotik" die Mystik als „ein nordisches Produkt" dar, jedoch mit einem zuletzt negativen Individualisierungs-, ja sogar „Zerbröcklungsprozeß"; die Renaissance war ihm nur mehr ein künstliches „Bildungsprodukt" und der wirklichkeitsfremde Humanismus ein „Privileg saturierter Existenzen". Andere klagten generell, seit den romanischen Jahrhunderten habe großer Gestaltungsgeist keine Verwirklichung mehr gefunden.

3.6 Kirchengeschichte

Nach dem Ersten Weltkrieg verstärkte sich auch hier das Germanisch-Deutsche. Das seit der Jahrhundertwende aufgebrochene Religionsinteresse konzentrierte sich auf Themen wie Germanisierung des Christentums, deutsche Mystik, deutsches Kirchenrecht oder auch deutscher Heiland und deutsche Heilige, sogar deutsches Christentum. Manches davon konnte ideell in die NS-Bewegung eingehen. Der ob seiner „Geschichte der christlichen Kirche im Frühmittelalter" (1921) hoch angesehene Hans von Schubert († 1931) schrieb 1925 eine „Geschichte des deutschen Glaubens": Der germanische Arianismus zeige eine nichtrömische Nationalkirche, ganz anders als die päpstliche Herrschaftskirche voll römischen Rechtsgeistes. Von katholischer Seite ist wiederum Joseph Lortz anzuführen, der 1934 in seine „Geschichte der Kirche" ein Germanenkapitel einschob. Aus Christentum, Germanentum und Antike sah er das christliche Europa hervorgegangen: Es war „eine ideale Zugangsmöglichkeit, als der Samen des Christentums auf einen mit allen Möglichkeiten reichster Veranlagung ausgestatteten, noch unverbrauchten und unausgeformten Mutterboden stieß: das junge, ... und unverbrauchte germanische Volkstum"; die mittelalterliche Kirchengeschichte war eine „germanische Zeit". Die größte Nachwirkung erzielte Lortz mit seiner Deutung des Spätmittelalters, das er in Übereinstimmung mit der Gesamtforschung als Verfallszeit ansah. Für eine Geschichte der Religiosität wirkte diese Einschätzung blockierend, galt doch die Kirchengeschichte seit dem Spätmittelalter samt Renaissance, Barock und noch dem 19. Jahrhundert als „siebenhundertjähriger Zersetzungsprozeß". Im Blick auf die Reformation beurteilte Lortz Martin Luther als tiefreligiösen Reformer, der aber nicht den wahren Katholizismus, sondern den zersetzten des Spätmittelalters niedergerungen habe.

Germanisierung des Christentums

3.7 Liturgieforschung

Obwohl fundamental für das Mittelalter ist die Liturgie nur wenig behandelt worden. Zurückzugreifen ist auf die französische Forschung: Abbé Louis Duchesne († 1922) mit „Les origines du culte chrétien", Victor-M. Leroquais († 1946) mit der Erfassung der Handschriften fast aller liturgischen Buchsorten, Michel Andrieu († 1956) mit der Edition der „Ordines Romani", Cyrille Vogel († 1982) mit Quellenübersichten, zuletzt noch Antoine Chavasse († 1982) und Jean Deshusses († 1997) mit Sakramentar-Studien und -Editionen. Bedeutend ist der Forschungsbeitrag der Benediktiner. Die 1832 wiederbegründete Abtei Solesmes (Departement Sarthe) mit ihrem Abt Prosper Guéranger († 1875) pflegte in besonderer Weise die Liturgie. Mönche dieser Abtei, Fernand Cabrol († 1937) und Henri Leclercq († 1945), initiierten das „Dictionnaire d'archéologie chrétienne et de liturgie". Der wissenschaftliche Impuls übertrug sich auf die Abtei Maredsous in Belgien, wo bis heute die „Revue Bénédictine" erscheint. In Deutschland war es einmal die Abtei Beuron, in der unter Alban Dold († 1982) ein Palimpsest-Institut zur Entzifferung abgeschabter Pergamente entstand und bis heute die altlateinische Bibelübersetzung rekonstruiert wird, weiter die Abtei Maria Laach, wo seit 1921 das „Archiv für Liturgiewissenschaft" erscheint. Zwei Laacher Mönche, Kunibert Mohlberg († 1963) und Odilo Heiming († 1998), edierten neu die altrömischen, gallikanischen und ambrosianischen Sakramentare. Viel früher schon hatte Adolph Franz († 1916), ein Einzelgänger, Materialien zu den „Benediktionen" und zur „Messe im Mittelalter" publiziert. Sodann artikulierte sich auch in der Liturgieforschung die Polarität von objektiv und subjektiv: die Romanik mit ihrer vorgeblich geistigen Zucht und seelischen Geschlossenheit und die Gotik mit ihrer Mystik und Auflösung. Der aus der Dölger-Schule stammende Theodor Klauser († 1988) nannte noch in seiner 1968 publizierten „Kleinen abendländischen Liturgiegeschichte" das Spätmittelalter eine „Periode der Auflösung, der Wucherungen, der Um- und Mißdeutungen". Dass für diese Periode liturgiehistorische Untersuchungen weitgehend fehlen, resultiert aus solcher Bewertung. Die nach dem Ersten Weltkrieg aufgekommene Liturgische Bewegung, deren wirksamster Initiator Romano Guardini († 1968) aller Historie abgeneigt war, hat wenig zur Forschung beigetragen. Einige Resonanz fand die Idee der Symbiose von Nordischem und Südländischem. Während Guardini empfindlich gegen alle Rassenphantasien blieb, verkündete der Laacher Abt Ildefons Herwegen († 1946) im Blick auf Antike und Germanentum: Erstere bedeute „Vollendung im Ewigen", letzteres „Streben ins Unendliche" und „Eintauchen in unklare Phantasien"; nur erst die antik-christliche Formgebung habe das Germanentum in seiner Existenz gefestigt und angesichts der wesenseigenen Unruhe und Maßlosigkeit vor Selbstzerstörung bewahrt. So konnte dem Germanentum in Wirklichkeit nichts besseres widerfahren, als christlich überformt zu werden. Einem Rassismus war damit gerade nicht das Wort geredet.

4. Nach 1945

4.1 Revision des Geschichtsbildes

Die Historiker zumal sahen sich nach 1945 herausgefordert, die deutsche Katastrophe zu erklären. Die Kritik betraf zunächst die preußischbismarcksche Machtstaatpolitik. Doch zeigte sich nur eine begrenzte Revisionsbereitschaft und so blieb es bei der Bedeutung des Politischen als dem Kern aller Geschichtsschreibung. Repräsentativ stand dafür Gerhard Ritter († 1967), ein Mann des aktiven Widerstandes und dann erster Vorsitzender des 1948 neu gegründeten Historikerverbandes. Eine Gegenposition, nämlich die Forderung nach Entpreußung der deutschen Geschichte, erhob sich auf zwei Seiten, „vor allem auf katholischer und sozialistischer Seite" [327: W. SCHULZE, Deutsche Geschichtswissenschaft, 216]. Erstere, die katholische Kritik, kam aus süddeutsch-rheinischem Antiborussismus und wollte eine abendländisch-christliche Konzeption, wofür wichtigster Vertreter Franz Schnabel († 1966) war. Ein „Arbeitskreis christlicher Historiker" entstand, deren jüngere Vertreter sich bald klangvolle Namen erwarben: Heinrich Büttner, Eugen Ewig, Heinz Gollwitzer, Ernst Klebel, Theodor Schieffer, Max Spindler, Wolfgang Zorn. Zur Konkretisierung regte der noch im April 1945 in die Schweiz entwichene Fritz Kern († 1950) ein Institut für europäische Geschichte an, das bis heute in Mainz besteht. Katholischer Antiborussismus

Die sozialistische Neuinterpretation meldete sich zunächst unter marxistisch-leninistischem Vorzeichen in der sowjetisch besetzten Zone, mit der Folge, „daß religiösen Handlungsimpulsen und Verhaltensweisen kein selbständiger Wert mehr beigelegt wurde" [315: M. BORGOLTE, Sozialgeschichte des Mittelalters, 21]). Im Westen kam in den sechziger Jahren ein eigenes Konzept von Sozial- und (französischer) Mentalitätsgeschichte auf, die Forderung nach einer Geschichte nicht des Adels und des Staates, sondern der Gesellschaft und der alltäglichen Lebenswelten, nicht mehr der großen Männer und Mächte, sondern der Massen und kleinen Leute. Selbstredend verstand sich dieser Ansatz nicht mehr national, sondern vornehmlich schichten- und klassenspezifisch. Religion schien hier zunächst keine eigene Kraft zu Marxistische Deutung

Sozial- und Mentalitätsgeschichte

sein, eher ein Herrschaftsinstrument, bis dann Max Weber mit seiner Theorie von der Religion als einer besonderen Sozial- und Zivilisationskraft neu entdeckt wurde.

4.2 Sozial- und Religionsgeschichte

Seit den sechziger Jahren entluden sich scharfe Polemiken: Was für ein frühes Stadium der historischen Entwicklung kennzeichnend sei, habe die national-deutsche Geschichtsbetrachtung zu festen Eigenschaften des germanischen Volkscharakters umgedeutet, zu „typisch germanischen Tugenden" (K. von See). Zu folgern war daraus, die politisch-soziale Welt der Germanen „nicht aus dem ‚Volkscharakter', wohl aber aus den historischen Entwicklungsstufen der Germanen zu erklären" (Th. Schieffer), also historische Prozesse und nicht Nationalitäten vorauszusetzen. Zuvor hatte schon Karl Hauck die germanische Religionsüberlieferung erweitert, indem er die Bilder auf den Brakteaten (münzengroßen Goldpressblechen) als Uminterpretation antiker Kaisermünzen zu germanischen Religionsbildern erkannte und die Germanenwelt als eine antike Randkultur bezeichnete [49 und 51: K. HAUCK]. Insgesamt galt nun das Mittelalter und insbesondere dessen erste Hälfte als eine Epoche mit bis in älteste Zeiten zurückreichenden Lebensformen, als archaisch oder gar primitiv. Im Blick auf die Religiosität stellte beispielsweise der Germanist Wolfgang Haubrichs heraus: „Grundlage der archaischen Frömmigkeit ... ist der Glaube an das Umschlossensein der Welt von übernatürlichen Kräften. Aus ihm resultiert die latente Schutz- und Heilsbedürftigkeit des Menschen, die sich wiederum in der Suche nach Heilsgaranten (Ritualismen, Legalismus) und quantitativer wie qualitativer Leistungsfrömmigkeit äußert. Das Heilige wird dabei in einer älteren, populären Schicht als automatisch wirkende Kraft begriffen. Die archaische Frömmigkeit richtet sich auf das sinnlich Faßbare, beläßt dem Numinosen aber seine Verhüllung"; Gott bzw. der Gott-König Jesus Christus erscheine als „Richter und Vergelter der Werke des Menschen"; „archaischer Sakralismus" bezeuge sich in der Reliquienfrömmigkeit sowie im Dämonenglauben – alles „Grundmuster archaischer Gesellschaften" [33: Anfänge, 58].

Inzwischen ist klar, dass es in der Religiosität keine primär völkische und daher auch keine zuerst jüdische, römische, keltische, germanische oder slawische Ausprägung gibt, vielmehr eine einfache und eine entwickeltere, so dass es nicht zuerst um die Volksart, wohl aber um die spezifische Religionslage geht. Dabei ist der germanische Beitrag eher ein solcher von Einfachreligion, während etwa das Keltentum, speziell das irische, in Klosterwesen, Buchkunst und Mission „welthistorische Bedeutung" (A. Demandt) erbrachte. Die Slawen-Geschichte auf deutschem Boden, mit der sich erstmals intensiver die DDR-Historie befasste, wurde zum Paradefall ideologischer Religionsinterpretation: als „Deutung des vom damaligen Wissensstand Unerklärlichen", wobei „die Annahme eines erstrebenswerten Jenseits zum Ausgleich für das miserable Diesseits erst der Religion der Klassengesellschaft vorbehalten war", bis zuletzt mit der Entstehung der zum Christentum neigenden Herrscherklasse die „Auseinandersetzungen zwischen Christenlehre und heidnischer Religion zu Auseinandersetzungen um die Herausbildung der Klassengesellschaft wurden" [63: J. HERRMANN, Die Slawen in Deutschland, 309].

_{Religion als Klassenherrschaft}

4.3 Die neue Sicht des Spätmittelalters

Grundlegend ist die Neubewertung des Spätmittelalters. Nicht länger wird nur von einer Zeit religiösen Zerfalls gesprochen, sondern auch der Erneuerungskräfte. Erich Meuthen sieht eine Differenzierung und Individualisierung – keineswegs ohne Ordnung und Richtung, vielmehr mit deutlichen Verbesserungen, etwa für die so wichtige Klerusbildung. Der Erlanger Kirchenhistoriker Berndt Hamm entdeckt eine auf christliche Lebenspraxis hin ausgerichtete „Frömmigkeitstheologie", deren großer Beförderer der Pariser Universitätskanzler Johannes Gerson († 1429) war [119: B. HAMM, Frömmigkeitstheologie]. Kaspar Elm hat die von allen Orden durchgeführte Reform herausgearbeitet [116:K. ELM, Reformbemühungen]. Auch ist eine erste Neubewertung der spätmittelalterlichen Liturgie eingeleitet worden. Hartmut Boockmann († 1998) spricht von einer „höchst erfolgreichen Kirchenreform" und „dass erst so die Reformation einigermaßen verständlich werden kann" [26: Wege ins Mittelalter, 79]. Zusammenfassend sieht Heinz Schilling eine „außerordentliche Aufwertung des Spätmittelalters" mit Folgen für die ganze Neuzeit: „Spätmittelalterlicher Frömmigkeitsaufbruch, Reformation und Konfessionalisierung erhalten in dieser Perspektive wieder das Maß an Zusammengehörigkeit, das durch die – bereits zeitgenössische – Stilisierung der deutschen Reformation verlorenging" [H. SCHILLING, Vita religiosa, in: 188 Bd. 2: 787, 790]. Speziell für die Religiosität gilt: „Die frühe Neuzeit ist möglicherweise in einem Maße religiös und fromm, wie es in solcher, alle Menschen, Stände, Schichten, Gruppen umfassenden Breite zu keiner Zeit des sogenannten ‚Mittelalters' gewesen ist" [123: E. MEUTHEN, Gab es ein spätes Mittelalter, 116].

_{Auch Erneuerung}

_{Reformation nicht gegen, sondern aus dem Spätmittelalter}

4.4 Postmoderne Mediävistik

Derzeit gibt sich die deutsche Mediävistik in postmoderner Farbigkeit und zeigt eine „Vielfalt der Ansätze" [317: H.-W. GOETZ, Moderne Mediävistik, 123]. Stichworte dafür sind Ökonomie, Soziales, Mentalitäten, Kultur, Alltag, Bildung, Geschlechter und auch Religion. Die Leitfragen kommen aus der Gegenwart: Demokratie, Emanzipation, Internationalität, speziell auch bei Themen wie Fremde, Frauen, Juden. Damit schließt sich wieder der hermeneutische Zirkel vom Jetzt zum Einst. Denn genau besehen sind hier die Katastrophen des 20. und die Globalisierung des 21. Jahrhunderts präsent. Die in der eigenen Geschichte entdeckte Andersartigkeit soll eine Öffnung schaffen für andere Welten; die Genese der eigenen Kulturwelt soll für andere historische Kulturen Anerkennung bewirken. Dadurch ist auch das Verständnis für das religiöse Mittelalter gewachsen, wobei sich allerdings die aufgeklärte Moderne das Phänomen Religion oft religionshistorisch erarbeiten muss.

4.5 Von der Verfassungsgeschichte zur rituellen Kommunikation

Konnte es vor 30 Jahren noch heißen, die deutsche Mediävistik sei hauptsächlich Verfassungsgeschichte, hat sich inzwischen eine Art ritualistic turn vollzogen, werden doch nun anstelle der Verfassungsstrukturen die symbolischen und rituellen Handlungen hervorgehoben. Denn wir stoßen „überall dort, wo wir Institutionen suchen, zunächst einmal auf ein Geflecht personaler Bindungen als die wichtigste Grundlage" [94: H. KELLER, Reichsorganisation, 179] und dabei war leitend „eine Fülle von Ritualen, zeremoniellartigen Handlungen, Gesten und Gebärden, Sitten und Gebräuchen" [82: G. ALTHOFF, Verwandte, 182]. In diesen weltlichen Ritualsequenzen sind auf vielfältige Weise auch kirchlich-liturgische Rituale mitenthalten: Salbung und Krönung bei Herrschaftsantritt, Taufe und Patenschaft bei Geburt der Nachfolger, Gebet für Herrschaftsbestand und Seelenheil, Gelübde vor Heiligen und Erwerb von Reliquien, Buße und Barfußgehen bei Unterwerfung und immer wieder Kirchenfeste, Prozessionen, Fahnen und Kreuze. Herrschaft wurde als vom Segen Gottes abhängig gesehen und darum „brachte jede Gruppenbildung verwandtschaftlicher, genossenschaftlicher oder freundschaftlicher Art die Verpflichtung der Gruppenmitglieder zum Gebet füreinander mit sich" [Ebd., 27]). Jüngst hat Klaus Schreiner am Beispiel des bei Kirchenbuße üblichen Barfußgehens gezeigt, wie sich kirchliche und weltliche Riten vermischten, und darum seine Folgerung: „Die Sprache der politischen Unterwerfung ist identisch mit der Sprache der [kirchlichen] Buße" [236: Nudis pedibus,

102]; so sei es überhaupt „charakteristisch für den mangelnden Differenzierungsgrad traditionaler Gesellschaften, in denen Religion und Recht, kirchliche und weltliche [...] Systeme eng miteinander verflochten waren [Ebd., 77].

Infolge der von der Religionsforschung und nun auch der Mediävistik entdeckten Ritualität stellen sich ganz neue Fragen an die mittelalterliche Geschichtsforschung. Eine ausschließlich weltliche Rechtsordnung gab es lange Zeit nicht. Das Leben war vielmehr eingebettet in die Riten der Religion und von Liturgie war gerade auch das Phänomen Herrschaft durchsetzt. In der hergebrachten Forschung aber finden sich Liturgie oder Sakralakte nur partiell, ganz zu schweigen von Sakramenten oder Segnungen.

<small>Herrschaft und Liturgie</small>

4.6 Anregungen von außen
Wichtige Anregungen kamen der deutschen Mediävistik von außen zu, wurden aber nur teilweise oder erst verspätet aufgenommen. An erster Stelle ist die französische Annales-Schule zu nennen, welche Einstellungs-, Empfindungs- und Deutungsweisen, Plausibilitäten und Imaginäres als Mentalitätsgeschichte in den Vordergrund rückte und auch Aspekte der Religion miteinbezog. Als exemplarisches Werk kann Jacques LeGoffs „Hochmittelalter" gelten, das 1965 überhaupt zuerst als deutsches Taschenbuch erschien. Ausgehend von der Basis, vom Lebensraum, der Bevölkerungsdichte, der Stadtentstehung und der zivilisatorischen Entwicklung, wird hier das 12./13. Jahrhundert als Wendezeit, als geistige Umwälzung des intellektuellen, wissenschaftlichen und religiösen Lebens dargestellt, eben als „Renaissance des 12. Jahrhunderts". Insgesamt sei eine „Rationalisierung" aufgekommen, wodurch das geistige Leben an Innerlichkeit und das Gewissen an Empfindlichkeit gewonnen hätten; insbesondere habe auch die Liebe ausgesprochen moderne Züge angenommen. Inzwischen ist in Fortsetzung dieses Ansatzes eine Fülle von (mentalitätsgeschichtlichen) Themen und Thesen entwickelt worden, die beispielsweise das 12. Jahrhundert in ein vielfältig neues Licht stellen: als Zeit der neuen scholastischen Theologie, ebenso der neuen Orden, auch einer mystischen Liebe und einer mehr partnerschaftlichen Ehe.

<small>Schule der Annales</small>

<small>Renaissance des 12. Jahrhunderts</small>

4.7 Frauen- und Gendergeschichte
Aus der angelsächsischen Forschung vor allem kamen Anregungen zur Frauen- und Gendergeschichte. Der soziale Wandel der Moderne, der den Frauen Gleichberechtigung eingeräumt und ein neues Selbstverständnis vermittelt hat, weckte entsprechende Fragen an die Ge-

<small>Anregungen aus der angelsächsischen Forschung</small>

schichte. Zunächst kritisierte eine feministisch orientierte Forschung die hergebrachte Historie als „Männer-Geschichte" und begann den Anteil der Frauen herauszuarbeiten [293: E. ENNEN, Frauen im Mittelalter]. Bald aber wurde bewusst, dass eine solche Ergänzung noch nicht genügt: Es müsse vielmehr der Maßstab „Mann" gebrochen und nach der spezifischen Rolle sowohl des männlichen wie des weiblichen Geschlechtes gefragt werden. Die angelsächsische Unterscheidung von „sex" (biologisch vorgegebenes Geschlecht) und „gender" (kulturell und sozial geprägte Geschlechterrolle) eröffnete hier neue Perspektiven und ließ danach fragen, ob und wie Geschlechterrollen historisch aufgebaut wurden. Insgesamt erweist sich „Geschlecht" als grundlegendes Ordnungssystem des sozialen, ökonomischen wie auch religiösen Lebens. Für die Religiositätsgeschichte ergeben sich insofern besondere Perspektiven, als das Christentum eigentlich keinen Unterschied von Mann und Frau bei der Heilsgewinnung machen wollte, was dann zu der Frage führt, welche Geschlechterrollen tatsächlich ausgebildet wurden und inwiefern die Frau doch oft wieder die nachgeordnete war [285: C. VON BRAUN/I. STEPHAN, Gender-Studien].

B. Für ein religionsgeschichtliches Mittelalter

1. Erste Ansätze

1.1 Kirchengeschichte

Religionswissenschaft seit 1900

Spätestens seit 1900 gab es in Deutschland Religionswissenschaft: bei reiner Deskription als Religionsphänomenologie, bei historischer Strukturierung als Religionsgeschichte, bei Einbeziehung religionsethnologischen Materials als Vergleichende Religionswissenschaft. Ohne dass die Historie diese Ansätze sofort aufgegriffen hätte, verbreitete sich doch die Wahrnehmung von Religion und Frömmigkeit. Evangelischerseits wurde letztere vornehmlich als innere Ergriffenheit gedeutet, so dass man von „protestantischer Subjektivitätskultur" hat sprechen können. Katholischerseits verwies man gern auf den Volksglauben, auf jene schlichte aber urwüchsige Religiosität, der die Kirche immer Schutz geboten habe. In der Volkskunde, zumal der deutsch-religiös orientierten, suchte man hinter Brauchtum und Heiligengestalten noch Reste altgermanischer Religion, so Wodan hinter dem Erzengel Michael, dem „deutschen Michael".

In der Forschung hat die Suche nach dem Germanischen den Ansatz einer religionsgeschichtlichen Betrachtungsweise von vornherein

1. Erste Ansätze

verformt; wohl wurde Frömmigkeit ins Auge gefasst, aber unter dem verengenden Blickwinkel ihrer Entsprechung zu germanischer Religionsart. Bezeichnend ist schon der Blick auf das protestantische Dreigestirn der Dogmengeschichte, auf F. Loofs († 1928), R. Seeberg († 1935) und A. von Harnack († 1930) mit ihren bis heute uneingeholten Gesamtdarstellungen. Loofs schlägt die Bedeutung des Mittelalters überhaupt nur gering an. Für Seeberg, der „die Entwicklung des mittelalterlichen Geistes nach seinen Motiven und Epochen deutlich erfassen" wollte, stand von vornherein fest, dass das sakramentale Gnadensystem der lateinischen Kirche dem geistigen Bedarf der Germanen nur zeitweilig habe entsprechen können: Gegen spekulative Theologie stehe die anders geartete Struktur des „deutschen Gemüts", das die einzelnen Eindrücke des Lebens zu einer das ganze Innenleben umspannenden Gemütsbewegung vereint habe. Demgegenüber äußerte sich A. von Harnack weniger deutsch als vielmehr griechisch: Die Geschichte der Frömmigkeit sei ins Auge zu fassen; denn eine andersgeartete Frömmigkeit habe auch zu anderen dogmatischen Formulierungen geführt; freilich fehle im Mittelalter noch jede Selbständigkeit bis zur Zeit der Bettelorden, ja eigentlich bis zur Reformationszeit; das karolingische Christentum sei nur als volkstümliches zu charakterisieren und habe kaum auf die Institutionen, geschweige auf das Dogma irgendwelchen Einfluss ausgeübt. Harnacks Gesamtdeutung besagt, dass die ursprünglich so einfache und reine Verkündigung des Jesus von Nazareth durch dogmatische Überlagerungen unkenntlich geworden sei, schon durch die Dogmen der Alten Kirche. Dafür prägte er seine berühmt gewordene Formel von der „Hellenisierung des Christentums", welche folglich eher als philosophisch-intellektueller denn als religionsgeschichtlicher Vorgang zu bezeichnen wäre. Hatte aber Harnack dem Germanentum eine tiefer greifende Wirkung auf das Christentum direkt abgesprochen, so entstand in Parallele zu seiner Hellenisierungsthese dennoch das Schlagwort von einer „Germanisierung des Christentums". Seitdem Ulrich Stutz († 1937) kurz vor 1900 ein vorgeblich germanisches Eigenkirchenwesen (dass Adlige eigene Kirchen gründeten und sie als Eigenbetrieb führten) postuliert hatte, ließen andere eine ganze „Epoche germanisch geprägten Kirchenrechts" (H. E. Feine) aufscheinen. Das Mittelalter wurde zur germanischen Zeit der Kirche.

Der neben Harnack bedeutendste evangelische Kirchenhistoriker war Albert Hauck († 1918), gleich produktiv wie sein in Reputation und Öffentlichkeit agilerer Kollege: vom Historismus herkommend, aber einem ethisch-christlichen Weltbild verpflichtet; dezidierter evangeli-

Dogmengeschichte des Mittelalters

Harnack: Hellenisierung des Christentums

Germanisierung des Christentums

Hauck: christliches Mittelalter

scher Christ, aber unvoreingenommen gegenüber dem katholischen (in seinem Verständnis: christlichen) Mittelalter. Haucks „Kirchengeschichte Deutschlands" ist in jedem Satz quellennah, dabei bestens lesbar und bis heute unersetzt, konzipiert letztlich aus der Idee eines stetig sich vertiefenden und auch vertiefbaren Christentums, weswegen gerade die Darstellung mittelalterlicher Frömmigkeit als dichte Beschreibung zu rühmen ist, ob nun über Wunderglauben oder Pfarrleben, Mönchtum oder Volksfrömmigkeit. Stärker religionsvergleichend argumentierte H. von Schubert in seiner „Geschichte der christlichen Kirche im Frühmittelalter", dass nämlich bei den Germanen der Glaube noch tief in den Banden des Zauberhaften befangen gewesen sei, zugleich aber zur Zeit Gregors des Großen ein Vulgärkatholizismus geherrscht habe; dadurch sei eine Brücke entstanden zu dem noch niedrigeren Kult der Germanen, zu deren besonderem Sinn für Wort- und Handlungsformalismus. Obwohl Schubert religionsvergleichend argumentierte, deutete er völkisch, erwog zuletzt sogar eine „Germanisierung des Christentums".

Vulgärkatholizismus

Die katholische Kirchenhistorie mied selbst auch Ansätze einer religionsgeschichtlichen Betrachtung, weil man eine dogmatische Relativierung befürchtete. Gemäß dem auf dem Ersten Vatikanischen Konzil geprägten Schlagwort, das Dogma habe die Historie besiegt, sollte historische Forschung der Dogmatik dienen, wobei die Kanonisierung der Scholastik diese zum Zielpunkt aller Entwicklung machte. Angesichts nicht wegdisputierbarer historischer Widrigkeiten wurde ein gelegentliches Vorauseilen der Volksfrömmigkeit zugestanden, freilich immer unter der Aufmerksamkeit der Gelehrten und der Päpste. Selbst die großen und bis heute unersetzten Arbeiten von Martin Grabmann († 1949) und Artur M. Landgraf († 1958) entstanden letztlich unter dem Einfluss dieses Schemas. Grabmann schuf mit „Die Geschichte der scholastischen Methode" ein Großwerk, konzentrierte sich auf Thomas von Aquin, wollte jedoch die rein begrifflich verfahrende Theologie um Mystik ergänzt wissen. Landgraf hat in der „Dogmengeschichte der Frühscholastik" ein überreiches und für das religiöse Mittelalter kaum ausgewertetes Material zusammengetragen, blieb aber in der Deutung rein ideengeschichtlich: Politische Verhältnisse schüfen allenfalls günstige Bedingungen oder gäben Anstöße; doch habe die in ihrer Wahrheit von Ewigkeit her bestehende Idee allein eine Findungsgeschichte, keinesfalls aber eine Werde- oder Wandlungsgeschichte. Religionsgeschichtliche Herangehensweisen liegen gänzlich außerhalb des Vorstellbaren. Dagegen sah Alois Dempf († 1982) das Zeitbewusstsein als eine formende Macht an, so dass ihm eine reine Ideenge-

Dogma über Historie

Scholastik als Höhepunkt

1. Erste Ansätze

schichte zu eng war. Als Ergebnis des Historismus anerkannte er, dass Zeitbedingungen abstrakte Erkenntnisse und Wahrheitsfindungen einfärben, und so kam er zu seinem „deutschen Symbolismus", repräsentiert von Hildegard von Bingen, Rupert von Deutz und Honorius Augustodunensis: als intuitive Symbolik jenseits der abstrakten Sprache, vordringend vom konkreten Anlass und sichtbaren Zeichen zur jenseitigen Wirklichkeit. Ansätze zu einer Religionsforschung formulierte Georg Schreiber († 1963), Kirchenhistoriker in Münster, aber nach 1935, weil Zentrumsprälat, von der Universität verdrängt; ihn beschäftigten „die Gemeinschaften des Mittelalters", dann speziell die Opfergaben, wobei er von „Gabe und Gegengabe" sprach; vor allem auch erstellte er das Programm einer religiösen Volkskunde: bei aller Wertschätzung des Germanischen doch die ganze Vielfalt des europäischen religiösen Volkslebens. Eine Sonderstellung schuf sich der Jesuit Peter Browe († 1949) mit seinen materialgesättigten Publikationen zur religiösen Praxis, verstanden als Beiträge zur Kultur- und Frömmigkeitsgeschichte, freilich ohne den Versuch einer religionsphänomenologischen oder -geschichtlichen Einordnung. Nahezu vergessen ist der Elsässer Nikolaus Paulus († 1930), der mit seinen drei Bänden zur Geschichte des Ablasses die ungeteilte Zustimmung der Profan- und Kirchenhistoriker fand [272: PAULUS, Die Geschichte des Ablasses], obendrein fast als einziger zur spätmittelalterlichen Frömmigkeit arbeitete und hier mancherlei konfessionelles Vorurteil beseitigte, übrigens auch als einer der wenigen Diskutanten von Max Webers „Protestantischer Ethik" auftrat.

Dempf: Symbolismus

Religiöse Volkskunde

Spätmittelalterliche Frömmigkeit

Nach 1945 hat sich die katholische Kirchengeschichtsschreibung, so lange doch dem Mittelalter verpflichtet, unter dem Einfluss von Josef Lortz († 1975), Hubert Jedin († 1980) und Erwin Iserloh († 1996) auf die Reformationsgeschichte konzentriert. Über Wesen und Aufgabe der Kirchengeschichte ausgetragene Kontroversen, ob und wie hier Heilsgeschichte fassbar werde, endeten ergebnislos und bestärkten nur weiter die allseits als verbindlich erachtete historisch-kritische Methode. Das von Jedin herausgegebene „Handbuch der Kirchengeschichte" bietet einen umfassenden Gesamtüberblick, stellt speziell auch die Frage nach einer Frömmigkeitsgeschichte, sieht aber dafür noch die Vorarbeiten ausstehen. Das große Spezialprojekt von Walter Brandmüller und Hermann J. Sieben zur Konziliengeschichte ist für Dogmatik wichtiger als für Frömmigkeit [27: W. BRANDMÜLLER, Konziliengeschichte; 42: H. J. SIEBEN, Die Konzilsidee]. Einen religionsgeschichtlich orientierten Gesamtüberblick über die mittelalterliche Religiosität legte Arnold Angenendt vor, jeweils ausgehend von der antiken

Kirchengeschichte nach 1945

Religionsgeschichte, den biblischen Aussagen wie den antik-patristischen Deutungen und dann weiterführend ins Mittelalter [25: Geschichte der Religiosität]. Aus der aktuellen protestantischen Kirchengeschichtsforschung sind zu nennen für das Frühmittelalter Knut Schäferdiek mit Arbeiten zur Bekehrungsgeschichte [75: Schwellenzeit], für das Hoch- und Spätmittelalter Ulrich Köpf mit Forschungen zur Mystik [221: Religiöse Erfahrung; 309: Passionsfrömmigkeit] sowie Berndt Hamm mit seiner Theorie einer Frömmigkeitstheologie des 15. Jahrhunderts [120: Normative Zentrierung; 121: Was ist Frömmigkeitstheologie]. Das große evangelische Kirchengeschichtshandbuch, das zuletzt von Bernd Moeller betreute Werk „Die Kirche in ihrer Geschichte" [37], erscheint in thematischen Faszikeln, aber bislang ohne einen solchen über mittelalterliche Frömmigkeitsgeschichte. Zwei umfängliche Bände zur „Kirchen- und Dogmengeschichte" von Wolf-Dieter Hauschild [36] stellen ihre Stofffülle in übergreifende Zusammenhänge von insgesamt mehr dogmatischer Relevanz.

Fehlen mittelalterlicher Liturgieforschung

Nicht weiter vorgedrungen ins Mittelalter ist die Liturgieforschung. Obwohl Josef A. Jungmann († 1975) – zweifellos der bedeutendste Liturgiewissenschaftler im Deutschland des 20. Jahrhunderts – mit „Missarum Sollemnia", der genetischen Erklärung der römischen Messe [184], einen interdisziplinären Klassiker vorlegte, blieb er doch bei der Abwertung des Spätmittelalters und sah hier nur „Volksfrömmigkeit". Beizuziehen sind zwei Schüler-Arbeiten: Hans B. Meyers „Eucharistie" [194] und für die karolingische Liturgie Angelus Häussling mit seiner Untersuchung „Mönchskonvent und Eucharistiefeier" [182]. Allgemein wird für das Spätmittelalter weiterhin auf den angeblichen Verfall und die Massenhaftigkeit verwiesen, so auf die Vermehrung der Messen, Ablässe und Wallfahrten, zu wenig aber auf die neuen Formen und Weisen einer spiritualisierten, ja visionär-imaginativen Liturgie. Neue Einsichten der Riten- und Kultforschung beginnen gerade erst wirksam zu werden [314: A. ANGENENDT, Liturgik und Historik, 107–174].

Für die Kirchengeschichte gilt insgesamt, was Ulrich Köpf rückschauend für die protestantische feststellt: „Erst am Ende des 20. Jahrhunderts können die in der nichttheologischen Geschichtswissenschaft entwickelten frömmigkeits- und mentalitätsgeschichtlichen Überlegungen die Kirchengeschichte an theologischen Fakultäten anregen, sich mit dieser Aufgabe zu befassen" [319: U. KÖPF, Kirchengeschichte oder Religionsgeschichte, 66]. Zu vermelden sind aus der „Theologischen Realenzyklopädie" [23] bereits Artikel wie „Religionsgeschichte Israels" und „Religionsgeschichte des Urchristentums", aber noch keiner fürs Mittelalter. Wie eine Religionsgeschichte des Mittelalters anzugehen wäre, zeigt das (von Mediävisten zu wenig beachtete) „Reallexikon für Antike und Christentum" [19]: zuerst die antike Religionswelt, darin eingebettet das Christentum und dann das Mittelalter.

1.2 Profangeschichte

Auszugehen ist erneut von der kultur- und religionsgeschichtlichen Wende um 1900 mit den damals hervortretenden Religionssoziologen und Religionsphilosophen. Max Weber († 1920) glaubte einmalige, aus dem Christentum hervorgegangene Kulturleistungen aufzeigen zu können; die hierfür notwendigen Vorbedingungen einer „Rationalisierung" und „Disziplinierung" fand er schon im Mittelalter, dessen erster „rationaler Mensch" der Mönch gewesen sei. Ernst Troeltsch († 1923) sah als Ergebnis von Religionsgeschichte und Religionspsychologie an, dass nicht Dogma, sondern Ritus das Wesentliche sei und Mystik dem dann als Sekundäres folge. Dieselbe Abfolge vertrat Ernst Cassirer († 1945), nämlich einen allgemeinen Zug zur Vergeistigung von Religion, etwa beim Opfer von der Gabe zur Gesinnung. Solche und andere Einsichten führten indes nicht dazu, sie auf die mittelalterliche Geschichte anzuwenden; dadurch hätte beispielsweise das mystisch-subjektive Spätmittelalter in anderem Licht erscheinen können. Selbst auch die so erfolgreiche nouvelle histoire in Frankreich arbeitete stärker religionssoziologisch als religionsphänomenologisch oder religionshistorisch; dabei hat doch die religionsethnologische Arbeit des Franzosen Marcel Mauss „Die Gabe" der Mediävistik geradezu ein Licht aufgesteckt. Noch die soeben erscheinende (französische) „Geschichte des Christentums" [38] bietet treffende Beschreibungen des religiösen Lebens, selbstverständlich zu Themen wie Glaube, Gebet, Messe, Opfer, Sünde und Tod, analysiert aber kaum religionsphänomenologisch oder religionshistorisch. Anregungen solcher Art finden sich bei einzelnen Autoren der angelsächsischen Forschung: bei Peter Brown mit seiner neuartigen Interpretation des Heiligenkults [204: Heiligenverehrung] und bei Mary Douglas mit ihrer Deutung von Reinheit und Unreinheit [134: Reinheit und Gefährdung].

In Deutschland sind wichtige Forschungen von Profanhistorikern geleistet worden. Allen voran ist Klaus Schreiner zu nennen mit einer Fülle von Arbeiten, etwa dem großen Erzählbuch über „Maria" [214]. Er stellt die Vielfalt der religiösen Formen, der Praktiken und Bilder heraus, immer auch mit ihren Lebensbezügen, wobei sich die Religionspraxis weniger klassenspezifisch als vielmehr bildungsspezifisch erweist. Weitgespannt ist der Bogen ebenso bei Peter Dinzelbacher,

Religionssoziologischer Ansatz

Frömmigkeitsforschung

neuerdings auch mit einer Gesamtübersicht [28: Handbuch der Religionsgeschichte]. Religionsphänomenologisch möchte er vorgehen, betont die einheitsbildende Wirkung (dass etwa die Fegefeuer-Vorstellung in Finnland keine andere als auf Sizilien war) und sieht insgesamt einen Kampf zwischen „vorgeschriebener" und „popularer" Religion. Weiter ist die Rechtshistorie anzufügen, so Hans Hattenhauers Forschungen zum heiligen Recht und Ritus [35: Europäische Rechtsgeschichte] und Peter Landaus Ausführungen über Freiheit als Voraussetzung zum Sakramentsempfang [192: Frei und unfrei]. Wichtig sind ferner Arbeiten, welche die weltanschaulichen Vorentscheidungen der älteren Mediävistik klarlegen und dabei gerade auch deren Defizite offenbaren [324: O. G. OEXLE, Geschichtswissenschaft im Zeichen des Historismus; 313: G. ALTHOFF, Die Deutschen und ihr Mittelalter].

2. Grundzüge

2.1 Hochreligion und Einfachreligion

Definition von Religion und Religiosität

Die mittelalterliche Religiosität ist ohne religionsgeschichtliche Kenntnisse nicht verstehbar. Doch besteht über Wesen und Entwicklung von Religion keine Einhelligkeit unter Religionswissenschaftlern. Am ehesten noch herrscht Konsens über die Funktionen der Religion: „Sie vermitteln alle in irgendeiner Weise Orientierung über das Ganze der Lebenswelt – ob dieses eher als Kosmos oder Natur, als Geschichte, als überschaubarer sozialer Raum, als individuelle Existenz oder als Beziehungseinheit von alldem gesehen wird ... Dabei sind alle Religionen daran beteiligt, Belastungen tragbar zu machen, Werte zu sichern, Verpflichtungen zu bekräftigen, Hoffnungs- und Handlungsperspektiven zu eröffnen" [H. ZIRKER, Art. Religion, in: 16 Bd. 8: 1035]. Im Zentrum der Religion die Gottesverehrung zu sehen, wird heute als Sichtweise des eurozentrischen Christentums verworfen, gibt es doch Religionen, die keine Götter/Gott kennen, sondern nur etwa Geister oder divinisierte Ahnen. Infolgedessen hat die Religionsphänomenologie das Heilige in den Mittelpunkt gestellt: „Heiligkeit ist das bestimmende Wort in der Religion; es ist wesentlicher als der Begriff Gott" (N. Söderblom). In seiner soeben publizierten „Religionsgeschichte Europas" schreibt Christoph Elsas: „Religiosität bedeutete eine Offenheit des Menschen für zutiefst Lebenswichtiges, das durch eine Überzeugung qualifiziert wird. Indem sie in Gemeinschaftsbildung, Handeln und Lehre eingeht, wird Religion umfassend Deutung des Daseins und Heilung oder Versöhnung der zerbrechlichen Identität" [30: 18]. Wo indes Religionen sich auf Gott oder Götter beziehen, hat Carsten Colpe die

2. Grundzüge

folgende Typisierung vorgeschlagen: 1. der mythologisch-polytheistische Typ, abgeleitet aus Naturerscheinungen und/oder Sozialfunktionen; 2. der universalistische Typ, demzufolge die Mehrzahl der Götter sich auf eine Einzahl zubewegt; 3. der dualistische Typ, der in eine Sphäre von göttlich-positiver Heiligkeit und in eine solche von dämonisch-negativer aufteilt; 4. der monarchisch-monotheistische Typ, bei dem noch eine depotenzierte Götterwelt existiert, aber einem Gott-Monarchen unterstellt ist; 5. der exklusiv-monotheistische Typ mit dem Anspruch nur eines bestimmten Gottes; 6. der trinitarische Typ, etwa als Symbiose von Vater-, Mutter- und Kindergottheit; 7. der henotheistische Typ als endgültig einziger und höchster Gott [C. COLPE, Art. Religionstypen, in: 11 Bd. 4: 428–431].

Weiter steht zur Diskussion, ob und wie Stufungen oder Entwicklungen anzunehmen seien, etwa hin zu Formen von Hochreligion oder Hochgöttlichkeit. Allgemein wird Hochreligion auf eine geistesgeschichtlich differenziertere und parallel zu entsprechender Hochkultur ausgestaltete Religion bezogen. Von Evolution in der Religion zu sprechen erfordert indes eine spezielle Hermeneutik, können doch die „Unterentwickelten" zu rasch deklassiert werden. Gleichwohl ist im Gegenüber von Hochreligion auch von Primitiv-, Natur-, Primär- oder Einfachreligion zu sprechen (obwohl gegen jede dieser Bezeichnungen Bedenken erhoben werden können). Für solche Einfachformen gilt, „dass sie vielfach noch eines Berufpriestertums entbehren, noch keine Heilige Schrift besitzen, über keine Berufstheologen verfügen, die die religiösen Wahrheiten in ein harmonisches System bringen" [J. F. THIEL, Art. Religionsethnologie, in: 23 Bd. 28: 560]. Als Kennzeichen von Hochgottglauben gelten: „Anfangslosigkeit, Unsterblichkeit und Unveränderlichkeit der absoluten Transzendenz des Hochgottes", sodann „dass ihm etwa eine wenig konkrete Lichtgestalt oder nur umschreibende Namen beigelegt werden. Weil dieses in jeder Hinsicht Unfaßbare über die menschlichen Fähigkeiten hinausgeht, spielen die transzendierenden intellektuellen Fähigkeiten des Menschen die Hauptrolle" [C. ELSAS, Art. Hochgottglaube, in: 11 Bd. 3: 159]. Dafür sind allerdings hochkulturelle Voraussetzungen erforderlich, dass nämlich das Verhältnis von Gottheit und jeweiligem Zuständigkeitsbereich wie auch von Gottheit und jeweiliger Funktion als universalisiert und personalisiert aufgefasst werden.

Evolution der Religion

Hochgottglaube

2.2 Europäische Konfliktpotenziale

Die Mediävistik hat zu realisieren, dass nicht wenige Grundprobleme und Zentralereignisse des Mittelalters aus dem Zusammenstoß ver-

II. Grundprobleme und Tendenzen der Forschung

Religions-
konfrontation

schiedenartiger Religionsvorstellungen resultierten. Denn das Christentum präsentierte sich neben Judentum und Islam als eine universale und personale Hochreligion, die sich dann allgemein durchsetzte und im weithin einfachreligiösen nordalpinen Europa die größten Veränderungen herbeiführte, wobei indes der Kontinent, obwohl ganz missioniert, noch für Jahrhunderte „unterchristianisiert" blieb. Infolgedessen prallten „in Mitteleuropa zwei Kulturen aufeinander, wie sie unterschiedlicher nicht zu denken waren: die am weitesten entwickelte Zivilisation der damaligen Welt aus dem Süden und Westen und eine rückständig-archaische aus dem Norden" [47: J. FRIED, Der Weg in die Geschichte, 51].

Indigene Religionen

Der Grund liegt in den indigenen Religionen. Die Kelten verfügten zivilisatorisch über Städte, hatten einen eigenen Priesterstand, unterhielten einen stammesübergreifenden Religionsverbund, lehnten aber Schrift ab und praktizierten offenbar in größerem Ausmaß Menschenopfer [B. MAIER u. a., Art. Kelten, in: 18 Bd. 16: 364–392]. Die Provinzialromanen verfügten über eine Stadtkultur mit zivilisatorischem Höchststand, mit juristischer Administration und Hochschulen samt Schriftlichkeit und Literalität, blieben jedoch in der Religionspraxis eher im Hergebrachten, etwa im Opfern von Tieren. Den Germanenstämmen fehlte nahezu alles an höherer Zivilisation; sie waren Barbaren; ihre Götterwelt war sowohl keltisch wie römisch beeinflusst, dazu extrem kriegerisch [H. BECK u. a. Art. Germanen u. a., in: 18 Bd. 11: 181–438]. Die Slawen pflegten ihre lokalen Kulte bei Abschließung gegenüber benachbarten Hochkulturen [70: CH. LÜBKE, Struktur und Wandel im Früh- und Hochmittelalter]. Alle indigenen Religionen Alteuropas – so ist religionsvergleichend festzustellen – waren mehr oder minder „naturwüchsig", hatten trotz vereinzelter kultureller Elaboriertheit doch nicht den Status einer Hochreligion erreicht. Die Götter dachte man sich als von materiellen Gaben abhängig oder dadurch beeinflussbar; ihr Leben und Wirken verlief kaum anders als das der Menschen, nur dass sie unsterblich waren. Was in der Religionsgeschichte göttliche Bedürfnislosigkeit und Transzendenz genannt wird, war hier nicht realisiert, dass man sich nämlich die Götter als orts- und zeitüberhobene, das heißt als geistige und omnipräsente Wesen dachte, deren Geist sich an jedem Ort und zu aller Zeit vergegenwärtigt, auch nicht von Gaben oder gar Blutzufuhr lebt, sondern Gefallen nur an geistig-ethischen Opfern findet. Am schlagendsten zeigt sich der Unterschied am Menschenopfer, das die griechische wie römische Antike direkt verboten hatte und Judentum, Islam wie Christentum theologisch ablehnten, was als „zivilisatorischer Quantensprung" zu bezeichnen ist,

Beispiel: Opfer und
Menschenopfer

2. Grundzüge

den aber die indigenen Religionen nicht vollzogen hatten: Die Kelten, Germanen und Slawen opferten auch Menschen. Kein Zweifel also, die indigenen Religionen standen noch vor der großen religionsgeschichtlichen Wende der Spiritualisierung und Ethisierung. Das Christentum erfuhr bei seiner Begegnung mit dieser Religionswelt eine die Eigensubstanz bedrohende Herausforderung; denn wenn es sich in den Einfachkulturen nicht selber die notwendigen Vorbedingungen aufbaute, drohte ihm eine Substanzminderung. Die indigenen Religionen standen dagegen vor der Herausforderung, ob und wie sie sich in der Konfrontation mit Hochreligionen zu behaupten vermochten. Tatsächlich erfuhren sie bei der Christianisierung sowohl Überlagerungen wie Verbote (etwa bei den Menschenopfern), letztlich aber ihre Vernichtung. Und nicht nur das; um den gentilreligiösen Widerstand zu brechen, wurde Gewalt angewandt, so in Karls des Großen Sachsenkriegen wie weiter in den noch Jahrhunderte andauernden Slawenkriegen. [*Vorbedingungen des Christentums*]

Für die Forschung ist folglich ein ganzes Bündel von Prozessen zu beachten: In der Begegnung des Christentums mit der keltischen, provinzialrömischen, germanischen und slawischen Welt war nur in Einzelpunkten eine gemeinsame Ebene gegeben, denn zu weit differierten religiöse, kulturelle und zivilisatorische Rahmenbedingungen. [*Minderung der Hochreligion*]

Zugleich aber begannen sich im Christentum infolge des spätantiken Abbaus von Hochkultur einfachreligiöse Grundzüge zu verstärken, was dann zwar die Begegnung erleichterte, aber das Christentum in seiner Substanz minderte. Die tatsächliche Christianisierung vollzog sich nur langsam, denn sie musste einen totalen Umbruch in Leben, Kultur und Religion herbeiführen. Faktisch bedeutete das für lange Zeit, dass „archaische Verhaltens-, Ordnungs- und Handlungsmuster und christliche Neuerungsbereitschaft die Gesellschaft prägten" [47: J. FRIED, Der Weg in die Geschichte, 176]. [*Anhebung der Einfachreligion*]

Angesichts dieser Befunde und Probleme hat die Mediävistik eine Fülle von Interpretamenten anzuwenden, solche der Religions-, Mentalitäts-, Sozial-, Bildungs- wie noch der Frömmigkeitsgeschichte. Für das Mittelalter war Religion eine unhinterfragte Selbstverständlichkeit und zwar für alle, für Volk und Herrscher, Kleriker und Gelehrte. Die Frage drehte sich um die Art und Weise, ob und wie sich das Christentum als verschriftlichte Offenbarungsreligion und als philosophisch reflektierte Dogmatik durchzusetzen vermochte, woraus sich elaborierte Postulate und nicht mehr nur vorreflexive Praktiken ergaben: begriffliche Abklärung des Gottes-, Welt- und Menschenbildes, Umgang mit Schriftlichkeit und Auslegungskunst, Internalisierung der Gebete und Gebote wie überhaupt allen religiösen Tuns („aus dem Herzen"), nicht [*Mediävisitik bedient sich verschiedener Interpretationen*] zuletzt auch der Universalismus („zu allen Völkern"). Gemessen an diesem Standard befolgte das Mittelalter (wie alle einfachen Kulturen) zunächst die Logik von Einfachreligion. Von christlicher Seite aber gebot sich innerlicher Vollzug, also die Beteiligung von Geist und Herz, auszuweisen in Glaubenswissen und ethischer Lebensführung. Freilich ist bewusst zu halten, dass das dem Mittelalter überlieferte antik-christliche Erbe in seiner hochkulturellen wie auch hochreligiösen Eigenart nicht neu erfunden werden musste, vielmehr zur Rezeption bereitstand. Eben das geschah in den verschiedenen Renaissancen des Mittelalters.

2.3 Kosmos und Personalität

Bei seiner Durchsetzung entstanden dem Christentum Probleme grundsätzlicher Art. Als erstes Beispiel sei der jeweils unterschiedliche Ansatz kosmischer und personaler Religion angeführt. Die kosmische beruft sich auf die ewigen Gesetze der Wiederkehr: auf die Zeit mit Jahr und Tag, die Abfolge von Sommer und Winter, den Wechsel von Licht und Dunkel. Die hierin abfolgende Gesetzlichkeit ist die von Entstehen und Vergehen, Aufblühen und Absterben. Am wichtigsten ist die Wiederkehr, knüpft sich daran doch die Hoffnung, dass nach jedem Untergang wieder ein neuer Anfang komme: wie nach dem Winter der Frühling so auch nach dem eigenen Tod neues Leben. Das ist das berühmte zyklische Denken des ewigen Stirb-und-Werde. Für die „Konstruktion von Wirklichkeit" hat dieses Gesetz eherne Konsequenzen. Die in ihrem Kreislauf ewige Natur ist zwar vorausberechenbar stabil, doch auch unerbittlich, weder durch Gebet noch Klage zu erweichen. Der Mensch kann sich nur unterwerfen. Zugleich sind etwa auch die Sozialverhältnisse festgeschrieben, so dass der irdische Herrscher auch im Jenseits weiterherrscht, wie ebenso sein irdischer Untergebener ihm dort weiter dient. Desgleichen kann die Ehe festgeschrieben sein. Wo der Mann die Sonne repräsentiert und die Frau den Mond, also nur ein Abglanz ist, da gibt es keine eheliche Gleichberechtigung. Ja, in kosmisch bestimmten Religions- und Gesellschaftssystemen ist jede Gesellschaftsveränderung letztlich ein Aufstand gegen die ewige Kosmosordnung und darum tabu.

Anders die von Personalität bestimmten Religionen; sie denken die Welt und die in ihr waltenden Mächte „begeistert" und „beseelt", derart sogar, dass diese Geistmächte auf das Handeln, Denken und Reden der Menschen nicht nur einwirken, sondern auch antworten: auf gutes Menschenverhalten hin gnädig und auf böses aber zornig. Wie folglich der Mensch sich vor den Göttern/dem Gott verhält, ob gut oder böse, so bestimmen diese über sein Ergehen. Damit eröffnet sich ein

Gesetzlichkeit des Kosmos

Festgeschriebene Sozialverhältnisse

Personale Religion

breites Feld von Interaktion: Gebet und Opfer, Bitte und Dank, Sühne und Buße. Immer weckt personale Religion Innerlichkeit und bewirkt obendrein eine religiöse wie gesellschaftliche Mobilität. Allerdings erscheinen in der hier gezeichneten Weise Kosmos und Personalität idealtypisch, also überzeichnet. In Wirklichkeit kann der kosmische Ansatz auch personale Elemente enthalten, indem die kosmischen Elemente und Mächte von Göttern und Geistern „besessen" werden; umgekehrt können die personalen Geistwesen an die kosmische Gesetzhaftigkeit gebunden sein, sogar an ein ehernes Schicksal. So sind in Wirklichkeit Mischungen anzutreffen, in denen sich allerdings die Elemente des kosmischen und personalen Ansatzes ideell deutlich sortieren lassen.

In den beiden für das Christentum wichtigsten Traditionssträngen, nämlich dem griechisch-philosophischen und dem biblischen, lassen sich genau auch unsere Idealtypen wiederfinden. Es ist einerseits der griechische Intellektualismus, der sich in der Erkenntnis des Kosmos und seiner Gesetzlichkeit gründet. Demgegenüber steht der biblische Theismus, der Gott als den Herrn sowohl der Dinge wie allen Geschehens auffasst: Die Welt wird von ihrem Schöpfer in unbegreifbarer Weise gelenkt und dabei auf das Heil der Menschen ausgerichtet. Folglich ist entscheidend nicht die Erkenntnis der vernünftigen Weltordnung, sondern die eigene Willigkeit gegenüber Gott. So ergibt sich eine griechisch-biblische Alternative: Einsicht oder Gehorsam, Erkennen oder Glauben, Hinwendung zur Naturordnung oder Suchen des Antlitzes Gottes. Die griechische Philosophie wollte Einsicht und verdächtigte Gefühl wie Emotion. Indes blieb als „Wunde, die sich nicht wieder schließen wollte," die Frage nach der Charis, ob denn das „Göttliche sich um den Menschen, um den einzelnen Menschen" kümmere (W. Burkert). Fast resignativ hat man sagen können, der einzelne solle sich als einen winzigen Teil der Physis betrachten und dürfe nicht erwarten, von der Gottheit wahrgenommen zu werden. Demgegenüber verkündete die Bibel zwar eine Unverstehbarkeit Gottes, wollte aber insofern Zutrauen wecken, als Gott ein Herz habe, welches Anteil nehme am menschlichen Geschick und „barmherzig ist und gnädig" (Ex 34, 6). Freilich erhob sich hier die Frage, wie der so gütige Gott das Leid zulassen könne; kurzum, es meldete sich die Theodizee-Frage.

Gemäß dem gesteigerten religiösen Personalismus des Christentums wendet sich Gott jedem Menschen zu und spricht dessen Herz an. Die jesuanische Gottesanrede „abba"-Vater bringt das zum Ausdruck und man hat sie als „neue Qualität" bezeichnet, die inhaltlich Güte und Barmherzigkeit meine. Aber Gott erscheint auch als Richter, sogar mit

Griechischer Intellektualismus und biblischer Personalismus im Christentum

Theodizee-Frage

Gott als „abba"

der Möglichkeit zur endgültigen Verwerfung; doch ist dieses Gericht insofern sekundär, als es nur denjenigen trifft, der die von Gott erfahrene Güte nicht mitmenschlich weiterzugeben bereit gewesen ist. Durch die Forderung, alles Denken und Handeln vom Herzen her zu konzipieren, hat das Christentum stärkstens die menschliche Personalität befördert: „Du sollst den Herrn, deinen Gott, lieben aus ganzem Herzen und ganzer Seele, mit all deinen Gedanken und all deiner Kraft. Als zweites kommt hinzu: Du sollst deinen Nächsten lieben wie dich selbst. Kein anderes Gebot ist größer als diese beiden" (Mk 12,30f.). Die in allen Religionen vorfindliche Gewichtung von außen und innen ist hier deutlich zur Innerlichkeit hin verschoben: Äußerliches zählt nur als Ausdruck des Inneren.

Von diesem personal-herzlichen Ansatz ergaben sich weit reichende religiöse, kulturelle und sozialgeschichtliche Folgen. Schon der Kosmos musste personalisiert werden: Gott durchwirke die Welt und instrumentalisiere sie zugunsten seiner Hoheit wie auch zum Heil der Menschen. Der Kosmos war eben göttliches Werkzeug und das Wunder galt so gesehen als selbstverständlich, wie ebenso die Naturkatastrophe als Strafe für die Sünden. Mit beidem hat das Mittelalter immer gerechnet. Wohl erkannten die Scholastiker das Wunder als Abweichung von den Naturgesetzen, sahen es aber dank Gottes Allmacht ermöglicht [129: M. HEINZELMANN u.a., Mirakel im Mittelalter]. Zugleich galten Katastrophen wie Pest oder Erdbeben als Strafe für die stets unermesslichen Sünden und weckten keinerlei Zweifel an Gottes Gerechtigkeit. Es überwog ein unmittelbares Gottvertrauen, das sich besonders eklatant im Vorsehungsglauben zeigte: Gott vermöge alles, für jeden und zu allen Zeiten. Andererseits blieben aber auch retardierende Momente, derentwegen sich das personale Christentum im Mittelalter nicht voll durchzusetzen vermochte. Natural-kosmische Religionselemente wirkten weiter, verlangsamten die Personalisierungsschübe oder brachen sie auch ab. Vor allem der Astralglaube, dass die Gestirne und ihre Konstellationen das Geschick der Menschen bestimmten, blieb lebendig, obwohl solches der Vorsehung des persönlichen Gottes direkt widersprach.

Wunder

Sündenstrafen

2.4 Gentilismus und Universalismus
Der Zerfall des weströmischen Reiches in germanische Königreiche ist von der nationaldeutschen Geschichtsschreibung als Wiederbelebung des Nationalgedankens gefeiert worden, führte in Wirklichkeit aber zum Verlust von Universalität und Hochkultur. Die Geschichte der Germanen im Römischen Reich ist als „mißlungene Integration" (A. De-

2. Grundzüge

mandt) bezeichnet worden. In ethnologischer Sicht waren die germanischen Völkerschaften Stammesgesellschaften, deren Selbstverständnis als Gentilismus zu bezeichnen ist: Jede solche Stammesgruppe hatte ihren eigenen Lebensbrauch wie auch ihre eigene Religion. Begründend war die Vorstellung der Origo gentis: Am Anfang steht der „Spitzenahn" (K. Hauck), der (halb-)göttlicher Abkunft ist, und von ihm stammt das jeweilige Volk (gens) ab, wie es die Abstammungsfolge, die Genealogie, ausweist, die darum eine „Urform des Weltverstehens" (W. Speyer) genannt worden ist. Alle wissen sich in Blutsgemeinschaft geeint, wobei es jedoch Träger besonders reinen Blutes gibt: die Adligen; und sie allein sind zur Herrschaft berechtigt. Gegenüber anderen verstehen sich gentile Völker immer als die „besseren" wie ebenso das eigene Land das fruchtbarste ist und obendrein die Mitte der Welt bildet. Die Blutsfremden sind überhaupt minderwertig, sogar Feinde [W. POHL, Art. Gentilismus, in: 18 Bd. 11: 91–101]. Genau dieser Gentilismus wurde mit den Germanen im römischen Westen dominant, sogar auch mit einer „natürlichen Feindschaft zwischen den Volksstämmen" [135: DUBY, Krieger und Bauern, 65]. Heute wissen wir, dass die gemeinsame Abkunft und Blutsverwandtschaft nachträgliche Konstrukte sind, Rückdeutungen bestehender Volksgemeinschaft, wobei die Nationalhistorie des 19. und frühen 20. Jahrhunderts diese Abstammungsgemeinschaften für historisch hielt.

Dem gentilen Selbstverständnis stand das Christentum radikal ablehnend gegenüber. Denn die biblische Deutung der Entstehung des Menschengeschlechtes kannte nur ein einziges Menschenpaar am Anfang und ließ alle anderen Menschen davon abstammen: von Adam und Eva; die verschiedenen *origines gentium* sollten damit überwunden sein. Schon Paulus hat dafür durchschlagende Formeln geprägt: nicht mehr Juden und Griechen, nicht Sklaven und Freie, nicht Mann und Frau (Gal 3,28). Augustinus machte daraus eine politische Theologie: Gott habe das ganze Menschengeschlecht aus einem Menschenpaar hervorgehen lassen, um die Einheit bewusst zu machen. Verlangt war die Überwindung aller rassischen, sozialen und sexistischen Schranken, also Universalismus. Hieraus entwickelte sich eine menschheitsverbindende Schubkraft, angetrieben noch durch den Missionsauftrag [79: G. TUGÈNE, L'idée de nation]. Mit Hans-Dietrich Kahl, der als erster die mittelalterliche Missionsgeschichte religions- und sozialgeschichtlich untersucht hat, ist die Christianisierung Europas zu verstehen als „Wechsel zwischen zwei geistigen Grundstrukturen, die man als ‚gentilreligiös' und ‚universalreligiös' gegenüberstellen kann" [66: KAHL, Was bedeutet Mittelalter, 38]. Erst dank dieses Wechsels

Gentilismus bei den Germanen

Christentum propagiert Universalismus

fand Europa zu einer (religiösen) Einheit: Die zunächst noch nachwirkende Unterscheidung zwischen Römern und Barbaren fiel dahin und eine Vielzahl von Ethnien wurde integriert. Schon im Karolingerreich war die Kirche „die stärkste organisierte Kraft" und obendrein das „Element der Einheit" [32: J. FLECKENSTEIN, Ordnungen und formende Kräfte, 5, 9]. Die übergentile Einheit hat gerade Karl der Große planmäßig und rigoros durchgesetzt, politisch wie religiös: bei Münzen und Maßen, bei den Buchstaben der karolingischen Minuskel (die bis heute allen europäischen Sprachen das gemeinsame Alphabet liefert), weiter mit Hilfe von Musterkodizes zur Normierung von Liturgie, Kirchenrecht und Mönchsleben. Das notwendige Latein, das sich seit der Spätantike schon in die Nationalsprachen des Französischen, Italienischen und Spanischen zu trennen begonnen hatte, wurde erneuert und blieb bis ins 18. Jahrhundert Europas Gelehrtensprache. Gespeist wurde dieses Einheitsstreben aus dem christlichen Universalismus, dass – wie die alte Formel hieß – die Kirche aus verschiedenen Völkern bestehe (*ecclesia ex diversis gentibus*) oder wie jetzt in Abwandlung der paulinischen Formel gesagt wurde, nicht mehr gelte Alemanne, Baier oder Burgunder. Die von Karl bewirkte (Kirchen-)Einheit gewann Dauer über sein Reich hinaus; auch nach Zerfall der Karolingerherrschaft vermochte die von ihm geschaffene Kircheneinheit fort zu bestehen und Europa zusammenzuhalten.

Kaiser versus Papst

Dem Anspruch der Kaiser, Repräsentanten der Christenheit zu sein, konkurrierte das Papsttum und auf Dauer erwies dieses sich als die stärkere übergentile Kraft, die die entferntesten Regionen zu erreichen und zu verklammern vermochte. Nicht primär äußerer Zwang ist zu unterstellen; denn, so Gerd Tellenbach, die organisatorische Zusammenfassung der partikulären Kirchen durch die Päpste war zuerst „gläubige Verehrung des Stellvertreters Petri und der Sacra Roma" und das wurde „Ausdruck der Einheit der Kirche auf Erden wie nichts anderes" [102: Die westliche Kirche, 72]. Die dank päpstlicher Initiative veranstalteten Konzilien fungierten als Versammlungen abendlandweiter Kommunikation. Schon Max Weber und Ernst Troeltsch haben diese gesamteuropäische Einheitsstiftung als „Revolution des Papsttums" bezeichnet. Zugleich wirkte aber das Papsttum auf eigenartige Weise auch als Beförderer regionaler und nationaler Eigenständigkeiten. Seit der Spätantike galt als Regel: Jede Provinz solle einen Metropolitanbezirk bilden, also einen provinzialen Kirchenverband mit dem Metropoliten an der Spitze. Im Frühmittelalter wandelte sich diese Regel gentilisch ab: jedes Volk als Metropolitenverband- bzw. Erzbistum. Die karolingischen und ottonischen Missionspläne suchten dies imperial zu nutzen, indem sie vom Erzbistum Hamburg aus ganz Skandinavien und von Magdeburg aus alle Slawenvölker an die Reichskirche binden wollten. Hier nun bauten die Päpste entgegen. Sie zogen um das deutsche Reich einen Sperrriegel und verselbständigten kirchlich die angrenzenden Völker, indem sie den Polen und Ungarn wie auch den skandinavischen Völkern jeweils eigene Erzbistümer gewährten.

Bildete Rom die administrative Hauptstadt der religiösen Einheit, so stellten die Universitäten, allen voran die juristische zu Bologna und die theologische zu Paris, die „Kulturhauptstädte" dar. In der neuen „Geschichte der Universität in Europa" nennt Walter Rüegg die Universitäten einzigartige Schöpfungen des Mittelalters, denn sie garantierten „die Anerkennung der wissenschaftlichen Leistungen Andersdenkender, Andersgläubiger, gesellschaftlich Tieferstehender und die Bereitschaft, die eigenen Irrtümer durch überzeugende Erkenntnisse welcher Herkunft auch immer korrigieren zu lassen. ... Im Hinblick auf wissenschaftliche Erkenntnisse spielten Unterschiede der nationalen oder sozialen Herkunft keine Rolle" [147: Geschichte der Universität, 47 f.]. Ein in ganz Europa gültiger Kanon von wissenschaftlichen Standards und Standardwerken entstand, ebenso gleichartige Lehr- und Forschungsmethoden, im Ergebnis eine gemeinsame Denkstruktur.

<small>Universitäten geben einheitlichen Rahmen</small>

Das vormalige Patchwork der vielen religiösen und volklichen Partikel gewann, trotz des in der allgemeinen Geschichtsschreibung überwiegenden Eindrucks von Streit und Krieg, eine einheitliche Grundstruktur: die gleiche Dorf- und Stadtsilhouette mit der Kirche in der Mitte, ebenso die überall gleich strukturierte Klosteranlage, dazu der gleich gestaltete Gottesdienst, sodann die flächendeckende Organisation von Pfarrei und Bistum, wenigstens rudimentär auch das gleiche Glaubenswissen und am deutlichsten die gemeinsame Praxis etwa bei Segnungen, Wallfahrten, Heiligenverehrung, erst recht bei Taufe, Hochzeit und Beerdigung, seit dem Hochmittelalter noch die zunehmende Verwissenschaftlichung mit Büchern und Bibliotheken, nicht zuletzt der gemeinsame Kunststil. Bei allen Differenzen im einzelnen war es gegenüber der polyreligiösen Vorzeit eine mehr als erstaunliche Einheit.

<small>Einheitliche Religionsausübung im Hochmittelalter</small>

Bei dieser Einigung und Vereinheitlichung ist freilich auch ein Preis gezahlt worden: Europa als „persecuting society", wie die angelsächsische Forschung sagt, nämlich die Stigmatisierung der Sonderlinge, die Verfolgung der Ketzer, am schlimmsten die Vertreibung und Vernichtung der Juden. So offen sich das Christentum gegenüber allen Menschen erweisen wollte, die Abweichler hat das Mittelalter nur widerwillig ertragen und oft genug verfolgt. Zwar war jeder potenzielle

<small>Preis der religiösen Einheit: Verfolgung von Abweichlern</small>

Christ gleichberechtigter Adressat der Mission, aber einmal Christ geworden, konnte er sich nicht mehr abwenden – er wurde dann verdammenswerter Ketzer, sogar todeswürdig.

Adel Was das Mittelalter nicht zu überwinden vermochte, war die Adeligkeit [A. ANGENENDT, Der eine Adam, in: 43: 27–52]. Wegen der *einen* Abstammung von Adam und Eva konnte es kein besonderes Blut geben, auch kein adeliges. Wenn Paulus gesagt hatte, es gebe in der Christengemeinde nicht viele „Vornehme" (1. Kor 1,26), wurde im Mittelalter das dafür stehende Wort nobiles so gedeutet, dass es zwar nicht viele, aber eben doch einige Adelige gegeben habe [90: F. J. FELTEN, Wie adelig waren Kanonissenstifte]. Tatsächlich war die mittelalterliche Kirche insofern eine „Adelskirche", als die führenden Positionen, sowohl auf Bischofs- wie Abtsstühlen, von (Hoch-)Adeligen eingenommen wurden; sogar noch die Mehrzahl der im Mittelalter päpstlich Heiliggesprochenen war von Geblüt. Immerhin ist verhindert worden, dass der Adel sich eine „Kasten-Kirche", eine spezielle Kirche nur für Hochgeborene, aufbaute. Entsprechende Bestrebungen regten sich überdeutlich: Hauskirchen und Hofkapellen, Eigenkleriker und Sakramentsspendung nur im eigenen Adelshaus. Dem setzten schon die karolingischen Reformer entgegen, vor Gott seien alle gleich, der adlige Kaiser wie der einfache Arbeiter; ja Gott wolle von allen als für alle gleicher Vater angerufen werden. So herrschte zwar der Adel in der Kirche, vermochte aber keine Sonderkirche zu bilden.

2.5 Religion und Ethik

Biblisch-christliche Ethik Für die Verbindung von Religion und Ethik war zentral die biblische Herzlichkeit, wie diese überhaupt zu den wichtigsten Antrieben für die Veränderung von Religion gehören dürfte. Die christliche Zentralforderung war eigentlich übermenschlich, nämlich vollkommen zu sein wie Gott selbst (vgl. Mt 5,48). Hinzu kam ein personal zu aktivierendes Schuldbewusstsein (das anthropologiegeschichtlich immer die Voraussetzung für Schuldanerkennung und Gewissen ist): Wer im Herzen begehre, habe schon begangen (vgl. Mt 5,27). Das bedeutete: Eine Fehltat zähle auch dann, wenn sie nur erst in der Intention konzipiert werde und in Wirklichkeit nicht oder noch nicht geschehen sei. Zur Herausbildung solcher Ethik dienten Selbstkontrolle und Gewissen, mit Folgen dann bis ins Innere des Einzelnen wie der Gesellschaft. Denn ethisch-religiös konnte ein Sklave besser dastehen als ein König, eine Frau besser als der Mann, ein Fremder besser als der Blutsverwandte, was alles für eine ständisch-männliche Gesellschaft ein verunsicherndes Potenzial darstellte. Weiter wurde auch die erste und älteste Religionsunterscheidung, diejenige zwischen Heilig und Profan, ethisch gedeutet: Nicht im geheiligten Bezirk erweise Gott seine Anwesenheit, sondern in heiliger Gemeinschaft, nämlich „wo zwei oder drei in meinem [Jesu] Namen versammelt sind" (Mt 18,20). Damit war die Idee der heiligen, lokal ausgegrenzten Orte zerstört wie zugleich ebenso die der heiligen Zeiten, denn „der Sabbat ist für den Menschen da, nicht der Mensch für den Sabbat" (Mk 2,27). Das Mittelalter kehrte indes wieder zur Heiligkeit von Ort und Zeit zurück. Im Ritus der Kirchweihe wurde erneut ein Raum ausgegrenzt [177: K. J. Benz, Untersuchungen zur politischen Bedeutung] und fungierte somit als Sakralort, als besondere Stätte der Gottesbegegnung, aber auch für Asylsuchende oder zur Firmierung von Rechtshandlungen und Vertragsabschlüssen. Ebenso gab es heilige Zeiten, die Gedenktage Christi und der Heiligen; bedeutsame Aktionen wurden bewusst auf solche heiligen Tage gelegt, etwa Staatsakte und sogar Schlachten [198: Sierck, Festtag und Politik]. ⟶ Sakralort und -zeit

Auch das Opfer sollte radikal ethisiert werden. Das Postulat des „geistigen Opfers" (vgl. Röm 12,1) verlangte einen geistig-geistlichen Gottesdienst: nicht mehr Blutopfer, sondern das Opfer des Herzens, ein solches von Lob und Dank, dazu den Selbsteinsatz für Gott und für die Mitmenschen. Wiewohl die Geschichte des Christentums deutliche Kontinuitäten aufweist, etwa in der Sozialtätigkeit, die noch dauerhafter war als die der Dogmen, ist das geistliche Opfer nicht durchgehalten worden. Vorherrschend wurde die Logik des Gaben-Opfers mit seiner festen Erwartung einer Gegengabe. Das betraf das Meßopfer, aber ebenso die ungezählten Gaben und Schenkungen, die als Liegenschaften oder Geldsummen in Austausch kamen und als solche doch auch das Sozialgefüge veränderten. Denn – so Georges Duby – „die geopferten Güter wurden nicht mehr auf Opferaltären zerstört, verbrannt oder vernichtet. Sie wurden Menschen überlassen, die ein besonderes Amt hatten, das Amt des Fürbitters" [135: Krieger und Bauern, 73]. ⟶ Geistiges Opfer ⟶ Gabe – Gegengabe

Weiterhin ist das Phänomen der Berufung anzuführen, auch diese eine Folge des personalisierten Gottesverständnisses. Idee und Praxis der je einzelnen und eigenen Berufung durch Gott wie auch die zu leistende Nachfolge sind ein biblisch-christliches Spezifikum, denn nie hatte etwa die Antike erwartet, „dass die Gottheit ihre besondere Gnade einem einzelnen zuwendet" [H. Dörrie, Art. Gnade, in: 19 Bd. 11: 330], und „nirgends in der griechischen Literatur wird Erwählung oder Erwählen auf ein Tun der Götter zurückgeführt" [E. Fascher, Art. Erwählung, in: 19 Bd. 6: 409]. Im Neuen Testament gilt jeder Getaufte als mit je individueller Aufgabe berufen, deren Befolgung ein persönlicher ⟶ Persönliche Berufung

Entscheid sein sollte. Indes hat sich die frühmittelalterliche Bekehrung kollektiv vollzogen, denn die „starke Gebundenheit des Einzelnen in den Stammes- und Familienverbänden ließ eigentlich keinen Spielraum, den heimatlichen Kult in Frage zu stellen, ohne dabei in soziale Isolierung zu geraten" [K. SCHÄFERDIEK, Art. Germanenmission, in: 19 Bd. 10: 497]. Aber schon die *peregrinatio* der irischen und angelsächsischen Mönche, die sich von Gott zum Verlassen von Heimat und Verwandtschaft aufgerufen sahen, veränderte die frühmittelalterliche Welt. Noch deutlicher erwies sich die Auswirkung persönlicher Berufung im großen religiösen Aufbruch des 12./13. Jahrhunderts [104: G. CONSTABLE, The Reformation; 148: G. CONSTABLE, Three Studies]:

Religiöser Aufbruch des 12./13. Jahrhunderts

Männer wie Frauen wussten sich im Gewissen angesprochen und begannen eine Sonderexistenz, ob nun Abaelard, Heloisa, Norbert von Xanten, Hildegard von Bingen, Petrus Waldes, Franziskus und Klara von Assisi, Thomas von Aquin, Mechthild von Magdeburg wie überhaupt die vielen Männer und Frauen der religiösen Wanderbewegung. Sie alle verstanden Christsein als von Gott bzw. von Jesus Christus an sie persönlich ergangenen Sonderruf. Die langzeitlichen historischen Auswirkungen dieser inneren Revolution sind grundlegend für die Kultur der westlichen Welt geworden: das Verlassen des geburtsgegebenen Lebensrahmens und der Aufbruch zu Neuem.

Ehe als Konsens

Endlich sollte auch die Ehe von Herzen her, nämlich im Konsens, sowohl geschlossen wie auch gelebt werden [302: I. WEBER, Consensus facit nuptias]. Praktisch aber wurden mindestens die jungen Frauen verheiratet und hatten damit kein Selbstverfügungsrecht. In der Ehe war der Mann der Vormund. Erst gegen Ende des Mittelalters erkämpften sich junge Leute die freie Partnerwahl. Bei den Pollutio-Vorstellungen ist sogar eine Kapitulation zu konstatieren: Mochten auch die Verbote von unreinen Speisen und Berührung von Unreinem – obwohl Gebote des Alten Testaments – durch Jesus entmächtigt sein, so kehrten doch die Vorstellungen von Befleckung durch Sexualstoffe zurück und das traf besonders die Frauen. Das Mittelalter war weniger frauenfeindlich als vielmehr Pollutio-besessen [233: H. LUTTERBACH, Sexualität im Mittelalter].

Die Ethisierung verlangt individuelle Anstrengung, bringt aber auch Entlastung; denn in dem Maße, wie Leben aus Einsicht gesteuert und gewissenhaft verantwortet wird, können äußerliche Zwangsmaßnahmen entfallen. Dem Einzelnen ist dabei innerlich-bewusstes Handeln abverlangt, wofür ihm dann aber – vorausgesetzt alle machen mit – abgeklärtere und besser gesicherte Lebensverhältnisse geboten werden.

2.6 Oralität und Buch

Die neue Diskussion um Mündlichkeit und Schriftlichkeit erweist die für das mittelalterliche Christentum essenzielle Bedeutung zivilisatorischer Mittel und Instrumente, vor allem des Buches [137: H. KELLER, Vom ‚heiligen Buch']. Religionssoziologisch gilt, dass Buchreligionen ein höheres Reflexionsbewusstsein erreichen, sich besser ihres Fundamentes zu vergewissern vermögen und auch effektiver missionieren können, ja, „dass Buchreligionen und nur sie ausgeprägten Monotheismus hervorgebracht haben" [321: N. LUHMANN, Die Religion der Gesellschaft, 267]. Die Anforderungen sind indes hoch: Lesenkönnen und Schulbildung, Buchproduktion und Schriftauslegung, geistiger Austausch samt den dafür notwendigen Verkehrsmöglichkeiten, was alles nicht in agrarischen, sondern nur in Stadtgesellschaften oder Großreichen mit Arbeitsteilung und rationaler Geisteshaltung, vor allem mit schulischer Ausbildung gewährleistet ist. Für Buchreligionen gilt freilich auch, dass sie der Gefahr der Buchstäblichkeit ausgesetzt sind und sich im Auslegungsstreit zerspalten können.

Das Christentum war mit der Bibel eine Buchreligion par excellence, die wegen der dafür erforderlichen Kultur- und Zivilisationsvoraussetzungen wesentlich als städtische Religion einzuschätzen ist. Eben dafür fehlten im nichtantiken Norden alle Voraussetzungen; es gab weder Städte noch Schriftkultur, weder Schulwesen noch Bibliotheken. Den Germanen fehlte sogar eine hinreichend differenzierende Sprache: „Jeder höhere Gedanke, jede theologische Spekulation, jede Wissenschaft entzog sich noch ihrem Sprachvolumen ...; allmählich aber machten sich auch die deutsch Sprechenden auf einen langen Marsch zu einer höheren geistigen Kultur" [47: J. FRIED, Der Weg in die Geschichte, 108 f.]. Die christliche Mission kam mit dem Buch der Bibel, der Grundlage sowohl des Glaubens als auch der Liturgie und noch der persönlichen Frömmigkeit. Zuerst schon musste für ihr Vorhandensein gesorgt werden, was immense Anforderungen stellte. Anzufangen war mit dem Pergament; eine karolingische Vollbibel benötigte die Häute von 250 Tieren, also ganzer Tierherden. Aufwendige Exemplare blieben selten, aber Liturgiebücher brauchte jede Gemeinde, sogar in der Mehrzahl: Lektionar, Sakramentar, Psalter, Benediktionale. Man wird nicht übertreiben, das Erfordernis von Bibel und Liturgiebüchern als die wichtigste Brücke für Schriftlichkeit zwischen Antike und Mittelalter anzusehen. Die Karolingische Bildungsreform, die erste nach der Antike, kam primär der Bibel und Liturgie zugute [80: C. VOGEL, La réforme]. Bücherherstellung erforderte zudem Schreibkunst, die im Mittelalter aber noch seltener war als das bereits seltene Lesenkönnen, was beides für lange Zeit fast nur in Klöstern geübt wurde. Der Liturgie wegen war wenigstens Lesenkönnen für alle Priester unabdingbar. Einen Schritt ins Geistig-Gelehrte verlangte das Erfordernis der Texterklärung, ob nun in Predigt oder Theologie. Dabei stellte sich zum Beispiel das Problem der Metapher, ob etwa die Petrus verheißenen „Schlüssel des Himmelreiches" (vgl. Mt 16,19) als übertragenes Bild für geistliche Vollmacht oder aber als reale Schlüssel zum Auf- und Zuschließen der Himmelspforte zu verstehen seien, wie es im Frühmittelalter aufkam und untergründig noch im späten Mittelalter weitergalt. Nicht minder schwierig waren Deutungsverfahren wie mehrfacher Schriftsinn, dass nämlich ein profan klingender Bibeltext mittels Allegorese einen geistlichen Sinn hergebe oder Aussagen des Alten Testaments (Typus) mittels Typologie bereits Züge der neutestamentlichen Offenbarung zu erkennen gäben und darin zur Erfüllung kämen (Antitypus) [225: F. OHLY, Schriften zur mittelalterlichen Bedeutungsforschung].

Einen nochmals anderen Ansatz hatte schon die patristische Theologie verfolgt, nämlich die Offenbarung mit dem philosophischen Wissen abzugleichen. Im Mittelalter entstand daraus die Scholastik, deren Grundbestreben es war, den Glauben begreifbar zu erklären. Die Folge war die Entstehung der Universitätstheologie, die der christlichen Buchreligion eine Buchtheologie an die Seite stellte. Endlich auch war die Allgemeinheit betroffen, etwa in der Forderung nach Glaubenswissen. Altkirchlicher Praxis zufolge hatten die (erwachsenen) Taufbewerber das Vaterunser und das Glaubensbekenntnis auswendig zu kennen und im Mittelalter kamen noch die Zehn Gebote hinzu, was zusammen Katechismus hieß. Diese Grundelemente zu lernen gab es schon in karolingischer Zeit Ansätze zur Volksschule. Im Spätmittelalter, als die Erfindung von Papier und Buchdruck billige und rasch herstellbare Textblätter, Hefte und Bücher ermöglichte, kam erste katechetische Literatur unters Volk und bewirkte eine „Selbstchristianisierung" (P. Blickle).

Wohl am wichtigsten sind die Veränderungen am und im Menschen selbst, zumal die Herausbildung von Innerlichkeit, wofür Buchkultur besonders förderlich, ja unabdinglich ist. Denn erst eine solche vermag geistige wie religiöse Erfindungen und Empfindungen, die ein Einzelner nicht oder nur selten machen kann, festzuhalten und zu speichern. Hatte sich das Mittelalter bereits die in Büchern konservierte antike Philosophie und Theologie neu zu erschließen vermocht, so ermöglichte nun die Literalität auch eigene Inventionen festzuhalten und so über das Alte hinauszugelangen. In Büchern bevorratetes Wissen garantierte eine umfassendere Aneignung als der nur mündliche Unterricht bei einem noch so großen Geistesheroen, obendrein eine raschere und umfassendere Verbreitung als eine nur mündliche Weitergabe. Auch konnte die wissenschaftliche Diskussion schlagartiger geführt werden, bis dahin etwa, dass die Universitätsdisputationen sofort in ihren Argumenten verschriftlicht wurden und so zur Rezeption bzw. Weiterdiskussion verfüglich waren, was wiederum das Tempo vorantreibender Argumente wie auch die Produktion eigener Gedanken erhöhen musste. Daneben lief aber noch ein anderer, nicht minder folgenreicher Prozess: der einer „neuen Andacht" [311: TH. LENTES, „Andacht" und „Gebärde"]. Das Gebetbuch erst ermöglichte den Nachvollzug differenzierter Empfindungen, auch eine geistliche Buchführung mit neuer Gewissenhaftigkeit (freilich auch mit Skrupulosität) und präsentierte zusätzlich mit den Bilddrucken private Andachtsbilder.

Andachtsbuch

Insgesamt kann man am Mittelalter studieren, was Buchreligion alles erforderte, was sie aber auch auslöste und wie weit reichend sie veränderte: Hervorbringung von Schriftlichkeit und Literalität, von Ausdeutung und Wissenschaft, von Innerlichkeit und Andacht. Die dafür neu aufzubauenden Institutionen und Mentalitäten sind nicht mehr naturwüchsig zu nennen, sondern stammen aus einem speziellen „Überbau", eben aus der Buchreligion.

„Überbau" Buchreligion

2.7 Glauben und Wissen

Ein revolutionierendes Element bildet die ‚reflektierte' Religion. Der Begriff Natur-, Einfach- oder Primärreligion unterstellt Urwüchsigkeit, meint weniger ein Überlegtes, ein künstlich Geschaffenes oder bewusst Antrainiertes. Man kann hier von „zuerst einfallenden" und „wie selbstverständlich" gelebten Religionspraktiken sprechen, als da sind: Allgegenwärtigkeit des Numinosen, Heiligkeit von Ort und Zeit, gute und böse Geister, Gabe und Gegengabe, Tun-Ergehen-Zusammenhang, Segensverlangen sowie als wichtigste sozialproduktive Vorstellung der Gentilismus mit Abstammungsmythos und Adelsschichtung. Die im griechischen Denken entstandene Theologie verstand sich als „der nachdenkende, systematisch und rational reflektierende Ausdruck religiösen Glaubens oder religiöser Erfahrung" [K. RUDOLPH, Art. Theologie, in: 11 Bd. 5: 190]. Den kritischen Maßstab bildeten dabei Naturerkenntnis und verstandliche Evidenz. Auf diese Weise kritisierte die griechische Philosophie die Göttergeschichten, ja drang bis zum Atheismus vor. Zugleich beförderte sie eine Vergeistigung der Religion, dass nämlich der letztlich eine Gott geistig sei, nicht materieller

Reflektierte Religion

Gaben bedürfe und nur mit geistigem Wohlverhalten zu ehren sei. In diesem Sinn sollte „logisch" von Gott geredet werden – eben das war Theologie.

Theologie   Die Alte Christenheit hat das philosophische Argument übernommen und eine begrifflich reflektierte Theologie zu treiben begonnen. Leitend wurden „überlegte" Religionskategorien, die sich über die vorkritische Religionspraxis erhoben und diese zur Volksreligion oder zum Aberglauben machten: der universal präsente Gott gegen lokale Götter und Geister, die unverdiente Gnade gegen den Tun-Ergehen-Zusammenhang, die Unwägbarkeit der Herzensakte gegen gezählte Ableistung, die für Gott gleichwertigen vielen Völker gegen die stammesreligiöse Erststellung („wir sind das beste Volk"), die religiöse Gleichheit aller Getauften gegen die adeligen Geburtsrechte.

Für die Durchsetzung der Hochreligion waren Bildungseliten notwendig. Die von der Patristik benutzte philosophische Begrifflichkeit hatte im Mittelalter zunächst keine Grundlage mehr, weil dafür die

Monastik   Hochschulen fehlten und die Klöster eher einer Monastik (einer beschaulichen Theologie) folgten [145: J. LECLERCQ, Wissenschaft und

Scholastik   Gottverlangen]. Die Scholastik resultierte aus dem intellektuellen Impetus, alles zu hinterfragen und logische Begründungen zu finden. Bezeichnenderweise wurde bei Anselm von Canterbury († 1109), dem Vater der Scholastik, eine Frage zum Buchtitel: Cur deus homo? (Warum wurde Gott Mensch?) Nicht länger wollte man einfach hinnehmen; nur was argumentativ Bestand hatte, das zählte, gleich von wem es kam, wodurch Aristoteles – ein heidnischer Grieche – der maßgebliche scholastische Philosoph wurde. Petrus Lombardus († 1160) schuf den ersten systematischen Aufriss mittelalterlicher Dogmatik, fortan das grundlegende Studienbuch für das neue universitäre Studium. Die systematischen Zusammenfassungen der ganzen Glaubenslehre, die „Summen", spiegeln das Lehrverfahren der Scholastik: Frage und Ant-

Lehrverfahren   wort, Disputationen und Definitionen, zusammengefasst zu Artikeln. Die „Summa theologica" des Thomas von Aquin († 1274) umfasste 6000 solcher Artikel. Freilich hatte diese Rationalisierung auch zur Folge, dass die scholastische Sprache zu Unpersönlichkeit tendierte; ja, so kritisiert F. Ohly, der scholastische Diskurs habe die gedanklichen und sprachlichen Bilder zerstört, ohne zu fragen, ob nicht für Religion Bilder und Metaphern unabdinglich seien [234: Metaphern für die Sündenstufen].

Eine tief greifende Sozialveränderung brachte die Gründungs-

Stadt und Religion   welle von Städten im 12./13. Jahrhundert. Hier entfaltete sich eine weniger agrarisch ausgerichtete als vielmehr auf Bildung hinzielende

Religiosität: die besonderen Möglichkeiten einer Schulung bis hin zur Universität; die im städtischen Milieu entstandene *devotio moderna* mit ihrem Bestreben nach Verinnerlichung und Versittlichung des Lebens; die vom Stadtrat eingerichteten Prädikaturen; ebenso die zahlreichen Bruderschaften mit immer auch religiösem Programm. Zuletzt stellte der Buchdruck für jedermann erreichbare Mittel der Lektüre und (Selbst-)Katechese bereit, so dass nun die „vorgeschriebene" Religion wirklich zu greifen begann.

Indes darf man diese „ausgedachte" und größtenteils auch amtlich verlautbarte Religion nicht als die in Wirklichkeit auch gelebte ansehen. Natürlich sollte das Glaubensbekenntnis samt allen daraus abgeleiteten dogmatischen Konsequenzen allgemeine Geltung haben. Doch fehlten für lange Zeit die nötigen Durchsetzungsmöglichkeiten. Erst gegen Ende des Mittelalters entwickelten sich städtische Schulen und landesherrliche Universitäten; nun auch lieferte der Buchdruck genügend Texte. Gleichwohl entfalteten sich außerhalb der „religion préscrite" Elemente von sogar gesamteuropäischer Akzeptanz, ohne jemals amtskirchlich oder theologisch initiiert worden zu sein. So entstand bereits im Frühmittelalter die neue Tarifbuße außerhalb kirchlicher Verlautbarungen und setzte sich im Ablass durch das ganze Mittelalter fort. Ebenso wurde die allgemein verbreitete Reliquienverehrung weder theologisch reflektiert noch propagiert und bildete gleichwohl eine abendlandweite Religionsuniversalie.

<small>Schulen und Universitäten</small>

3. Einzelprojekte

3.1 Peregrinatio

Welche Bedeutungsvielfalt Einzelphänomene gewinnen konnten, zeigt die *peregrinatio*, der ein zweifacher Wortsinn zu eigen ist: sowohl Aufbruch ins Unbekannte wie auch Verweilen in der Fremde. Diese Doppeldeutung diente zuerst schon zur Deutung des ganzen Christenlebens, für die Pilgerfahrt zum Himmel: „Unsere Heimat ist der Himmel" (Phil 3,20) und darum „sind wir Fremde und Gäste in dieser Welt" (1 Petr 2,11). Ob allerdings die Pilgerschaft zu Gott immer auch eine reale Ortsveränderung erfordere, blieb umstritten, denn christlicherseits war streng genommen eine Wallfahrt zu besonderen Sakralorten grundlos, war doch Gott bzw. Jesus Christus überall anrufbar, nicht nur an heiligen Orten. Altchristliche Forderung war darum nicht das Aufsuchen heiliger Orte, sondern die Zusammenkunft im Geist Jesu Christi (vgl. Mt 18,20) und das konnte überall geschehen. Indes hatte Jesus zur Nachfolge aufgerufen, was bedeutete, sich seiner Wanderexistenz an-

<small>Leben als Pilgerschaft</small>

zuschließen. Aber auch hierbei ging es nicht primär um Ortsveränderung, sondern um die Übernahme der Lebensform Jesu, weswegen die Möglichkeit der Nachfolge auch nach seinem Tod weiter bestand, eben als geistige Lebensgemeinschaft mit ihm. Erforderlich war indessen ein besonderer Aufbruch, nämlich das Verlassen des eigenen Besitzes und der Verwandtschaft: „Verkaufe deinen Besitz ... und folge mir nach" (Mt 19,21); „Verlasse um meinetwillen Häuser oder Brüder, Schwester, Vater, Mutter, Kinder oder Äcker" (Mt 19,27). Daraus folgten sozialmobile Konsequenzen. Paulus hatte schon in Christus alle völkischen, sozialen und sexistischen Schranken überwunden gesehen. Christen sollten überall zu leben bereit sein, gerade auch unter Menschen anderer Nationalität, Sprache, Bildung oder Sozialsituation. Das führte zu einer Spiritualität der Heimatlosigkeit, die freilich auch in dualisierender Deutung als „Auszug aus der Welt" verstanden werden konnte. Die Pilgerschaft blieb ein allgegenwärtiges Interpretament: Christen verstanden ihr Leben als Aufstieg zu Gott und noch Petrarca († 1374) beschrieb seine berühmte Besteigung des Mont Ventoux als Sinnbild solch spirituellen Aufstiegs.

Peregrinatio der irischen Mönche

Eine besondere Rolle spielte das Mönchtum, das sich gerade durch den Auszug aus Verwandtschaft und Welt definierte und das Klosterleben als den besten Weg zum Himmel auffasste. Waren die ersten Mönche in die Wüste gezogen, so die späteren in die Abgeschiedenheit des Klosters: nicht nur Heimat, Besitz und Verwandtschaft verlassen, sondern auch in fremden Ländern leben. Ein besonderes Moment brachten die irischen Mönche ein, indem sie die vorchristliche Strafpraxis einer Verbannung von der heimatlichen Insel als christliche Bußform übernahmen und „aus Liebe zu Christus" freiwillig in die Fremde gingen, etwa ins angelsächsische England oder auf den Kontinent. Die Impulse und Veränderungen, die sie hierdurch einleiteten, waren vielfältig, so die irofränkische Mönchsbewegung in Gallien. Weiter folgten die angelsächsischen Missionare mit ihren Einwirkungen auf das kirchliche und kulturelle Leben des frühmittelalterlichen Kontinents. In einer Welt, die sich von Familien- und Volksbindung her verstand, war der Aufbruch in die Fremde oft genug lebensgefährdend, weil die schützende Sippe fehlte und ein Fremder rasch als Feind angesehen wurde. Wesentlicher noch war die Wirkung, völkische Schranken zu durchbrechen. Auf diese Weise konnte der altchristliche Gedanke, die Kirche bestehe aus Mitgliedern möglichst aller Völker, neu realisiert werden. Karls des Großen Vielvölkerreich ist dadurch mit ermöglicht worden. Die *peregrinatio* schuf Mobilität wie auch Internationalität [69: H. LÖWE, Die Iren und Europa, 52–79].

Überwindung völkischer Schranken

3. Einzelprojekte

In der Spätantike hatte sich indes wieder die geradezu urreligiöse Praxis der Wallfahrt zu heiligen Orten entfaltet. Erstes Ziel wurde das Heilige Land, wo Jesus gelebt und gelitten hatte. Nachfolge Jesu konnte nun so verstanden werden, in dessen vermeintliche Fußstapfen zu treten, dass man etwa in Jerusalem seinem Leidensweg nachschritt. Noch die späteren Kreuzfahrer verstanden sich als „bewaffnete Pilger" [89: C. ERDMANN, Entstehung des Kreuzzugsgedankens]. Weitere Wallfahrtsziele wurden die Gräber von Märtyrern und Heiligen, die als herausragende Fürbitter im Himmel weilten und zugleich mit ihren Gräbern in Kontakt blieben, wo die Pilger sie berühren konnten [215: P.-A. SIGAL, L'homme et le miracle].

Am stärksten entfaltete sich die Bußwallfahrt [205: CARLEN, Wallfahrt und Recht]. War ursprünglich nur das Leben in der Fremde als Buße verstanden worden, so galt jetzt das Aufsuchen von Heiligengräbern und die dort erhoffte Fürbitte als sündenlösend. Nächst Rom waren Ziele Santiago de Compostela (Apostel Jakobus), Canterbury (Märtyrer Thomas Becket), Köln (Heilige Drei Könige) und Aachen (Hemd Mariens), darüber hinaus noch viele andere Sakralorte. Sozialgeschichtlich wurde belangvoll, dass die hochmittelalterlichen Städte schwere Strafen durch eine Wallfahrt zu den großen Heiligtümern zu ersetzen bereit waren. Sogar die Jerusalem-Wallfahrt setzte sich fort; denn auch nach Verlust des Kreuzfahrerstaates war ein Zugang verblieben; im Spätmittelalter zogen nicht wenige Fürsten und Adelsherren dorthin. Alle diese Wallfahrten versprachen Gnade und gewährten zusätzlich noch Ablässe. Um die Heilswirkungen möglichst vielen zuteil werden zu lassen, begann man zuletzt sogar, den von Jesus in Jerusalem gegangenen Kreuzweg wie ebenso die sieben Hauptkirchen Roms ideell nachzukonstruieren, so dass im Spätmittelalter jede Stadt und jedes Kloster anhand von Bildern und Stationen einen Jerusalemer Kreuzweg oder auch die römischen Pilgerkirchen bei sich vereinte. Zugleich wurden – weil immer mehr Spiritualen die Wallfahrten ablehnten – geistliche Pilgerschaften empfohlen, die rein in Gebetsübungen bestanden.

3.2 Monastische Forschungen

Wie ein Glücksfall erscheint es im Nachhinein, dass nach dem betäubenden Schlag von 1945 der Münsterschwarzacher Benediktiner Kassius Hallinger († 1991) mit „Gorze-Kluny" (1950) ein umfängliches wie auch neuartig argumentierendes Werk zum Benediktinertum vorlegte, anschließend noch die neben der Benediktsregel befolgten Bräuche (*consuetudines*) zu edierten begann. Profanhistoriker griffen diese Fragestellungen auf und eröffneten damit neue Forschungsfelder: Friedrich Prinz mit „Frühes Mönchtum in Gallien", Josef Semmler mit vielfältigen Forschungen zur Anianischen Reform unter Ludwig dem Frommen [165: Le monachisme occidental], Hermann Jakobs über „Die Hirsauer". Grundmanns Arbeiten fanden Fortsetzung in Arno Borsts Katharer-Buch [239] und seinem „Mönchtum am Bodensee" wie auch in Kaspar Elms Ordensstudien [116: Reformbemühungen]. Hatte Prinz bereits sozial- und kulturgeschichtliche Aspekte hervorgehoben, indem er betonte, dass der Adel sich in Kloster und Askese eine neue herrschaftliche wie ideelle Basis geschaffen und dabei den „Adelsheiligen" kreiert habe, so hat Klaus Schreiner wie kein anderer die monastische Innensicht überwunden und nach den Wechselbeziehungen zwischen Konventen und Gesellschaft gefragt, näherhin nach der Rolle der Hochgeborenen und der Niedriggeborenen, der Bauern, Hörigen und Abhängigen [163: Consanguinitas]. Das sich im 11./12. Jahrhundert neu formierende Kanonikertum ist durch Stefan Weinfurter bearbeitet worden [170: Neuere Forschungen; 171: Reformkanoniker]. Hinzuzunehmen sind die teilweise parallel laufenden Forschungen ausländischer Benediktiner: des Franzosen Adalbert de Vogüé mit neuen Ergebnissen zur Benediktsregel und ihrer Spiritualität [168: Die Regula Benedicti], des Engländers David Knowles († 1974) mit Arbeiten zum früh- und hochmittelalterlichen Benediktinertum und des Luxemburgers Jean Leclercq († 1993) mit seiner Entdeckung einer „monastischen Theologie" vor der Scholastik [145: Wissenschaft und Gottverlangen]. Speziell mit Arbeiten zum Mönchtum haben sich Joachim Wollasch [173: Cluny] und der Amerikaner Giles Constable [104: The Reformation] hervorgetan. Dass auch die *devotio moderna* neu beurteilt wird, ist wesentlich Nikolaus Staubach zu verdanken: Die Devoten praktizierten als die „Stillen im Lande" ein von Buch und Schreibtätigkeit ausgehendes religiöses Leben, sorgten für erbauliche Lektüre mit Exzerpieren von Merkstellen, achteten auf schriftlich überprüfte Handlungskontrolle und Gewissenserforschung und schufen damit eine neuartige Systematisierung des geistlichen Lebens [166: N. STAUBACH, Pragmatische Schriftlichkeit].

Devotio moderna

Verstärkt wurde an der bereits von Grundmann herausgestellten religiösen Frauenbewegung weitergearbeitet. Gisela Muschiol zeichnete das Bild der *famula Dei* und ergänzte damit die Forschungen zum Gottesmann (*vir Dei*) [297: Famula Dei]. Im Hochmittelalter begann unter den zum entschiedenen Christenleben Berufenen die Zahl der Frauen die der Männer zu überwiegen und entsprechend wuchs die Zahl ihrer Klöster. Erstmals traten Klosterfrauen mit geistlichen Aktivitäten nun auch an die Öffentlichkeit: Herrad von Hohenburg/Landsberg

Frauenbewegung

(um/nach † 1166) und Hildegard von Bingen († 1179). Besonders zahlreich waren die „Semireligiosen", die ein christliches Vollkommenheitsleben auch ohne Ordensgelübde führten [150: K. ELM, Vita regularis sine regula]. Besonders im Rheinland und im heutigen Belgien entwickelten sich, seitdem Papst Honorius III. 1216 die Erlaubnis dazu ausgesprochen hatte, Formen eines frei organisierten, geistlichen Zusammenlebens von Frauen. Auf diese Weise entstanden die Beginen, in Köln zum Beispiel in mehr als hundert Häusern [298: G. REHM, Schwestern vom gemeinsamen Leben]. Wegen der geistlichen Betreuung und zur wirtschaftlichen Absicherung suchten allerdings die Frauen sich an Männerorden anzulehnen, in Deutschland an die Dominikaner. Forschungen Kaspar Elms wurden hier wegweisend, zumal mit dem Ausgriff bis in die spätmittelalterlichen Ordensreformen [149; 150].

Semireligiose

Beginen

3.3 Heiligenverehrung und Hagiografie

Neues Interesse haben Heiligenverehrung und Hagiografie gefunden. Walter Berschin, der die Zahl der hagiografischen Texte des Lateinischen Mittelalters auf über 10 000 schätzt, hat eine Langzeitanalyse vorgelegt [203: Biographie und Epochenstil]. Für die religions- und theologiegeschichtliche Deutung ist Marc van Uytfanghe mit seinen Untersuchungen zur „spirituellen Biographie" beizuziehen [M. VAN UYTFANGHE, Biographie (spirituelle), in: 19 Supplementbd. 1: 1088–1364]. Besondere Aspekte hat Peter Brown eingebracht: Die Spätantike habe nach außergewöhnlichen Menschen Ausschau gehalten, nach Trägern göttlicher Macht auf Erden, bei denen man Fürsprache und Schutz suchte, so dass die Heiligen als Patrone fungierten; indem aber die säkularen Klientelverhältnisse auf die Heiligen übertragen wurden, veränderten sich auch die auf Erden praktizierten Patronate nach Maßgabe von Gerechtigkeit und Liebe [204: Die Heiligenverehrung].

Heilige als Patrone

Gemäß der neutestamentlichen Aufforderung, bei herausragenden Christen „auf das Ende ihres Lebens zu schauen" (Hebr 13,7) sah man im guten Sterben die Güte des ganzen Lebens gespiegelt. Daraus entstanden die Lebensbeschreibungen, die Viten: die heilige Lebensführung bis zum guten Tod, allerdings nicht als Biografie, sondern als Beweiskette heiliger Handlungen und Tugenden, bei Abschwächung des „Persönlichen und Einmaligen zugunsten des Typischen und Konventionellen" [320: F. LOTTER, Methodisches zur Gewinnung, 344]. Dass psychologischer Spielraum wie ebenso der Sinn für biografische Entwicklung fehlten, ist religionsgeschichtlich normal und weit verbreitet wie ebenso die Berichte über die von den Heiligen gewirkten Wunder. Indes war solches der Moderne befremdlich, nämlich „abscheulicher

Viten

Schund" (F. Lot) und „kirchliche Schwindelliteratur" (B. Krusch). Selbst der Jesuit Hippolyte Delehaye († 1941), der die hagiografische Forschung nach 1900 wissenschaftlich neu etablierte, deutete den Legendenstoff als Produkt aus dem Hirn des Volkes, unfähig, den Eindruck zahlreicher Gedanken oder verwickelter Ideen aufzunehmen. Die heutige Forschung hält sich weltanschaulich neutral oder erklärt vorsichtig, „dass im Umkreis der Heiligen sich Ereignisse abspielten, die über den Rahmen des üblichen Geschehens und vielleicht auch dem, was der ‚aufgeklärte' Mensch heute im allgemeinen für unmöglich hält, hinausgingen" [68: F. LOTTER, Severinus, 92 f.]. Gerade die Wunderberichte, die, sofern am Grab geschehen, oft sofort protokolliert wurden und insofern „direktes" Material enthalten, gelten derzeit als erstrangige Zeugnisse mittelalterlicher Lebensverhältnisse und Religionsmentalitäten; sprechend ist schon die Beobachtung, wer welches Wunder erfuhr, etwa Strafwunder bei den Großen und für die Frauen Heilungswunder [215: P.-A. SIGAL, L'homme et le miracle].

Wunderberichte

3.4 Angewandte Liturgie

Von Hause aus bot das Christentum nur wenige Riten an, nämlich allein für Taufe und Eucharistie, mit der Zeit auch noch für Buße und Sterben. Weil der tatsächliche Bedarf dadurch nicht abgedeckt werden konnte, schuf das Mittelalter eine Fülle neuer Rituale. Auszugehen ist von dem religionsgeschichtlichen Phänomen komplexer Rituale, bei dem rituelle Zitate zu einem rituellen Netzwerk zusammengefügt werden konnten. Im Mittelalter genügte häufig eine Entlehnung oder ein Zitat aus der Hochliturgie, um einen speziellen Ritus neu zu schaffen, der dann die Vorstellungen und das Alltagsleben der Menschen oft nachhaltiger bestimmte als die Hochform.

Vermehrter Ritusbedarf

Auf diese Weise sind zahlreiche, noch kaum untersuchte Ritualsequenzen entstanden. Der zentrale und am häufigsten vollzogene Kultakt, die Messe, wurde bei allen möglichen Gelegenheiten gefeiert und auch für alle möglichen Zwecke dienstbar gemacht [183: E. ISERLOH, Der Wert der Messe]: sonntags und werktags, bei Leben und Tod, bei Hochzeit und Krankheit, bei Königskrönungen und Schlachten, für Schwangere und noch zum Totbeten [174: A. ANGENENDT, Missa specialis]. Ja, man drang sogar in das Messgefüge ein und sprengte es auf, um besondere Riten und Gebete einzufügen: die Papstweihe und zunächst auch Kaiserkrönung nach dem Eingangsritus, die Bischofsweihe nach der Evangelienlesung, Segnungen oder Exorzismen bei erhobener Hostie, der Brautsegen nach dem Paternoster; Sonderbitten oder auch Verfluchungen bei den im Hochgebet zu machenden Kreuzzeichen. In

Vervielfältigung der Liturgie

Beispiel: Messe

dieser angewandten Liturgie noch Geistliches und Weltliches scheiden zu wollen, scheint geradezu unmöglich. Denn: war etwa die beim Gottesurteil gereichte Kommunion nur ein geistliches Element in einem an sich weltlichen Rechtsverfahren oder war diese Kommunion-Reichung nicht vielmehr konstitutiv, so dass das Gottesurteil als Liturgie zu bezeichnen wäre? Ebenso ist zu fragen, ob etwa die Messfeier bei Krönungen, Papstbegegnungen, Friedensschlüssen nur eine Ausschmückung war; dass eine Papstweihe ohne Messfeier leerlaufen musste, erscheint uns einleuchtend – aber war es bei der Kaiserkrönung nicht ebenso? Weiter auch verband sich eine vielfältig nutzbare Ritualität mit der Taufe, die jedes Kind alsbald nach seiner Geburt erhielt. In Herrscherhäusern musste die Taufe der Stammhalter verständlicherweise eine große Aktion werden, was aber nur für Einzelfälle untersucht ist. Besser erforscht ist die Patenschaft, bei der „geistliche Eltern" bestellt wurden, die für die Getauften eine besondere Verantwortung übernahmen [185: B. JUSSEN, Patenschaft]. Für personenverbandlich organisiertes Leben, ob nun auf dem Dorf oder in der herrschenden Adelsschicht, musste diese zusätzliche Elternschaft für weitere Verwandtschaftsbildung wie auch für politische Bündnisse willkommen sein [85: A. ANGENENDT, Kaiserherrschaft und Königstaufe]. In den merowingischen Thronkämpfen durften Paten ihre Patensöhne, mochten diese auch zu Rivalen herangewachsen sein, nicht töten. Karl der Große übernahm 785 die Patenschaft über den Sachsen Widukind, obwohl er ihn zuvor zum Erzfeind deklariert hatte, nun aber als „geistlichen Sohn" schonen musste. Weiter entstand im 8./9. Jahrhundert die Königssalbung in Parallele zur Taufsalbung [56:M. BECHER/J. JARNUT, Der Dynastiewechsel von 751]. Bei den Eheschließungen ist der Forschung schon seit langem bewusst, dass sie politische Bündnisse befestigen konnten, indem die Partner selber oder aber ihre Kinder eine Eheallianz eingingen. Um nur willkürlich noch ein letztes Thema herauszugreifen: die Kirchweihe, die oft zu einer Haupt- und Staatsaktion werden konnte. So war an der Weihe des Halberstädter Domes im Jahr 992 der Reichsepiskopat genau nach Rang und politischem Gewicht beteiligt, gab dadurch seine Zustimmung zur Wiederherstellung des zuvor aufgelösten Bistums Merseburg, was alles Otto III. dann durch Opferung seines Szepters bei der Weihemesse sanktionierte [K. GÖRICH, Otto III. öffnet das Karlsgrab, in: 84: 381–430].

Taufe und Patenschaft

Kirchweihe

3.5 Geben und Zählen

Ein besseres Verständnis hat die zuvor oft als seelenlose Vervielfältigung gescholtene „gezählte Frömmigkeit" gefunden. Wenn Marcel

Mauss († 1950) die Gabe als „totales Phänomen" beschrieben hat, dann gilt das auch für das Mittelalter, nämlich „einerseits die Verpflichtung, Geschenke zu machen, und andererseits die, Geschenke anzunehmen ... Sich weigern, etwas zu geben, es versäumen, jemanden einzuladen, sowie es ablehnen, etwas anzunehmen, kommt einer Kriegserklärung gleich" [254: Die Gabe, 36 f.]. Dieses Gesetz des Gebens und Nehmens gehört zu den Universalia der menschlichen Kulturen und darum der Satz: „Nichts geht ohne Gaben" (W. Burkert). Insofern ist der Grundsatz *do ut des* (Ich gebe, damit du gibst) das unzerstörbare Fundament aller archaischen Rechtskulturen: Gaben verpflichten und versöhnen zugleich. Das gilt auch in der Religion, wie es ein Refrain aus der Spruchdichtung der Edda ausdrückt: „Gabe sei der Gabe gleich", wobei es ausdrücklich auch heißt: „Besser ungebeten als zuviel gebetet, besser ist ungeopfert als zuviel geopfert; eine Gabe blickt immer nach Vergeltung" [nach 254: M. MAUSS, Die Gabe, 15–17]. Die Erwartungshaltung ist so festgefügt, dass sich daraus ein Tun-Ergehen-Zusammenhang ergibt: Wer vor Gott Gutes tut, dem wird es wohlergehen. Das schon zitierte *do ut des* macht den Sinn sowohl des Opfers aus wie des Gebets, nämlich die Übermächte zu verpflichten oder gar zu zwingen – also nötigendes Geben mit abgenötigtem Erhalten.

Das Christentum allerdings wollte die zwingende Gegenseitigkeit aufheben und nannte das Geben seliger als das Nehmen. Das Mittelalter ist vielfach wieder dem *do ut des* gefolgt, bis dahin sogar, dass man Gebete und Messen genau abzählte und in ihren Gnaden berechnete, wie man ebenso Sünden tarifierte und entsprechend abbüßte. Ja, im Austausch von materieller Gabe und geistlicher Gegengabe sind Besitzmassen größten Umfangs in Bewegung gekommen, so dass etwa Klöster, weil als bevorzugte Gebetsorte angesehen, ausgedehnten Landbesitz erlangten; der ermöglichte dann auch die kulturellen Leistungen in Schrift, Studium, Kunst und Architektur. Dass und wie sich in der Opferpraxis Veränderungen von größter Tragweite vollzogen, hat Georges Duby herausgearbeitet: statt der vorchristlichen Grabgaben, einer völlig unproduktiven Investition, nun die Umwandlung in sozial und kulturell fruchtbare Gaben [135: Krieger und Bauern, 64–75].

Auch für die mehr geistigen Akte des religiösen Lebens entwickelte sich eine gezählte Frömmigkeit [250: A. ANGENENDT u. a., Gezählte Frömmigkeit]. Ausgehend von der Vorstellung, dass die guten und bösen Taten beim Endgericht aufgelistet und abgezählt würden, begann eine Art Buchführung, eine Zählung der Frömmigkeitsakte, verstanden als Gegengewicht gegen die Sünden wie auch als Anrecht auf Lohn. Gezählt wurden Almosen, Messfeiern, Psalmen, Vaterunser,

Fasttage und Kniebeugen. Die dabei verwendeten Zahlensysteme sind keineswegs, wie lange unterstellt, nur willkürlich. Genannt wird zum Beispiel die Zahl 365, eine kosmische Größe, die die Summe der Tage eines Jahres darstellt, so dass eine entsprechende Anzahl von Bußakten eine Jahresbuße ausmacht. Dieselbe Zahl wurde weiter für die vermeintlich 365 Glieder des menschlichen Körpers verwendet, so dass die entsprechende Anzahl von Bußakten auch eine Gesamtreinigung des Menschen bedeuten konnte. Jesu Leib hatte gleichfalls 365 Glieder, denen zu Ehren man 15 Paternoster (als Dezimierung der 150 Psalmen) betete, was dann die Anzahl seiner Wunden ergab, nämlich 5475. Im Spätmittelalter diente solches Zählen der Verinnerlichung, zumal bei der Vergegenwärtigung der Passion Jesu.

3.6 Bedeutungsforschung und Mystik

Dass für die Mystik [217: P. DINZELBACHER, Christliche Mystik im Abendland] wie auch für die religiöse Sprache neue Einsichten zu vermelden sind, ist hauptsächlich Germanisten zu verdanken, deren frühere Vertreter allerdings oft von psychopathischem Religionswahn und frustrierter Sexualität gesprochen hatten. Als erster sei Friedrich Ohly mit seiner „Mittelalterlichen Bedeutungsforschung" genannt [225]. Gegenstand ist die auf Gott und den Menschen bezogene Sinnfindung, wie man sie in Schöpfung und Bibel grundgelegt sah und durch Allegorese zu ergründen unternahm. Letztlich erschien alles Seiende transparent für Spirituelles, für einen *sensus spiritualis*. Eben diesem höheren Sinn sucht die Bedeutungsforschung nachzugehen und kombiniert dafür Sprach-, Kunst- und Theologiegeschichte. Themen sind die Symbolik der Zahlen, Farben, Edelsteine, Blumen, Gesten, Texte, Orte, Zeiten wie auch bestimmter Personen und Ereignisse. Ganz neue Bedeutungsfelder sind dadurch erschlossen worden [224: C. MEIER-STAUBACH, Zum Spektrum der Vormoderne].

Suche nach dem höheren Sinn

Mystik wird heute interreligiös als die „Erfahrung der Einung" bezeichnet. Eine solche kann kosmisch oder personal vollzogen werden, entweder als Einung mit dem (Welten-)All oder aber als Einung mit einem persönlichen Gott. Wegen seines Personalismus konnte das Christentum nur eine personale Mystik pflegen. Für das Mittelalter hat der Germanist Kurt Ruh eine Gesamtdarstellung mit nunmehr vier Bänden begonnen, die seine Schüler fortsetzen wollen. Als Modell, sich die Einung vorzustellen, diente der mittelalterlichen Mystik die erotisch-geschlechtliche Vereinigung, wie man sie am deutlichsten im alttestamentlichen „Hohen Lied der Liebe" beschrieben fand und dann von Bernhard von Clairvaux als Brautmystik ausformuliert wurde; des-

Mystik als Erfahrung der Einung

sen Predigten sind Kurt Ruh zufolge ein „Hymnus auf die Liebe, wie ihn die Geschlechterliebe kaum je anzustimmen mochte" [227: Mystik 1, 267]. Friedrich Ohly hat Entsprechendes für das „St. Trudperter Hohelied" herausgearbeitet, die früheste deutschsprachige Hohelied-Auslegung aus dem 12. Jahrhundert [226: Das St. Trudperter Hohelied]. Alois M. Haas ist die weitere Erschließung zisterziensischer und speziell deutschsprachiger Mystik zu verdanken [218: Gottleiden – Gottlieben; 219: Kunst rechter Gelassenheit]. Über Meister Eckhart verläuft die Diskussion kontrovers, ob sein Werk mehr philosophisch oder mystisch fundiert gewesen sei [227: K. RUH, Mystik 3, 216–353; 141: K. FLASCH, Das philosophische Denken, 406–425].

Passionsmystik Eine weitere Form war die Passionsmystik. Die entsprechenden Einzelforschungen hat Ulrich Köpf zusammengefasst: Die affektiv-emotionale Wahrnehmung des leidenden Menschen Jesus „hat sich erst im Hochmittelalter uneingeschränkt durchgesetzt und erst jetzt eine Passionsfrömmigkeit in vollem Sinne entstehen lassen. Seitdem wird die Passion zum wichtigsten Thema christlicher Frömmigkeit überhaupt" [309: Passionsfrömmigkeit, 722]. Wichtigster Anreger war Bernhard von Clairvaux, sodann Franziskus († 1226), der in einer Vision die Wundmale Jesu empfangen hatte und so als erster die Stigmata trug. Ausgehend von der allgemeinmenschlichen Erfahrung, dass in der Anteilhabe am Schmerz eines anderen eine Vereinigung mit ihm geschieht, wurde hier eine Angleichung an den leidenden Jesus erstrebt, sogar auch mit Selbstverwundungen und -geißelungen, verstanden als *compassio* (Mitleiden) [218: A. M. HAAS, Gottleiden – Gottlieben]. Etwa ein Heinrich Seuse († 1366) hat sich, die Passion nachvollziehend, jahrelang selbst torturiert, bis er meinte, seinem Inneren Menschen zum Durchbruch verholfen zu haben, und daraufhin seine *compassio* in aufreibender Seelsorgsarbeit suchte. Zudem hat Seuse der Mystik noch einen besonderen Weg gewiesen: den zu Bildern, um sich den leidenden Christus anschaulich zu vergegenwärtigen und dessen Leidensexistenz im eigenen Leben nachzuvollziehen. Für die praktische Frömmigkeit bedeutete das, „das innere Seelenereignis figural aufzuladen" [219: A. M. HAAS, Kunst rechter Gelassenheit, 202], was anregend auch auf die spätmittelalterliche Kunst wirkte.

Beide Formen, sowohl die Brautmystik wie die Passionsmystik, bewirkten eine starke Emotionalisierung des Gottes- und Jesus-Verhältnisses, wie es gerade auch in Frauenklöstern gepflegt wurde und unter anderem die Wirkung hatte, dass die lateinunkundigen Nonnen ihre

Mystik auf Deutsch neuen Empfindungen in deutscher Sprache zum Ausdruck brachten: „Die Ausbildung einer Sondersprache der Mystik in den Volksprachen, am faßbarsten in der deutschen, ist die Leistung sprachmächtiger Frauen und Prediger" [227: K. RUH, Mystik 1, 18]. Als die Schwächeren und Unmündigen sahen sich die Frauen insofern im Vorteil, als doch Gott immer das Schwache erwähle (1 Kor 1,27), verstanden jetzt als Berufung zu geistlich-mystischer Erhebung. Zudem wussten sich die Frauen in der bräutlichen Mystik von ihrer Natur her bevorzugt, konnten sie doch unmittelbar Bräute des Bräutigams Jesus sein, während die Männer erst ihr Geschlecht umpolen mussten; diese seien darum – so Caroline W. Bynum – von den Frauen geistlich fasziniert gewesen [287: BYNUM, Fragmentierung und Erlösung]. Eigentlich geschah hier eine glatte Umkehr der in vielen Religionen anzutreffenden Selbstverständlichkeit, die Frau müsse zur vollen religiösen Existenz zuerst einmal Mann werden.   Männer als Bräute

3.7 Bild und Kunst

Religionsgeschichtlich gesehen vergegenwärtigen Kultbilder den Gott bzw. die Gottheiten [306: H. BELTING, Bild und Kult]. Erst eine kritische Philosophie wie auch das alttestamentliche Bilderverbot bewirkten eine Entzauberung und deklassierten die Götterbilder zu menschlichen Schöpfungen, die der göttlichen Geistigkeit nicht entsprächen. Die Verteidiger hielten entgegen, die Bilder seien gar nicht von Menschenhand geschaffen (*acheiropoieta, non a manu facta*), sondern vom Himmel gekommen und darum göttlich legitimiert. Des Weiteren konnten Bilder geweiht werden, dass zwar nicht Gott selbst in ihnen wohnte, wohl aber seine Kraft.   Kultbilder

Acheiropoieta

Das Neue Testament setzt das alttestamentliche Bilderverbot stillschweigend voraus und so hätte das Christentum eigentlich bildlos bleiben müssen. Gleichwohl wurden Bilder rezipiert und entfalteten ihre urtümliche Religionslogik, suggerierten eine Identität von Bild und dargestellter Person, der göttlichen wie der menschlichen. Im Westen wurde immer wieder Gregor der Große zitiert mit seiner Interpretation der Bilder als einer Bibel der Illiteraten. In Wirklichkeit galten Bilder aber auch hier als wundertätig, vermochten sich zu bewegen und zu reden, rächten sich für Verletzungen, kehrten bei gewaltsamer Entfernung an ihren angestammten Platz zurück, begannen zu weinen oder zu schwitzen. Kurzum, das ganze urreligiöse Potenzial der Bilder meldete sich im Mittelalter zurück, weswegen Hans Belting von der „Macht der Bilder und der Ohnmacht der Theologen" [306: Bild und Kult, 11] spricht. Wie der Osten verhielt sich der Westen ähnlich bildnisgläubig und unterstellte eine Realpräsenz der Kultperson in ihrem Bild, mit der Folge, dass das Bild sakramentartigen Charakter annahm. Ja, der Wes-   Bilder – Bibel der Illiteraten

Wundertätige Bilder

ten ging noch einen Schritt weiter und erneuerte die im Christentum zunächst abgelehnte Vollplastik. Eine Weise dieser Erneuerung geschah mittels Reliquien; ihnen gab man ein künstlerisch erahntes Vorausbild des vollendeten Auferstehungsleibes. Auch die Mystik, eigentlich den Bildern abgeneigt, wusste um den Effekt einer inneren Bebilderung. Seuse zum Beispiel zielte weniger auf Begriffe als vielmehr auf innere Bilder, die er anhand der mystischen Stufen als „Entbildung", als „Einbildung" und als „Überbildung" begriff.

Seit der Jahrhundertwende von 1900 hatte die Kunstgeschichte Historienbild, Repräsentationsbild und Andachtsbild unterschieden. Der junge Erwin Panofsky definierte das Andachtsbild als Möglichkeit zu einer kontemplativen Versenkung in den betrachteten Inhalt, während umgekehrt das Repräsentationsbild das Zeitlose und seelisch gleichsam Undurchdringliche vor Augen stelle. Romano Guardini griff diese Unterscheidung auf und deutete sie auf seine Art: Das Kultbild gehe nicht vom menschlichen Erleben, sondern vom objektiven Sein und Walten Gottes aus – eine Interpretation, die beachtliche Gefolgschaft gefunden hat. Inzwischen ist jedoch klar geworden, dass gerade im Spätmittelalter die Bilder zur persönlichen Frömmigkeit anregten, etwa zur Versenkung in die Passion oder auch zum Anschauen der *vera Icona*, des in das Schweißtuch der Veronika gedrückten Antlitzes Jesu, und darum als wichtige Instrumente neuer Frömmigkeit zu gelten haben [314: A. ANGENENDT, Liturgik und Historik, 124–130; 307: H. BELTING, Bild und Publikum].

3.8 Buße und Unreinheit

Erheblich vorangekommen ist die Bußbuch-Forschung. Nachdem schon Bernhard Poschmann († 1955) die Bußdogmatik und Cyrille Vogel († 1982) die Bußpraxis sowie die zugehörige Liturgie untersucht hatten, begann Raymund Kottje eine Neuedition der Bußbücher. Der Ertrag für Sozial-, Mentalitäts- und Religiositätsgeschichte ist bedeutend [231: KÖRNTGEN, Studien zu den Quellen]. So lässt sich nun deutlicher das Problem von Tat- und Intentionshaftung erkennen, ob man nämlich für jede Tat, auch für die ungewollte und nur zufällig geschehene, zu büßen habe oder nur für die absichtlich-willentliche. Statt der in allen frühzeitlichen Kulturen und so auch im vorklassischen Griechenland und vorprophetischen Israel anzutreffenden Tathaftung bestand das Christentum auf Intentionshaftung, was eine neue Introspektion verlangte. Doch überwog in den frühmittelalterlichen Bußbüchern, wie sich nunmehr deutlich zeigt, noch lange die Tathaftung und erst im 12. Jahrhundert erfolgte wieder die konsequente Herausstellung der In-

Tat- und Intentionshaftung

tentionshaftung: Nur was aus und mit innerer eigener Zustimmung geschehe, sei Sünde [232: H. LUTTERBACH, Intentions- oder Tathaftung]. Abaelard wie überhaupt die Wende des 12. Jahrhunderts sind wesentlich von hierher zu erklären. Mit dem Gebot, wenigstens einmal im Jahr, nämlich zu Ostern zu beichten, bewirkte das Vierte Laterankonzil einen Schub zur Selbstreflexion und Schuldeinsicht [235: M. OHST, Pflichtbeichte]. Aufs Ganze gesehen steht ein wichtiges Ergebnis an: Für die Selbstbeobachtung und Selbstkontrolle, so der Soziologe Alois Hahn, sei „eine der wichtigsten Institutionen dieser Art die Beichte gewesen" [230: Identität und Selbstthematisierung, 18], wie ja schon Max Weber vom „in seiner Art in der ganzen Welt unerreichten Beicht- und Bußsystem" gesprochen hatte. Viele der oft kritisierten Äußerlichkeiten des Mittelalters resultieren aus Phänomenen einer nicht internalisierten Ethik.

Neu ins Bewusstsein getreten sind die Vorstellungen von Unreinheit und Beschmutzung (*pollutio*). Der religionsgeschichtliche Befund ergibt, dass in älteren Religionsschichten die Berührung von Toten, das Essen bestimmter Speisen und vor allem die Befleckung durch Sexualstoffe (Same und Menstruationsblut) verunreinigen und kultunfähig machen. Anders als das Alte Testament kennt das Neue solche Verunreinigungen nicht, wohl aber wieder das Mittelalter. Das für aufgeklärtes Empfinden Anstößige liegt darin, dass bereits der Kontakt und nicht etwa die ethische Einstellung polluierten. Die biblisch-altchristlichen Sexualgebote wurden – so das wichtige Ergebnis von H. Lutterbach – im Sinne der Pollutio umgedeutet [233: Sexualität im Mittelalter]. Um sich zu reinigen, mussten Bußübungen vollzogen werden, die eigentlich auf ethische Besserung zielten, was nun aber zu dem Missverhältnis führte, unwillkürliche Naturvorgänge mit ethischen Mitteln zu bereinigen. Besonders waren die Frauen betroffen, da Menstruationsblut am stärksten verunreinigte und infolgedessen eine rigorose Zurücksetzung bei Kulthandlungen erfolgte. Vieles, was heute als Frauenfeindschaft erscheint, war in Wirklichkeit Angst vor der Pollutio.

Reinheit und Beschmutzung

3.9 Ablass

Als wichtiger Teil der mittelalterlichen Frömmigkeit erfährt der Ablass neue Aufmerksamkeit. Die maßgeblichen Untersuchungen von Nikolaus Paulus († 1930) sind wieder aufgelegt worden [272: Geschichte des Ablasses] und neue Untersuchungen hinzugekommen. Zu erklären ist der Ablass aus dem frühmittelalterlichen Bußsystem. Dieses verlangte die Bestrafung einer jeden Sünde, ermöglichte aber gleichzeitig eine stellvertretende Ableistung. Denn wie sollte ein Laie Psalmen beten oder gar monate- und jahrelang fasten können? Archaischem Bußverständnis zufolge war eine Stellvertretung möglich, so dass besonders Bußwillige, in der Regel Klosterleute, die Abbüßung übernahmen. Der davon profitierende Büßer hatte indes selber noch ein Minimum mit abzutragen, etwa in Form eines Gebets, einer Sozialtat oder eines Almosens. Eben das war die Urform des Ablasses: stellvertretende Ableistung der Sündenstrafe bei gleichwohl noch eigener Beteiligung. Besonders folgenreich wurde die Forderung, zum Lebensunterhalt der stellvertretend Büßenden beizutragen, woraus unter anderem die großen Besitzübertragungen an Klöster resultierten [255: A. ANGENENDT, Cartam offerre super altare]. Wenn bis zum hohen Mittelalter jedes Adelsgeschlecht sein Hauskloster gründete, dann nicht zuletzt deswegen, weil die hier erbrachten Gebets- und Askeseleistungen den Stiftern zur Sündentilgung angerechnet wurden, den lebenden wie den toten [263: K. SCHMID/J. WOLLASCH, Memoria].

Die neue Theologie der Scholastik sah indes Probleme: einmal weil alle Buße der eigenen inneren Erneuerung dienen sollte und darum prinzipiell nicht stellvertretend abgeleistet werden konnte; zum anderen stellte sich überhaupt die Frage, was nach reuiger Beichte und gültiger Absolution, also nach erlangter Wiederversöhnung mit Gott, noch an Strafe übrigbleibe. Angesichts der christlicherseits nur als Gesinnungserneuerung zu deutenden Buße war ein Bußwerk nur sinnvoll, wenn es die mit der Beichte bezeugte Reue vertiefte und die innere Umkehr zu Gott bestärkte; damit aber wäre eine Strafe hinfällig geworden. Doch selbst die Scholastik wagte die inzwischen seit Jahrhunderten übliche Praxis des Ablasses nicht wirklich in Frage zu stellen und so wandte sie eine Distinktion an, welche einerseits die theologische Problematik lösen sollte und andererseits die Praxis weiterbestehen lassen konnte: die Unterscheidung von zeitlicher und ewiger Sündenstrafe. Letztere, die ewige, nämlich der Verweis in die Hölle, war mit reuiger Beichte und Buße aufgehoben. Doch gebe es – so die weitere Argumentation – noch eine zeitliche Sündenstrafe, das heißt: eine in der Lebenszeit abzuleistende Strafe, und für diese gelte die Stellvertretung: Gegen ein Minimum an Eigenleistung gewährte nun der Ablass einen Erlass zeitlicher Sündenstrafen in Länge von Tagen, Jahren oder gar für immer. Garantiert sah man diese Möglichkeit im Kirchenschatz (*thesaurus ecclesiae*), den gesammelten Verdiensten aller Märtyrer, Asketen und Heiligen wie obendrein der Verdienste Jesu Christi. Über diesen Kirchenschatz verfügte letztlich nur der Papst als Schlüsselträger aller Kirchengewalt und so gab es seit der Mitte des 14. Jahrhun-

3. Einzelprojekte 105

derts den jurisdiktionell, das heißt rechtsverbindlich vom Papst gewährten Ablass. Dieser wurde bei allen möglichen Gegebenheiten, bei Festen, Wallfahrten, Jubiläen oder besonderen Andachtsübungen bzw. guten Werken gewährt, wofür in jeder spätmittelalterlichen Kirche Ablasstafeln mit Angeboten aushingen. Die theologische Rechtfertigung betonte stets die Notwendigkeit vorangehender Beichte mit Reue und wirklicher Buße; doch gemeinhin verstand man den Ablass als Nachlass aller Sünden und Strafen. Mochten Theologen, Mystiker und alle wirklich Frommen Kritik üben, den Gläubigen war der Ablass um so wertvoller, als er sogar noch mittels Fürbitten den Armen Seelen im Fegefeuer zugewendet werden konnte. In der Praxis war der Ablass „im Deutschland des frühen 16. Jahrhunderts allgegenwärtig, fast überall regelmäßig zu haben und fand lebhaften Zuspruch" [265: H. BOOCKMANN, Ablaß-‚Medien', 709]. Weil zuletzt die Eigenleistung in Geld abbezahlt werden konnte, trat eine Kommerzialisierung ein, die sich in dem Spruch manifestierte: „Wenn das Geld im Kasten klingt, die Seele in den Himmel springt". Die Geldsummen der großen Ablasskampagnen entsprachen dem Jahresbudget einer mittelgroßen Stadt und davon erhielt der Papst „in der Regel ein Drittel, niemals das meiste Geld" [39: B. MOELLER, Die Reformation und das Mittelalter, 68]. Die älteren konfessionellen Ablasskontroversen sind heute beendet. Evangelischerseits hat Bernd Moeller sogar sagen können, dass die mittelalterliche Bußgeschichte samt Ablass durchaus „eine Spur des Evangeliums" [Ebd., 54] aufweise; katholischerseits gilt jener Ablasshandel, den Tetzel für Albrecht von Brandenburg und dessen Schulden bei der Kurie betrieb, als ausgemachter Skandal.

Päpstlicher Ablass

3.10 Inquisition und staatliche Gewalt

Die bei gravierender Sünde drohende Exkommunikation erhielt im Frühmittelalter für öffentliche und schwere Vergehen eine verfeierlichte Form und obendrein eine zusätzliche Zielgruppe: die Ketzer, wobei jetzt neben Lehrabweichungen auch noch der Ungehorsam gegenüber dem Papst belangt wurde. Die eigentliche Herausforderung bildeten die Massenbewegungen der Katharer und Waldenser. Das zur Bekämpfung entwickelte Instrument war die Inquisition, deren ursprüngliche Bedeutung der Rechtshistoriker Winfried Trusen neu herausgearbeitet hat: Anstelle der Gottesurteile oder der Akkusationsverfahren (bei denen jeweils die Mehrheit der „Eideshelfer" entschied) sollte eine Untersuchung (*inquirere*) die erweislichen Tatbestände offenlegen und anschließend geurteilt werden, was „ein großer Fortschritt" war [248: W. TRUSEN, Der Inquisitionsprozeß, 168]. Da aber angesichts der mas-

Inquisition als Fortschritt

senhaft zu bewältigenden Verfahren juristische Vereinfachungen vorgenommen wurden und dabei als Ankläger wie Richter ein- und dieselbe Person wirken konnte, zudem noch die zuvor immer abgelehnte Folter jetzt (dosiert) zugelassen wurde, entstand die berüchtigte Inquisition, *Verbreitung* flächendeckend im katharischen Südfrankreich, regional und temporär im deutschen Reich, in manchen Ländern (England, Skandinavien, Osteuropa) überhaupt nicht. Zu all diesen Punkten ist eine Fülle neuer Forschungen vorgelegt worden, für Deutschland neben W. Trusen etwa von Herbert Grundmann [240: Ketzergeschichte], Alexander Patschovsky [245: Quellen zur böhmischen Inquisition] und Peter Segl [247: Die Anfänge der Inquisition]. Herauszuhalten ist aus dem Mittelalter die Hexenverfolgung, weil diese zwar im Spätmittelalter einsetzte, aber wesentlich ein Phänomen der Frühen Neuzeit gewesen ist. Die Inquisition hat Hexenprozesse abgelehnt, war doch Verfolgung von Schadenszauber seit der Antike Aufgabe der weltlichen Justiz.

3.11 Staat und Kirche

Der vom christlichen Ansatz her kritischste Punkt war die Auslieferung der zu Ketzern Verurteilten an die weltliche Herrschaft. Im Hochmittelalter wurde dies weiter präzisiert. Überführte und hartnäckig bleibende Häretiker wurden der weltlichen Gewalt übergeben, die die Hinrichtung ausführte und das Vermögen einzog. Die Theologie stimmte zu mit dem Argument: Wer einmal vom Gottesgeist erleuchtet gewesen sei, könne nur aus Böswilligkeit ketzerisch bleiben. Dabei hatte man sich christlicherseits zum Staat anfangs auf Distanz gehalten, ihn gleichwohl gerade deswegen anerkannt, weil der exkommunizierte Sünder, der weiterhin zu lieben war, zwar außerhalb der Kirchengemeinschaft stand, aber nicht in einem rechtlosen Raum verbleiben *Distanz und Nähe* sollte. Folglich anerkannte die Kirche die Staatsgewalt als allgemeine gottgewollte Ordnungsmacht [K. SCHREINER, Art. Toleranz, in: 10 Bd. 6: 445–605]. Zudem wollte die Kirche selber nicht zur Gewalt greifen, weder mittels eigener Religionspolizei noch gar mit Kriegsaktionen gegen Gottesfeinde. Indes hatte sich Herrschertum immer religiös legitimiert gesehen und als Beförderer des öffentlichen Kultes betätigt. Die römischen Kaiser sahen sich deswegen in Verantwortung für den rechten Kult, weil sonst das Reich Schaden nehme, und führten den Titel *Pontifex maximus*. Entsprechend reklamierte Kaiser Konstantin die Kultsorge gegenüber der christlichen Kirche und wollte „allen seinen Untertanen gleichsam Bischof" (Eusebius von Caesarea) sein, sowohl als Förderer des wahren Glaubens wie aber auch als Ketzerbekämpfer. Der Streit ging also nicht um die Freiheit des säkularen Staates von religiöser Überfremdung, sondern um den religiösen Anteil im Selbstverständnis von Herrschaft selbst. Dieser Anteil wurde kirchlicherseits anerkannt, doch sollte deswegen der Staat nicht die Kirche beherrschen; und darum dann die von Papst Gelasius († 496) ausgesprochene Zwei-Gewalten-Lehre. Aber im Frühmittelalter, zumal in der Person Karls des Großen, entstand ein neues König-Priestertum (*rex et sacerdos*), demzufolge der Herrscher auch die Regelung innerkirchlicher und sogar dogmatischer wie ketzerischer Fragen wahrnahm [100: R. SCHIEFFER, Der geschichtliche Ort]. Den Investiturstreit führte das Papsttum zur „‚Entheiligung' des weltlichen Herrschers" (W. Hartmann). Gleichwohl blieb der Herrscher der weltliche Arm der Kirche. Erst seit der Aufklärung verstand sich Herrschaft als wirklich säkular, wollte sich allein auf rationales Recht und Gesetz gründen und suchte nun die Kirche ihrer „vernünftigen" Herrschaft unterzuordnen. So vollzog sich in der Langzeitgeschichte des Staat-Kirche-Verhältnisses eine Polarisierung von Religiösem und Säkularem: hier die rein geistliche Kirche – dort der rein säkulare Staat.

Rex et sacerdos

3.12 Tod, Totenliturgie und Memoria

Zu den religionsgeschichtlichen Universalien zählt die Vorstellung einer doppelten Seele im Menschen: einer „Vitalseele", die den Körper belebt, und einer „Flugseele", die sich – wie in Traum und Ekstase erfahrbar – auch außerhalb des Körpers zu bewegen vermag. Nach dem Tod bewirken die zwei Seelen eine Doppelexistenz: Leib auf Erden und Seele im Himmel. Solange der Leib noch fortbesteht und nicht gänzlich zerfallen ist, lebt die Vitalseele in ihm weiter, während die Flugseele in die wie immer geartete andere Welt hinüberfliegt. Die beim Toten verbleibende Vitalseele bewirkte dessen Gegenwärtigkeit im Grabe mit weiterhin gültigen Ansprüchen und Rechten, so dass die Lebenden die Toten zu ehren oder auch zu fürchten hatten. Die größte Wirksamkeit ging von den Gräbern der Ahnen aus, denn von ihnen leitete sich die eigene Lebenskraft her. Zum intensiveren Kontakt benutzte man Überbleibsel, die Reliquien, so die Gebeine und besonders den Schädel, auch Amtsinsignien und Kleidungsstücke [138: K. MÜLLER, Das magische Universum].

Leib auf Erden – Seele im Himmel

Philippe Ariès eröffnete mit seiner „Geschichte des Todes" ein zuvor unbeachtetes Thema. Vielerlei Einzelforschungen folgten, so auch zum Sterbe- und Beerdigungsritual. Dem Mittelalter stellten sich zwei Forderungen: die bewusste Vorbereitung auf den Tod und die Sorge um die Reinigung der Seele. Die altkirchlichen Elemente von Sterbebuße, *viaticum* (Kommunion als Weggeleit durch Christus), Totenmesse und

Sterbe- und Totenliturgie

Beerdigung wurden zu einer langen Ritualkette ausgestaltet, angefangen vom Priesterbesuch am Krankenbett bis zum letzten Segen über Leiche und Grab, dazwischen dann geradezu ausgeklügelte Einzelprozeduren: Niederlegung des Sterbenden auf eine Bußmatte und Bestreuung mit Asche, Aufteilung des von ihm selbst nicht mehr abgeleisteten Bußpensums auf die Angehörigen, zugleich Anmahnung letztmöglicher Verdienstwerke in Almosen und Messstiftungen, dann fürbittende Absolution und Letzte Ölung (für die speziell hohe Stolgebühren, d.h. Vollzugsgebühren üblich wurden), anschließend das *Viaticum* und im Moment des Sterbens noch die *Commendatio animae* (Anempfehlung an Gott für eine gute Seelenreise), zwischendurch möglichst Psalmengebet und Passionslesung, danach Totenwache und in den Klöstern das Toten-Officium, zuletzt der mehr oder weniger feierliche Leichenzug samt Grabsegnung und Beerdigung, weiter dann noch am ersten, dritten, sechsten und dreißigsten Tag eine Abfolge von Messfeiern, ebenso am Jahrtag des Versterbens [258: M. LAUWERS, La mémoire des ancêtres]. Bis ins Spätmittelalter ist diese Ritualkette um zusätzliche Elemente ausgestaltet worden, zuletzt etwa in der *ars moriendi* (Kunst des Sterbens) mit vertrauenserweckenden Anmutungen (so genannten Anselmianischen Fragen) und bei Anblicken eines Kreuzes, auch in vermehrten Stiftungen, über welche testamentarische Verfügungen Auskunft geben, vor allem noch in der Steigerung der nun in die Tausende gehenden, zur Befreiung der Seelen aus dem Fegefeuer gelesenen Messen. Hatte die altrömische Liturgie als Sterbebeistand zunächst offenbar nur ein einziges Gebet gekannt, und zwar ein solches des Dankes für das gute Leben des Verstorbenen, so ist es jetzt ein langer und intensiver Ritenkomplex mit Bitten hauptsächlich um Sühne und um Bewahrung vor Höllenpein.

Totenmessen

Schon vor Philippe Ariès' Bestseller „Tod im Mittelalter" hatte in Deutschland die Erforschung der Toten-Memoria eingesetzt, wofür das im internationalen Vergleich singuläre Freiburgisch-Münsterische Memoria-Projekt steht mit der Analyse Zehntausender von Namen aus mittelalterlichen Totenbüchern. Ursprünglich von Gerd Tellenbach († 1999) zur Erfassung des frühmittelalterlichen Adels begonnen, haben Karl Schmid († 1993), Joachim Wollasch und Otto G. Oexle das Programm auf monastisches Selbstverständnis, Reichsbewusstsein und Herrscherverständnis erweitert, wie ebenso auf adeliges Familien- und Hausbewusstsein, ja noch auf spätmittelalterliches Bürgertum [263: K. SCHMID/J. WOLLASCH, Memoria; 257: D. GEUENICH/O. G. OEXLE, Memoria in der Gesellschaft des Mittelalters]. Religiöse Triebkraft war dabei die Sühne für die im Leben begangenen Sünden. Zur Bußab-

Memoria

leistung wurden Klöster gegründet und so reich bestiftet, dass sie ‚bis in Ewigkeit' für die ihnen empfohlenen Toten beten sollten. Inzwischen ist die Memoria als grundsätzliche Denk- und Handlungsweise erkannt, dass sich nämlich die mittelalterliche Gesellschaft durch das Gedenken der Vorfahren konstituierte, sich deswegen als bleibende Gemeinschaft der Lebenden mit den Toten verstand und darum das liturgische Gedenkwesen wie auch den Arme-Seelen-Dienst entfaltete. Zumal für den Adel war diese Memoria konstitutiv, basierte doch seine bevorrechtigte Stellung auf der besseren Abstammung von einem erweislich ruhmreichen Spitzenahn, ob nun vom alttestamentlichen Noe, vom römischen Kaiser Augustus oder Karl dem Großen; uralte Herkunft war eine Qualifikation an sich und jede Generation hatte den Rang des Geschlechts zu wahren oder noch zu erhöhen. Letztlich fassen wir hier die bekannten Züge mythischen Ursprungsdenkens, demzufolge die eigentliche Qualität immer im Anfang liegt, so dass alle Geschichte eine Rückwendung intendiert, um die Anfangsqualität neu aufscheinen zu lassen.

<small>Gedenken der Vorfahren</small>

3.13 Jenseitsvorstellungen und Fegefeuer

Dass Religionen eine im Körper verbleibende „Vitalseele" und eine vom Körper lösbare „Flugseele" unterscheiden, begründete Jenseitsvorstellungen, konnte doch die Flugseele bereits vor dem Tod in eine andere Welt hinüberfliegen, etwa in Traum und Trance. Der Tod perpetuierte nur, was vorher wenigstens temporär schon erfahren worden war: das Weiterleben in einer anderen Welt. Christlicherseits erhoffte man eine Auferstehung, verstanden als Erneuerung des Menschen sowohl mit Leib wie mit Seele. Für den Wartezustand zwischen Tod und Auferstehung schuf Augustin die prägenden Formeln: die Seelen der ganz Guten im Himmel, die der nicht ganz Guten im als Paradies bezeichneten Vorhimmel, die der nicht ganz Bösen im Läuterungsort und die der ganz Bösen bereits in der Hölle. Seit dem Frühmittelalter wurde dieses Schema mit religionsgeschichtlichem Material ausgestaltet: Zuweilen erhielten Seelen bereits vor dem Tod die Möglichkeit zu einer Jenseitsreise, auf der sie einen ersten Einblick in die kommende Welt tun durften: in Himmel, Paradies, Fegefeuer und Hölle. Während die Himmelsstadt zumeist nur von außen zu sehen ist, erscheint das Paradies als Ort der Erfreuung, das Fegefeuer als Ort reinigender Flammen und die Hölle als Ort unsäglicher Pein. Die Jenseitsvisionen, oft von einfachen Menschen, von Bauern oder alten Frauen, wiedergegeben, bebilderten die nachtodliche Existenz, beeinflussten die Dogmatik und vor allem die Liturgie, nämlich die Zelebration der zahllosen

Messen zur Befreiung der Seelen aus dem Fegefeuer [266: C. CAROZZI, Le voyage de l'âme; 267: P. DINZELBACHER, Vision und Visionsliteratur]. Das Christentum schloss die Möglichkeit einer Reinkarnation aus (derzufolge man es mit dem Leben nochmals versuchen kann) und unterstellte, mit dem Tod sei jedes Leben vor Gott abgeschlossen. Was also beim Sterben an Gutem oder Bösem vorlag, entschied über Himmel oder Hölle. Da aber der Himmel nur den Vollkommenen offenstand, jedoch viele zwar nicht als offenbare Sünder, aber doch als Unvollkommene verstarben, stellte sich die Frage nach einer möglichen Läuterung noch nach dem Tod. Gemäß der Klassifizierung Augustins sah man zwischen den sehr Guten für den Himmel und den sehr Schlechten für die Hölle noch die weniger Guten und nicht ganz Schlechten, die in einem jenseitigen Feuer geläutert würden. Hier setzt Jacques LeGoffs These von der „Geburt des Fegefeuers" an, die er ins 12. Jahrhundert verlegen möchte, weil damals mit dem Aufkommen des Dritten Standes (der städtischen Bürgerschicht und Kaufmannschaft) auch ein dritter Ort im Jenseits konzipiert worden sei (also eine Übertragung der irdischen Klassenteilung auf die jenseitige). Indes liegt die Läuterungsidee schon bei Augustinus vor und wurde durch die seit Gregor dem Großen bezeugten Jenseitsvisionen oft grausam veranschaulicht. Die Scholastik akzeptierte die jenseitige Läuterung, löste sich aber von Straf- und Rachephantasien. Religionsgeschichtlich resultiert die im Mittelalter so wirksame Fegefeuer-Vorstellung aus der Solidargemeinschaft der Lebenden mit den Toten, wie sie in vielen Religionen vorzufinden ist und nun im Mittelalter zu großen Sühneleistungen antrieb: Die Hinterbliebenen reichten sozusagen den Verstorbenen für deren nicht abgebüßte Sünden (deswegen „arme Seelen") die versäumten Bußwerke nach: keine Familie, kein Kloster, keine Gilde oder Bruderschaft ohne Arme-Seelen-Dienst.

3.14 Grabkult und Reliquien

Ungewöhnlich ist die Aufmerksamkeit, die den Reliquien neuerdings zuteil wird [278: E. BOZÓKY/A. M. HELVÉTIUS, Les reliques]. Das frühe Christentum kannte zunächst keine Reliquienverehrung, denn es erhoffte bei der Auferstehung anstelle des irdischen einen neuen „spirituellen" Leib. Zudem wähnte man eine künftige Wohnung allein im Himmel und so wurde die allgemeine Vorstellung, der Tote lebe noch irgendwie in seinem Grab, abgelehnt, sogar mit der Betonung, der Leib verwese und brauche darum keine Grabeswohnung. Aber schon im 2. Jahrhundert begann eine christliche Reliquienverehrung, basierend auf der Idee, dass die im Himmel weilende Seele den irdisch-toten Leib bei dessen Auferstehung verwandelt wiedererhalte und ihn schon jetzt mit himmlischer *dynamis/virtus*, einer manaartigen Kraft, erfülle. Infolgedessen vermittelte die Berührung des irdischen Leibes die in ihm enthaltene himmlische Kraft. Religionsgeschichtlich gesehen war es die alte Idee der Doppelexistenz, die sich nun auch christlicherseits wiederherstellte [202: A. ANGENENDT, Heilige und Reliquien]. Doppelexistenz: Seele im Himmel – Leib auf Erden

In einem nächsten Entwicklungsschritt übertrug man die Gebeine an den Altar einer Kirche, was mit einer himmlisch-irdischen Entsprechung begründet wurde: Wie die Seelen der Märtyrer „unter dem himmlischen Altar" seien (Offb 6,9), so die Leiber unter dem irdischen Altar. Die Translation an den Altar bedeutete Heiligsprechung, entsprach somit der erst im Hochmittelalter aufgekommenen päpstlichen Kanonisation [209: M. HEINZELMANN, Translationsberichte]. Die Verbindung von Altar und Reliquiengrab wurde rasch obligatorisch und so blieb bald kein Altar mehr ohne (Berührungs-)Reliquien, für die zuletzt ein spezielles *sepulchrum* (Grab) im Altarblock angelegt wurde. Ein weiterer Schritt vollzog sich zunächst nur im Bereich der gallikanischen Liturgie (in Norditalien, Gallien und Irland), dann aber in der ganzen westlichen Christenheit und zuletzt auch in Rom (das zunächst jede Graböffnung abgelehnt hatte): die Erhebung zur Ehre der Altäre. Altarschreine Man stellte den Sarg erhöht hinter dem Altar auf. Von hierher erklären sich die Altarschreine, die als Haus der Heiligen galten; der bedeutendste mittelalterliche Reliquienschrein, der Kölner Dreikönigenschrein, hat die Form eines dreifachen Hauses [276: A. ANGENENDT, Zur Ehre der Altäre erhoben].

Die Präsenz der Heiligen-*virtus* in den Reliquien bestätigte sich in besonderer Weise am angeblich ganzen und unverwesten Leib. Damit Unverwester Leib war wiederum eine alte Idee reaktiviert, dass nämlich die Gebeine, sofern nur als ganze noch vorhanden, irgendwie Leben in sich festzuhalten vermöchten. Immer wieder zeigte sich, dass bei Graböffnungen die Heiligenleiber als ganz, wie unberührt, ja wie noch lebend, nur schlafend, mit frischem Blut behaftet waren. Die Unverwestheit galt im Hinblick auf die eigentlich erst bei der Auferstehung zu erhoffende Unverweslichkeit (1Kor 15,42) als vorgezogener Gnadenerweis. Wegen der Vorstellung vom „ganzen Leib" waren Gebeinteilungen zunächst undenkbar. Im 9. und 10. Jahrhundert verlor sich aber diese Scheu und Gebeinteilung die Masse der Reliquien waren fortan Gebeinpartikel oder solche des Kontaktes, etwa Lebensutensilien oder Objekte vom Grab. Dem immer drohenden Betrug begegnete man mit damals üblichen Kriterien, zunächst mit Authentiken, fingerbreiten Pergamenten mit dem jeweiligen

Heiligennamen, weiter auch mit der Feuerprobe, da Reliquien als nicht brennbar galten.

Besondere Folgen sind aus der Reliquienverehrung für die Kunst erwachsen. Seit dem späten 9. Jahrhundert hat man begonnen, den Reliquienteilen einen künstlerischen Gesamtkörper, ein „redendes Reliquiar" zu schaffen: für eine Schädelreliquie eine Kopfbüste und so weiter. „Das plastische Bildwerk gibt einer Körper-Reliquie oft das menschliche Aussehen zurück, das sie in der Verwesung und Zerstückelung verlor", wobei „die Statue diesen in der dreidimensionalen Erscheinung darstellt" [306: H. BELTING, Bild und Kult, 331, 333]. Im Hoch- und Spätmittelalter trugen Heiligenfiguren vielfach Reliquien in sich und bewirkten dadurch deren virtuelle Vergegenwärtigung.

Reliquien im öffentlichen Leben

Reliquien waren im Mittelalter allgegenwärtig, ob nun in privater Frömmigkeit oder im öffentlichen Leben, versprach man sich doch von ihnen himmlische Hilfe. Auf Reliquien wurde der Eid abgelegt (ohne den das gesellschaftliche Leben zusammengebrochen wäre), vor den Reliquien tragenden Altären wurden Verträge geschlossen und Geschäftsabsprachen besiegelt. Stadt-, Orts- und Pfarrpatrone traten in ihren Reliquien als Rechtsträger und Stiftungsempfänger auf. Wie selbstverständlich standen Reliquien auch an der Spitze der Reichsinsignien, so die Heilige Lanze. Noch Friedrich der Weise († 1525), der Beschützer Luthers, gab mehr Geld für seine Wittenberger Reliquiensammlung aus als für die gleichzeitige Universitätsgründung.

4. Tausend Jahre Mittelalter

Trotz aller bemühten Christlichkeit gibt es dennoch nicht *das* christliche Mittelalter, sondern einen Prozess der „longue durée". Es war ein sowohl äußeres wie inneres Anwachsen von der nur schmal bemessenen Holzkirche zur spätgotischen Hallenkirche, vom auswendig gelernten Vaterunser und Glaubensbekenntnis zur Universitätstheologie, vom bäuerlichen Dorfpfarrer zum promovierten Stadtprediger. Wichtiger noch ist die innere Transformation: vom quasiautomatischen Sündentarif zur Herzenszerknirschung, von den gezählten Gebeten zur Mystik, vom Sachopfer zum Selbstopfer. Dieser Prozess vollzog sich, trotz regionaler Verzögerungen und Retardationen, europaweit und führte zu einer grundlegenden Einheit in der Religionspraxis, wobei aber Volksfrömmigkeit und offizielle Religion oft genug getrennt blieben. Hält man Ausschau nach dem Bleibenden des Mittelalters, das bis heute weiterwirkt und in unseren Lebensbestand eingegangen ist, so kann auf die Bilanz verwiesen werden, die der Neuzeit-Historiker Thomas Nipperdey gezogen hat. Das Mittelalter habe zwar die moderne Person-Idee so nicht gekannt, aber mit herausgebildet. Die Sonderrolle Europas, wie sie mit dem Schwellenjahr 1800 hervorgetreten sei, erscheine mit ihrer Option für die Zukunft und das Machenkönnen als „Antimittelalter"; dennoch habe die mittelalterliche Christlichkeit, deren Allumfassendheit sich die Moderne kaum noch vorstellen könne, die „Grundlagen unserer politischen, gesellschaftlichen wie geistigen Welt" geschaffen: nämlich „den unendlichen Wert der Person des einzelnen", die „Gewissensreligion", auch „die Beherrschung der Natur und das Ethos der Arbeit", sogar die Idee des Fortschritts als „Erbe der jüdisch-christlichen Idee einer gerichteten, auf ein Ziel zulaufenden Geschichte" [322: TH. NIPPERDEY, Die Aktualität des Mittelalters, 27–29].

III. Quellen und Literatur

Es gelten die Abkürzungen der Historischen Zeitschrift.

A. Quellen

1. Acta Sanctorum. Hrsg. v. J. Bolland. Ab Bd. 6 hrsg. v. Société des Bollandistes. 67 Bde. Brüssel 1643–1940.
2. Ausgewählte Quellen zur deutschen Geschichte des Mittelalters. Freiherr vom Stein-Gedächtnisausgabe. Begründet v. R. Buchner und fortgeführt v. F.-J. Schmale. Bd. 1ff. Darmstadt 1955 ff.
3. Corpus Christianorum. Series Latina. Continuatio mediaevalis. Hrsg. v. d. Abtei Steenbrügge. Turnhout 1953 ff.
4. Dekrete der ökumenischen Konzilien. Hrsg. v. J. Wohlmuth. Bd. 1: Konzilien des ersten Jahrtausends. Paderborn u. a. 1998; Bd. 2: Konzilien des Mittelalters. Paderborn u. a. 2000.
5. Monumenta Germaniae Historica. (Versch. Hrsg.). Serien: Scriptores (darunter: Staatsschriften des späteren Mittelalters), Leges (darunter: Concilia und Constitutiones), Diplomata, Epistolae, Antiquitates sowie Quellen zur Geistesgeschichte des Mittelalters und Deutsches Mittelalter. Kritische Studientexte. Hannover u. a. 1826 ff.
6. Regesta Pontificum Romanorum. Germania Pontificia. Voll. I-III.3. Ed. A. Brackmann. Berlin 1911–1935; Vol. IV.4. Edd. H. Büttner/ H. Jakobs. Göttingen 1978; Vol. VI. Edd. W. Seegrün/Th. Schieffer. Göttingen 1981; Vol. VII.1. Ed. Th. Schieffer. Göttingen 1986.

B. Literatur

1. Lexika und Nachschlagewerke

7. A. BLAISE, Le vocabulaire latin des principaux thèmes liturgiques. Turnhout 1966.
8. Dictionnaire de spiritualité. Begr. v. M. Viller. 17 Bde. Paris 1975–1995.

9. Die deutsche Literatur des Mittelalters. Verfasserlexikon. Begr. v. W. Stammler. Hrsg. v. K. Ruh. 2. Aufl. 10 Bde. Berlin/New York 1978–1999; Bd. 11 (Ergänzungen) [im Erscheinen].
10. Geschichtliche Grundbegriffe. Historisches Lexikon zur politisch-sozialen Sprache in Deutschland. Hrsg. v. O. Brunner. 7 Bde. Stuttgart 1972–1992.
11. Handbuch religionswissenschaftlicher Grundbegriffe. Hrsg. v. H. Cancik/B. Gladigow/K.-H. Kohl. 5 Bde. Stuttgart 1988–2001.
12. Handwörterbuch zur deutschen Rechtsgeschichte. Begr. v. W. Stammler. Hrsg. v. A. Erler u. a. 5 Bde. Berlin 1971–1998.
13. Lexikon der antiken christlichen Literatur. Hrsg. v. S. Döpp/W. Geerlings. 2. Aufl. Freiburg u. a. 1999.
14. Lexikon der christlichen Ikonographie. Begr. v. E. Kirschbaum. Hrsg. v. W. Braunfels. 8 Bde. Freiburg i. Br. 1968–1976.
15. Lexikon des Mittelalters. Hrsg. v. R. Auty u. a. 10 Bde. München 1980–1999.
16. Lexikon für Theologie und Kirche. Hrsg. v. W. Kaspar. 3. Aufl. 11 Bde. Freiburg u. a. 1993–2001.
17. H. MEYER/R. SUNTRUP, Lexikon der mittelalterlichen Zahlenbedeutung. München 1987.
18. Reallexikon der germanischen Altertumskunde. Begr. v. J. Hoops. Hrsg. v. H. Beck. 2. Aufl. Bd. 1ff. Berlin 1968ff.
19. Reallexikon für Antike und Christentum. Begründet v. F.-J. Dölger. Bd. 1ff. Stuttgart 1950ff.
20. Religion in Geschichte und Gegenwart. Hrsg. v. H.-D. Betz. 4. Aufl. Bd. 1ff. Tübingen 1998.
21. G. SCHILLER, Ikonographie der christlichen Kunst. 5 Bde. Gütersloh 1966–1991.
22. Series episcoporum ecclesiae catholicae occidentalis. Hrsg. v. O. Engels. Series 5: Germania Bd. 1ff. Stuttgart 1982ff.
23. Theologische Realenzyklopädie. Hrsg. v. G. Krause/G. Müller. Bd. 1ff. Berlin 1976ff.

2. Sammelwerke und Gesamtdarstellungen der Kirchen- und Frömmigkeitsgeschichte

24. G. ALTHOFF (Hrsg.), Formen und Funktionen öffentlicher Kommunikation im Mittelalter. Stuttgart 2001.
25. A. ANGENENDT, Geschichte der Religiosität im Mittelalter. 2. Aufl. Darmstadt 2000.

2. Sammelwerke und Gesamtdarstellungen 117

26. H. BOOCKMANN, Wege ins Mittelalter. Historische Aufsätze. Hrsg. v. D. Neitzert/U. Israel/E. Schubert, München 2000.
27. W. BRANDMÜLLER (Hrsg.), Konziliengeschichte. Paderborn u.a. Reihe A: Darstellungen 1981 ff.; Reihe B: Untersuchungen 1979 ff.
28. P. DINZELBACHER (Hrsg.), Handbuch der Religionsgeschichte im deutschsprachigen Raum. Bd. 2: Hoch- und Spätmittelalter. Paderborn u.a. 2000.
29. H. EGGERS, Deutsche Sprachgeschichte. 2 Bde. 2. Aufl. Reinbek/ Hamburg. 1986.
30. C. ELSAS, Religionsgeschichte Europas. Darmstadt 2002.
31. G. P. FEHRING, Einführung in die Archäologie des Mittelalters. 3. Aufl. Darmstadt 2000.
32. J. FLECKENSTEIN, Ordnungen und formende Kräfte des Mittelalters. Ausgewählte Beiträge. Göttingen 1989.
33. Geschichte der deutschen Literatur. Hrsg. v. J. Heinzle unter Mitarbeit v. W. Haubrichs. 4 Teilbde. 2. Aufl. Frankfurt a.M. 1994–1999.
34. D. HARMENING, Superstitio. Überlieferungs- und theoriegeschichtliche Untersuchungen zur kirchlich-theologischen Aberglaubensliteratur des Mittelalters. Berlin 1979.
35. H. HATTENHAUER, Europäische Rechtsgeschichte. Heidelberg 1992.
36. W.-D. HAUSCHILD, Lehrbuch der Kirchen- und Dogmengeschichte. Bd. 1: Alte Kirche und Mittelalter. Bd. 2: Reformation und Neuzeit. 2. Aufl. Gütersloh 2000/2001.
37. Die Kirche in ihrer Geschichte. Ein Handbuch. Begründet v. K. D. Schmidt/E. Wolf. Hrsg. v. B. Moeller. Göttingen 1966 ff.
38. J. M. MAYEUR u.a. (Hrsg.), Die Geschichte des Christentums. Religion – Politik – Kultur. 13 Bde. Freiburg u.a. 1996–2002.
39. B. MOELLER, Die Reformation und das Mittelalter. Kirchenhistorische Aufsätze. Hrsg. v. J. Schilling. Göttingen 1991.
40. B. SCHIMMELPFENNIG, Das Papsttum. Grundzüge seiner Geschichte von der Antike bis zu Renaissance. Darmstadt 1984.
41. K. SCHREINER (Hrsg.), Frömmigkeit im Mittelalter. Politischsoziale Kontexte, visuelle Praxis, körperliche Ausdrucksformen. München 2002.
42. H. J. SIEBEN, Die Konzilsidee des lateinischen Mittelalters. Paderborn 1984.
43. P. WUNDERLI (Hrsg.), Herkunft und Ursprung. Historische und mythische Formen der Legitimation. Sigmaringen 1994.

3. Einzelperioden

3.1 Spätantike und Germanen

44. A. ANGENENDT, Das Frühmittelalter. Die abendländische Christenheit von 400 bis 900. 3. Aufl. Stuttgart 2001.
45. H. BECK/D. ELLMERS/K. SCHIER (Hrsg.), Germanische Religionsgeschichte. Quellen und Quellenprobleme. Berlin/New York 1992.
46. E. DASSMANN, Die Anfänge der Kirche in Deutschland. Von der Spätantike bis zur frühfränkischen Zeit. Stuttgart/Berlin/Köln 1993.
47. J. FRIED, Der Weg in die Geschichte. Die Ursprünge Deutschlands bis 1024. Berlin 1998.
48. H.-P. HASENFRATZ, Die religiöse Welt der Germanen. Ritual, Magie, Kult, Mythos. Freiburg 1992.
49. K. HAUCK, Von einer spätantiken Randkultur zum karolingischen Europa, in: FMSt 1 (1967), 3–93.
50. K. HAUCK, Zwanzig Jahre Brakteatenforschung in Münster/Westfalen, in: FMSt 22 (1988), 17–52.
51. K. HAUCK, Frühmittelalterliche Bildüberlieferung und der organisierte Kult, in: Der historische Horizont der Götterbild-Amulette aus der Übergangsepoche von der Spätantike zum Frühmittelalter. Bericht über das Colloquium vom 28. 11. – 1. 12. 1988 in der Werner-Reimers-Stiftung, Bad Homburg. Hrsg. v. Karl Hauck. Göttingen 1992, S. 433–510.
52. B. JUSSEN, Liturgie und Legitimation, oder: wie die Gallo-Romanen das Römische Reich beendeten, in: Institutionen und Ereignis. Über historische Praktiken und Vorstellungen gesellschaftlichen Ordnens. Hrsg. v. ders./R. Blänker. Göttingen 1998, 75–136.
53. J. MARTIN, Spätantike und Völkerwanderung. 4. Aufl. München 2001.
54. K. VON SEE, Deutsche Germanen-Ideologie. Vom Humanismus bis zur Gegenwart. Frankfurt a. M. 1980.

3.2 Frühmittelalterliche Christianisierung

55. Die Alamannen [Ausstellungskatalog]. Hrsg. v. Archäologisches Landesmuseum. Stuttgart 1997.
56. M. BECHER/J. JARNUT (Hrsg.), Der Dynastiewechsel von 751 [im Erscheinen].
57. T. M. CHARLES-EDWARD, Early Christian Ireland. Cambridge 2000.
58. J. EHLERS (Hrsg.), Deutschland und der Westen Europas im Mittelalter. Stuttgart 2002.

3. Einzelperioden

59. Die Franken. Wegbereiter Europas. Vor 1500 Jahren: König Chlodwig und seine Erben [Ausstellungskatalog]. 2 Bde. Hrsg. v. Reiss-Museum. Mannheim 1996.
60. H.-G. FROHNES, (Hrsg.), Kirchengeschichte als Missionsgeschichte. Bd. 1: Die alte Kirche. München 1974; Bd. 2,1: Die Kirche des Frühen Mittelalters. München 1978.
61. P. GODMAN/J. JARNUT/P. JOHANEK (Hrsg.), Am Vorabend der Kaiserkrönung. Das Epos „Karolus Magnus et Leo papa" und der Papstbesuch in Paderborn. Berlin 2002.
62. M. HEINZELMANN, Gregor von Tours (538–594). „Zehn Bücher Geschichte". Historiographie und Gesellschaftskonzept im 6. Jahrhundert. Darmstadt 1994.
63. J. HERRMANN (Hrsg.), Die Slawen in Deutschland. Geschichte und Kultur der slawischen Stämme westlich von Oder und Neiße vom 6. bis 12. Jahrhundert. Berlin 1985.
64. H. HOFFMANN, Kirche und Sklaverei im frühen Mittelalter, in: DA 42 (1986), 1–24.
65. H. D. KAHL, Karl der Große und die Sachsen. Stufen und Motive einer historischen „Eskalation", in: Politik, Gesellschaft, Geschichtsschreibung. Hrsg. v. H. Ludat/R. Ch. Schwinges. Köln/Wien 1982, 49–131.
66. H. D. KAHL, Was bedeutet: „Mittelalter"?, in: Saeculum 40 (1989), 15–38.
67. G. KIESEL/J. SCHROEDER (Hrsg.), Willibrord. Apostel der Niederlande. Gründer der Abtei Echternach. Luxembourg 1989.
68. F. LOTTER, Severinus von Noricum. Legende und historische Wirklichkeit. Untersuchungen zur Phase des Übergangs von spätantiken zu mittelalterlichen Denk- und Lebensformen. Stuttgart 1976.
69. H. LÖWE (Hrsg.), Die Iren und Europa im frühen Mittelalter. Bd. 1. Stuttgart 1982.
70. CH. LÜBKE (Hrsg.), Struktur und Wandel im Früh- und Hochmittelalter. Eine Bestandsaufnahme aktueller Forschungen zur Germania Slavica. Stuttgart 1998.
71. R. MCKITTERICK, The Frankish kings and culture in the early Middle Ages. Aldershot/Hampshire u. a. 1995.
72. L. VON PADBERG, Mission und Christianisierung. Formen und Folgen bei Angelsachsen und Franken im 7. und 8. Jahrhundert. Stuttgart 1995.
73. F. PAULY, Siedlung und Pfarrorganisation im alten Erzbistum Trier. Zusammenfassung und Ergebnisse. Koblenz 1976.

74. P. RICHÉ, Die Welt der Karolinger. Stuttgart 1981.
75. K. SCHÄFERDIEK, Schwellenzeit. Beiträge zur Geschichte des Christentums in Spätantike und Frühmittelalter. Hrsg. v. A. Löhr/ H. C. Brennecke. Berlin/New York 1996.
76. G. SCHEIBELREITER, Der Bischof in merowingischer Zeit. Wien u.a. 1983.
77. R. SCHIEFFER (Hrsg.), Schriftkultur und Reichsverwaltung unter den Karolingern. Opladen 1996.
78. TH. SCHIEFFER, Winfrid-Bonifatius und die christliche Grundlegung Europas. 2. Aufl. Darmstadt 1972.
79. G. TUGÈNE, L'idée de nation chez Bède le Vénérable. Paris 2001.
80. C. VOGEL, La réforme liturgique sous Charlemagne, in: Karl der Große. Lebenswerk und Nachleben. Bd. 2: Das geistige Leben. Hrsg. v. W. Braunfels. Düsseldorf 1965, 217–232.
81. M. WEIDEMANN, Kulturgeschichte der Merowingerzeit nach den Werken Gregors von Tours. Bd. 1. Mainz 1982.

3.3 Königs- bzw. Reichskirche

82. G. ALTHOFF, Verwandte, Freunde und Getreue. Zum politischen Stellenwert der Gruppenbindungen im frühen Mittelalter. Darmstadt 1990.
83. G. ALTHOFF, Spielregeln der Politik im Mittelalter. Kommunikation in Friede und Fehde. Darmstadt 1997.
84. G. ALTHOFF/E. SCHUBERT (Hrsg.), Herrschaftsrepräsentation im ottonischen Sachsen. Sigmaringen 1998.
85. A. ANGENENDT, Kaiserherrschaft und Königstaufe. Kaiser, Könige und Päpste als geistliche Patrone in der abendländischen Missionsgeschichte. Berlin/New York 1984.
86. H. H. ANTON, Fürstenspiegel und Herrscherethos in der Karolingerzeit. Bonn 1968.
87. H. H. ANTON, Königtum – Kirche – Adel. Institutionen, Ideen, Räume von der Spätantike bis zum hohen Mittelalter. Hrsg. v. B. Apsner/T. Bauer. Trier 2002.
88. R. BERNDT (Hrsg.), Das Frankfurter Konzil. Kristallisationspunkt karolingischer Kultur. Frankfurt a. M. 1997.
89. C. ERDMANN, Die Entstehung des Kreuzzugsgedankens. 2. Aufl. Darmstadt 1965.
90. F. J. FELTEN, Wie adelig waren Kanonissenstifte (und andere weibliche Konvente) im frühen und hohen Mittelalter?, in: I. Crusius (Hrsg.), Studien zum Kanonissenstift. Göttingen 2001, 39–129.

91. W. GOETZ, Kirchenreform und Investiturstreit 910–1122. Stuttgart/Berlin/Köln 2000.
92. S. HAARLÄNDER, Vitae episcoporum. Eine Quellengattung zwischen Hagiographie und Historiographie, untersucht an Lebensbeschreibungen von Bischöfen des Regnum Teutonicum im Zeitalter der Ottonen und Salier. Stuttgart 2000.
93. W. HARTMANN, Die Synoden der Karolingerzeit im Frankenreich und in Italien. Paderborn u. a. 1989.
94. H. KELLER, Reichsorganisation, Herrschaftsformen und Gesellschaftsstrukturen im Regnum Teutonicum, in: Settimana di Studio del Centro Italiano di Studi sull' Alto Medioevo 38. Spoleto 1991, 159–195.
95. H. KELLER, Ottonische Königsherrschaft. Organisation und Legitimation königlicher Macht. Darmstadt 2002.
96. F. KEMPF, Primatiale und episkopal-synodale Struktur der Kirche vor der gregorianischen Reform, in: Archivum historiae pontificiae 16 (1978), 27–66.
97. L. KÖRNTGEN, Königsherrschaft und Gottes Gnade. Zu Kontext und Bedeutung sakraler Vorstellungen in Historiographie und Bildzeugnissen der ottonisch-frühsalischen Zeit. Berlin 2001.
98. K. J. LEYSER, Communication and Power in Medieval Europe. 2. Bde. London 1994.
99. F. PRINZ (Hrsg.), Herrschaft und Kirche. Beiträge zur Entstehung und Wirkungsweise episkopaler und monastischer Organisationsformen. Stuttgart 1988.
100. R. SCHIEFFER, Der geschichtliche Ort der ottonisch-salischen Reichskirchenpolitik. Opladen 1998.
101. CH. STIEGEMANN/M. WEMHOFF (Hrsg.), 799. Kunst und Kultur der Karolingerzeit. Karl d. Gr. und Papst Leo III. in Paderborn. 3 Bde. [Ausstellungskatalog]. Mainz 1999.
102. G. TELLENBACH, Die westliche Kirche vom 10. bis zum frühen 12. Jahrhundert. Göttingen 1988.

3.4 Wende des Mittelalters

103. R. L. BENSON u. a. (Hrsg.), Renaissance and Renewal in the Twelfth Century. Oxford u. a. 1982.
104. G. CONSTABLE, The Reformation of the Twelfth Century. Cambridge 1996.
105. P. DINZELBACHER, Bernhard von Clairvaux. Leben und Werk des berühmten Zisterziensers. Darmstadt 1998.
106. W. HARTMANN, Der Investiturstreit. 2. Aufl. München 1996.

107. U. Horst, Evangelische Armut und Kirche. Thomas von Aquin und die Armutskontroversen des 13. und beginnenden 14. Jahrhunderts. Berlin 1992.
108. H. Mayer, Geschichte der Kreuzzüge. 9. Aufl. Stuttgart/Berlin/Köln 2000.
109. J. Miethke/K. Schreiner (Hrsg.), Sozialer Wandel im Mittelalter. Wahrnehmungsformen, Erklärungsmuster, Regelungsmechanismen. Sigmaringen 1994.
110. R. C. Schwinges, Kreuzzugsideologie und Toleranz. Studien zu Wilhelm von Tyrus. Stuttgart 1977.
111. P. Weimar (Hrsg.), Die Renaissance der Wissenschaften im 12. Jahrhundert. Zürich/München 1981.
112. A. Wieczorek/H.-M. Hinz (Hrsg.), Europas Mitte um 1000 [Ausstellungskatalog]. 3 Bde. Stuttgart 2000.

3.5 Spätmittelalter

113. P. Blickle, Reformation und kommunaler Geist. Die Antwort der Theologen auf den Verfassungswandel im Spätmittelalter. München 1996.
114. C. Burger, Aedificatio, Fructus, Utilitas. Johannes Gerson als Professor der Theologie und Kanzler der Universität Paris. Tübingen 1986.
115. P. Dinzelbacher/D. R. Bauer (Hrsg.), Volksreligion im hohen und späten Mittelalter. Paderborn 1990.
116. K. Elm (Hrsg.), Reformbemühungen und Observanzbestrebungen im spätmittelalterlichen Ordenswesen. Berlin 1989.
117. R. Fuhrmann, Kirche und Dorf. Religiöse Bedürfnisse und kirchliche Stiftung auf dem Lande vor der Reformation. Stuttgart u.a. 1995.
118. S. Grosse, Heilsungewißheit und Scrupulositas im späten Mittelalter. Studien zu Johannes Gerson und Gattungen der Frömmigkeitstheologie seiner Zeit. Tübingen 1994.
119. B. Hamm, Frömmigkeitstheologie am Anfang des 16. Jahrhunderts. Studien zu Johannes von Paltz und seinem Umkreis. Tübingen 1982.
120. B. Hamm, Normative Zentrierung im 15. und 16. Jahrhundert. Beobachtungen zu Religiosität, Theologie und Ikonologie, in: ZHF 26 (1999), 163–202.
121. B. Hamm, Was ist Frömmigkeitstheologie? Überlegungen zum 14. bis 16. Jahrhundert, in: Praxis Pietatis. Beiträge zu Theologie

und Frömmigkeit in der frühen Neuzeit. Hrsg. v. H.-J. Nieden/M. Nieden. Stuttgart 1999, 9–45.
122. B. HAMM/TH. LENTES (Hrsg.), Spätmittelalterliche Frömmigkeit zwischen Ideal und Praxis. Tübingen 2001.
123. E. MEUTHEN, Gab es ein spätes Mittelalter?, in: Spätzeit. Studien zu Problemen eines historischen Epochenbegriffs. Hrsg. v. J. Kunisch. Berlin 1990, 91–135.
124. K. SCHREINER (Hrsg.), Laienfrömmigkeit im späten Mittelalter. Formen, Funktionen, politisch-soziale Zusammenhänge. München 1992.
125. R. SLENCZKA, Lehrhafte Bildtafeln in spätmittelalterlichen Kirchen. Köln/Weimar/Wien 1998.
126. E. WEIDENHILLER, Untersuchungen zur deutschsprachigen katechetischen Literatur des späten Mittelalters. Nach den Handschriften der Bayerischen Staatsbibliothek. München 1965.

4. Problemkreise der mittelalterlichen Frömmigkeitsgeschichte

4.1 Gottesbild und Menschenbild

127. A. ANGENENDT, Deus, qui nullum peccatum impunitum dimittit. Ein „Grundsatz" der mittelalterlichen Bußgeschichte, in: Und dennoch ist von Gott zu reden. Hrsg. v. M. Lutz-Bachmann. Freiburg u.a. 1994, 142–156.
128. J. ASSMANN (Hrsg.), Die Erfindung des inneren Menschen. Studien zur religiösen Anthropologie. Gütersloh 1993.
129. M. HEINZELMANN/K. HERBERS/D. R. BAUER (Hrsg.), Mirakel im Mittelalter. Konzeptionen – Erscheinungsformen – Deutungen. Stuttgart 2002.
130. K. SCHREINER, Si homo non peccasset... Der Sündenfall Adams und der Evas in seiner Bedeutung für die soziale, seelische und körperliche Verfaßtheit des Menschen, in: Gepeinigt, begehrt, vergessen. Symbolik und Sozialbezug des Körpers im späten Mittelalter und in der frühen Neuzeit. Hrsg. v. ders./N. Schnitzler. München 1992, 41–84.
131. W. STÜRNER, Peccatum und Potestas. Der Sündenfall und die Entstehung der herrscherlichen Gewalt im mittelalterlichen Staatsdenken. Sigmaringen 1987.
132. B. TÖPFER, Naturrechtliche Freiheit, in: Sozialer Wandel im Mittelalter. Wahrnehmungsformen, Erklärungsmuster, Regelungsmechanismen. Hrsg. v. J. Miethke/K. Schreiner. Sigmaringen 1994, 335–351.

4.2 Einfach- und Hochreligion

133. P. CLASSEN, Studium und Gesellschaft im Mittelalter. Hrsg. v. J. Fried. Stuttgart 1983.
134. M. DOUGLAS, Reinheit und Gefährdung. Eine Studie zu Vorstellungen von Verunreinigung und Tabu. Frankfurt a. M. 1988.
135. G. DUBY, Krieger und Bauern. Die Entwicklung der mittelalterlichen Wirtschaft und Gesellschaft bis um 1200. Frankfurt a. M. 1984.
136. J. GOODY, Die Logik der Schrift und die Organisation von Gesellschaft. Frankfurt a. M. 1990.
137. H. KELLER, Vom ‚heiligen Buch' zur ‚Buchführung'. Lebensfunktionen der Schrift im Mittelalter, in: FMSt 26 (1992), 1–31.
138. K. MÜLLER, Das magisches Universum der Identität. Elementarformen sozialen Verhaltens. Ein ethnologischer Grundriß. Frankfurt a. M. 1987.
139. W. SCHLUCHTER (Hrsg.), Max Webers Sicht des okzidentalen Christentums. Interpretation und Kritik. Frankfurt a. M. 1988.

4.3 Philosophie und Theologie

140. M.-D. CHENU, Das Werk des hl. Thomas von Aquin. Heidelberg u.a. 1960.
141. K. FLASCH, Das philosophische Denken im Mittelalter. Stuttgart 1987.
142. R. IMBACH/P. SCHULTHESS, Die Philosophie im lateinischen Mittelalter. Ein Handbuch mit einem bio-bibliographischen Repertorium. Zürich u. a. 1996.
143. J. N. D. KELLY, Altchristliche Glaubensbekenntnisse. Geschichte und Theologie. 2. Aufl. Göttingen 1993.
144. A. M. LANDGRAF, Dogmengeschichte der Frühscholastik. 4 Bde. Regensburg 1952–1956.
145. J. LECLERCQ, Wissenschaft und Gottverlangen. Zur Mönchstheologie im Mittelalter. Düsseldorf 1963.
146. O. H. PESCH, Thomas von Aquin. Grenze und Größe mittelalterlicher Theologie. Eine Einführung. Mainz 1988.
147. W. RÜEGG (Hrsg.), Geschichte der Universität in Europa. Bd. 1. München 1993.

4.4 Klöster und religiöse Bewegungen

148. G. CONSTABLE, Three Studies in Medieval Religious and Social Thought. The Interpretation of Mary and Martha – The Ideal of the Imitation of Christ – The Orders of Society. Cambridge 1995.

4. Problemkreise der mittelalterlichen Frömmigkeitsgeschichte 125

149. K. ELM/M. PARISSE (Hrsg.), Doppelklöster und andere Formen der Symbiose männlicher und weiblicher Religiosen im Mittelalter. Berlin 1992.
150. K. ELM, Vita regularis sine regula. Bedeutungen, Rechtsstellung und Selbstverständnis des mittelalterlichen frühneuzeitlichen Semireligiosentums, in: Häresie und vorzeitige Reformation im Spätmittelalter. Hrsg. v. F. Šmahel. München 1998, 239–273.
151. P. ENGELBERT, Bericht über den Stand des Corpus Consuetudinum Monasticorum, in: Studien und Mitteilungen zur Geschichte des Benediktiner-Ordens 102 (1991), 19–24.
152. M. B. DE JONG, In Samuel's Image. Child Oblation in the Early Medieval West. Leiden u. a. 1996.
153. F. J. FELTEN/N. JASPERT (Hrsg.), Vita Religiosa im Mittelalter. 2 Bde. Berlin 1999.
154. F. J. FELTEN, Die Zisterzienserorden und die Frauen, in: Weltverachtung und Dynamik. Hrsg. v. H. Schwillus/A. Hölscher. Berlin 2000, 34–135.
155. H. KELLER/F. NEISKE (Hrsg.), Vom Kloster zum Klosterverband. Das Werkzeug der Schriftlichkeit. München 1997.
156. M. LAHAYE-GEUSEN, Das Opfer der Kinder. Ein Beitrag zur Liturgie- und Sozialgeschichte des Mönchtums im hohen Mittelalter. Altenberge 1991.
157. H. LUTTERBACH, „Monachus factus est". Die Mönchwerdung im frühen Mittelalter. Zugleich ein Beitrag zur Frömmigkeitsgeschichte. Münster 1990.
158. G. MELVILLE, De ordine vitae. Zu Normvorstellungen, Organisationsformen und Schriftgebrauch im mittelalterlichen Ordenswesen. Münster 1996.
159. G. MELVILLE/J. OBERSTE (Hrsg.), Die Bettelorden im Aufbau. Beiträge zu Institutionalisierungsprozessen im mittelalterlichen Religiosentum. Münster 1999.
160. O. G. OEXLE, Forschungen zu monastischen und geistlichen Gemeinschaften im Westfränkischen Bereich. München 1978.
161. S. PATZOLD, Konflikte im Kloster. Studien zu Auseinandersetzungen in monastischen Gemeinschaften des ottonisch-salischen Reiches. Husum 2000.
162. A. ROUSSELLE, Der Ursprung der Keuschheit. Hrsg. v. P. Dinzelbacher. Stuttgart 1989.
163. K. SCHREINER, ‚Consanguinitas'. ‚Verwandtschaft' als Strukturprinzip religiöser Gemeinschafts- und Verfassungsbildung in Kirche und Mönchtum des Mittelalters, in: Beiträge zu Geschichte

und Struktur der mittelalterlichen Germania Sacra. Hrsg. v. I. Crusius. Göttingen 1989, 176–305.
164. K.-V. SELGE, Die ersten Waldenser. 2 Bde. Berlin 1967.
165. J. SEMMLER, Le monachisme occidental du VIIIe au Xe siècle. Formation et réformation, in: Revue bénédictine de critique, d'histoire et de littérature religieuses 109 (1993), 68–89.
166. N. STAUBACH, Pragmatische Schriftlichkeit im Bereich der Devotio moderna, in: FMSt 25 (1991), 418–461.
167. N. STAUBACH, Reform aus der Tradition. Die Bedeutung der Kirchenväter für die Devotio moderna, in: Schriftlichkeit und Lebenspraxis im Mittelalter. Hrsg. v. H. Keller/Ch. Meier/T. Scharff. München 1999, 171–201.
168. A. DE VOGÜÉ, Die Regula Benedicti. Theologisch-spiritueller Kommentar. Hildesheim 1983.
169. A. DE VOGÜÉ, Les règles monastiques anciennes (400–700). Turnhout 1985.
170. S. WEINFURTER, Neuere Forschungen zu den Regularkanonikern im Deutschen Reich des 11. und 12. Jahrhunderts, in: HZ 224 (1977), 379–397.
171. S. WEINFURTER, Reformkanoniker und Reichsepiskopat im Hochmittelalter, in: HJb 97/98 (1978), 158–193.
172. J. WOLLASCH, Konventsstärke und Armensorge in mittelalterlichen Klöstern. Zeugnisse und Fragen, in: Saeculum 39 (1988), 184–199.
173. J. WOLLASCH, Cluny – Licht der Welt. Aufstieg und Niedergang der klösterlichen Gemeinschaft. Zürich/Düsseldorf 1996.

4.5 Liturgie und Sakramente

174. A. ANGENENDT, Missa specialis. Zugleich ein Beitrag zur Entstehung der Privatmessen, in: FMSt 17 (1983), 153–221.
175. A. ANGENENDT, Sühne durch Blut, in: FMSt 18 (1984), 437–467.
176. G. BANDMANN, Mittelalterliche Architektur als Bedeutungsträger. 5. Aufl. Berlin 1978.
177. K. J. BENZ, Untersuchungen zur politischen Bedeutung der Kirchweihe unter Teilnahme der deutschen Herrscher im Hohen Mittelalter. Kalmünz 1975.
178. S. DE BLAAUW, Cultus et decor. Liturgie en architectuur in laatantiek en middeleeuws Rome. Basilica Salvatoris, Sanctae Mariae, Sancti Petri. Delft 1987.
179. P. BROWE, Die Eucharistie im Mittelalter. Liturgiewissenschaftli-

4. Problemkreise der mittelalterlichen Frömmigkeitsgeschichte 127

che Beiträge in kulturhistorischer Absicht. Hrsg. v. H. Lutterbach/ Th. Flammer. Münster 2003
180. I. W. FRANK, Ordensarmut und missae speciales bei den spätmittelalterlichen Mendikantenorden, in: Vorgeschmack. Ökumenische Bemühungen um die Eucharistie. Hrsg. v. B. J. Hilberath/D. Sattler. Mainz 1995, 208–224.
181. P. GANZ (Hrsg.), Das Buch als magisches und als Repräsentationsobjekt. Wiesbaden 1992.
182. A. A. HÄUSSLING, Mönchskonvent und Eucharistiefeier. Eine Studie über die Messe in der abendländischen Klosterliturgie des frühen Mittelalters und zur Geschichte der Meßhäufigkeit. Münster 1973.
183. E. ISERLOH, Der Wert der Messe in der Diskussion der Theologen vom Mittelalter bis zum 16. Jahrhundert, in: Kirche – Ereignis und Institution. Aufsätze und Vorträge 2. Hrsg. v. ders. Münster 1985, 375–413.
184. J. A. JUNGMANN, Missarum Sollemnia. Eine genetische Erklärung der römischen Messe. 2 Bde. 5. Aufl. Freiburg u.a. 1962.
185. B. JUSSEN, Patenschaft und Adoption im frühen Mittelalter. Künstliche Verwandtschaft als soziale Praxis. Göttingen 1991.
186. S. A. KEEFE, Water and the Word. Baptism and the Education of the Clergy in the Caroligian Empire. 2 Bde. Notre Dame/Indiana 2002.
187. M. KLÖCKENER, Sakramentarstudien zwischen Fortschritt und Sackgasse. Entschlüsselung und Würdigung des zusammenfassenden Werkes von Antoine Chavasse über die Gelasiana des 8. Jahrhunderts, in: Archiv für Liturgiewissenschaft 32 (1990), 207–230.
188. M. KLÖCKENER/B. KRANEMANN (Hrsg.), Liturgiereformen. Historische Studien zu einem bleibenden Grundzug des christlichen Gottesdienstes. 2 Bde. Münster 2002.
189. R. KOTTJE, Bußpraxis und Bußritus, in: Settimana di Studio del Centro Italiano di Studi sull' Alto Medioevo 33,1. Spoleto 1987, 369–395.
190. G. KRETSCHMAR, Die Geschichte des Taufgottesdienstes in der alten Kirche, in: Liturgia. Handbuch für den Evangelischen Gottesdienst. Bd. 5 (1971), 1–348.
191. R. KROOS, Opfer, Spende und Geld im mittelalterlichen Gottesdienst, in: FMSt 19 (1985), 502–519.
192. P. LANDAU, Frei und Unfrei in der Kanonistik des 12. und 13. Jahrhunderts am Beispiel der Ordination der Unfreien, in: Die

abendländische Freiheit vom 10. zum 14. Jahrhundert. Der Wirkungszusammenhang von Idee und Wirklichkeit im europäischen Vergleich. Hrsg. v. J. Fried. Sigmaringen 1991, 177–196.
193. M. MENZEL, Predigt und Predigtorganisation im Mittelalter, in: HJb 111 (1991), 337–384.
194. H. B. MEYER, Eucharistie. Geschichte, Theologie und Pastoral. Regensburg 1989.
195. W. PETKE, Oblationen, Stolgebühren und Pfarreinkünfte vom Mittelalter bis ins Zeitalter der Reformation, in: Kirche und Gesellschaft im Heiligen Römischen Reich des 15. und 16. Jahrhunderts. Hrsg. v. H. Boockmann. Göttingen 1994, 26–58.
196. V. SAXER, Les rites de l'initiation chrétienne du 2e au 6e siècle. Spoleto 1988.
197. R. SCHMIDT-WIEGAND, Mit Hand und Mund. Sprachgebärden aus dem mittelalterlichen Rechtsleben, in: FMSt 25 (1991), 283–299.
198. M. SIERCK, Festtag und Politik. Studien zur Tagewahl karolingischer Herrscher. Köln u.a. 1995.
199. G. J. C. SNOEK, Medieval Piety. From Relics to Eucharist. Leiden 1995.
200. C. VOGEL, Medieval Liturgy. An Introduction to the Sources. Ed. W. G. Storey/N. K. Rasmussen. Washington 1986.
201. R. ZERFASS, Der Streit um die Laienpredigt. Eine pastoralgeschichtliche Untersuchung zum Verständnis des Predigtamtes und zu seiner Entwicklung im 12. und 13. Jahrhundert. Freiburg u. a. 1974.

4.6 Heiligenverehrung und Hagiografie

202. A. ANGENENDT, Heilige und Reliquien. Die Geschichte ihres Kultes vom frühen Christentum bis zur Gegenwart. 2. Aufl. München 1997.
203. W. BERSCHIN, Biographie und Epochenstil im lateinischen Mittelalter. Bd. 1–4.2. Stuttgart 1986–2001.
204. P. BROWN, Die Heiligenverehrung. Die Entstehung und Funktion in der lateinischen Christenheit. Leipzig 1991.
205. L. CARLEN, Wallfahrt und Recht im Abendland. Fribourg 1987.
206. D. J. DUBOIS/J.-L. LEMAITRE, Sources et méthodes de l'hagiographie médiévale. Paris 1993.
207. H. FELD, Franziskus von Assisi und seine Bewegung. Darmstadt 1994.
208. B. FLEITH, Studien zur Überlieferungsgeschichte der lateinischen Legenda Aurea. Brüssel 1991.

209. M. HEINZELMANN, Translationsberichte und andere Quellen des Reliquienkultes. Turnhout 1979.
210. M. MITTERAUER, Ahnen und Heilige. Namengebung in der europäischen Geschichte. München 1993.
211. L. VON PADBERG, Heilige und Familie. Studien zur Bedeutung familiengebundener Aspekte in den Viten des Verwandten- und Schülerkreises um Willibrord, Bonifatius und Liudger. 2. Aufl. Mainz 1997.
212. J. PETERSOHN (Hrsg.), Politik und Heiligenverehrung im Hochmittelalter. Sigmaringen 1994.
213. H. RÖCKELEIN, Reliquientranslationen nach Sachsen im 9. Jahrhundert. Über Kommunikation, Mobilität und Öffentlichkeit im Frühmittelalter. Stuttgart 2002.
214. K. SCHREINER, Maria. Jungfrau, Mutter, Herrscherin. München/ Wien 1994.
215. P.-A. SIGAL, L'homme et le miracle dans la France médiévale. Paris 1985.
216. A. VAUCHEZ, La sainteté en occident aux derniers siècles du Moyen Age d'après les procès de canonisation et les documents hagiographiques. Rom 1981.

4.7 Bedeutungsforschung und Mystik

217. P. DINZELBACHER, Christliche Mystik im Abendland. Ihre Geschichte von den Anfängen bis zum Ende des Mittelalters. Paderborn u.a. 1994.
218. A. M. HAAS, Gottleiden – Gottlieben. Zur volkssprachlichen Mystik im Mittelalter. Frankfurt a. M. 1989.
219. A. M. HAAS, Kunst rechter Gelassenheit. Themen und Schwerpunkte von Heinrich Seuses Mystik. Bern u. a. 1995.
220. H. E. KELLER, Wort und Fleisch. Körperallegorien, mystische Spiritualität und Dichtung des St. Trudperter Hoheliedes im Horizont der Inkarnation. Bern u. a. 1993.
221. U. KÖPF, Religiöse Erfahrung in der Theologie Bernhards von Clairvaux. Tübingen 1980.
222. U. KÜSTERS, Der verschlossene Garten. Volkssprachliche Hohelied-Auslegung und monastische Lebensform im 12. Jahrhundert. Düsseldorf 1985.
223. H. LUTTERBACH, Gotteskindschaft. Kultur- und Sozialgeschichte eines christlichen Ideals. Freiburg/Basel/Wien 2003.

224. C. MEIER-STAUBACH, Zum Spektrum der Vormoderne. Anthropologische, soziale und literarische Dimensionen der Farbensymbolik. Wiesbaden 2002.
225. F. OHLY, Schriften zur mittelalterlichen Bedeutungsforschung. Darmstadt 1977.
226. F. OHLY, Das Sankt Trudperter Hohelied. Text, Übersetzung und Kommentar. Frankfurt a. M. 1998.
227. K. RUH, Geschichte der abendländischen Mystik. 4 Bde. München 1990–1999.
228. S. ZEKORN, Gelassenheit und Einkehr. Zu Grundlage und Gestalt geistlichen Lebens bei Johannes Tauler. Würzburg 1993.

4.8 Buße und Unreinheit

229. A. ANGENENDT, „Mit reinen Händen". Das Motiv der kultischen Reinheit in der abendländischen Askese, in: Herrschaft, Kirche, Kultur. Beiträge zur Geschichte des Mittelalters. Hrsg. v. G. Jenal. Stuttgart 1993, 297–316.
230. A. HAHN, Identität und Selbstthematisierung, in: Selbstthematisierung und Selbstzeugnis. Bekenntnis und Geständnis. Hrsg. v. ders./V. Kapp. Frankfurt a. M. 1987, 9–24.
231. L. KÖRNTGEN, Studien zu den Quellen der frühmittelalterlichen Bußbücher. Sigmaringen 1993.
232. H. LUTTERBACH, Intentions- oder Tathaftung? Zum Bußverständnis in den frühmittelalterlichen Bußbüchern, in: FMSt 29 (1995), 120–143.
233. H. LUTTERBACH, Sexualität im Mittelalter. Eine Kulturstudie anhand von Bußbüchern des 6. bis 12. Jahrhunderts. Köln/Weimar/Wien 1999.
234. F. OHLY, Metaphern für die Sündenstufen und die Gegenwirkungen der Gnade. Opladen 1990.
235. M. OHST, Pflichtbeichte. Untersuchungen zum Bußwesen im Hohen und Späten Mittelalter. Tübingen 1995.
236. K. SCHREINER, Nudis pedibus. Barfüßigkeit als religiöses und politisches Ritual, in: Formen und Funktionen öffentlicher Kommunikation im Mittelalter. Hrsg. v. G. Althoff. Stuttgart 2001, 53–124.
237. M. SCHUMACHER, Sündenschmutz und Herzensreinheit. München 1996.
238. T. N. TENTLER, Sin and Confession on the Eve of the Reformation. Princeton 1977.

4.9 Toleranz und Verketzerung

239. A. BORST, Die Katharer. Stuttgart 1953.
240. H. GRUNDMANN, Ketzergeschichte des Mittelalters. Göttingen 1967.
241. L. KOLMER, Ad capiendas vulpes. Die Ketzerbekämpfung in Südfrankreich in der ersten Hälfte des 13. Jahrhunderts und die Ausbildung des Inquisitionsverfahrens. Bonn 1982.
242. W. LOURDAUX/D. VERHELST (Hrsg.), The Concept of Heresy in the Middle Ages (11th-13th Century). The Hague 1976.
243. A. MOLNAR, Die Waldenser. Geschichte und europäisches Ausmaß einer Ketzerbewegung. Göttingen 1980.
244. A. PATSCHOVSKY, Der Passauer Anonymus. Ein Sammelwerk über Ketzer, Juden, Antichrist aus der Mitte des 13. Jahrhunderts. Stuttgart 1968.
245. A. PATSCHOVSKY, Quellen zur böhmischen Inquisition im 14. Jahrhundert. Weimar 1979.
246. A. PATSCHOVSKY/H. ZIMMERMANN (Hrsg.), Toleranz im Mittelalter. Sigmaringen 1998.
247. P. SEGL (Hrsg.), Die Anfänge der Inquisition im Mittelalter. Mit einem Ausblick auf das 20. Jahrhundert und einem Beitrag über religiöse Intoleranz im nichtchristlichen Bereich. Köln u. a. 1993.
248. W. TRUSEN, Der Inquisitionsprozeß. Seine historischen Grundlagen und frühen Formen, in: ZRG KA 74 (1988), 168–230.
249. W. TRUSEN, Der Prozeß gegen Meister Eckhart. Vorgeschichte, Verlauf und Folgen. Paderborn 1988.

4.10 Geben und Zählen

250. A. ANGENENDT u.a., Gezählte Frömmigkeit, in: FMSt 29 (1995), 1–71.
251. A.-J. BIJSTERVELD, Middeleeuwse vrome schenkingen als instrument van sociale integratie en politieke machtsvorming. Een historiografisch overzicht, in: Tijdschrift vor Geschiedenis 109 (1996), 443–464.
252. J. CHIFFOLEAU, L'usage obsessionnel de la messe pour les morts à la fin du moyen âge, in: Faire croire. Modalités de la diffusion et de la réception des messages religieux du XIIe au XVe siècle. Rom 1981, 235–256.
253. TH. LENTES, Die Gewänder der Heiligen. Ein Diskussionsbeitrag zum Verhältnis von Gebet, Bild und Imagination, in: Hagiographie und Kunst. Der Heiligenkult in Schrift, Bild und Architektur. Hrsg. v. G. Kerscher. Berlin 1993, 120–151.

254. M. MAUSS, Die Gabe. Form und Funktion des Austausches in archaischen Gesellschaften. 3. Aufl. Frankfurt a. M. 1984.

4.11 Tod, Totenliturgie und Memoria
255. A. ANGENENDT, Cartam offerre super altare. Zur Liturgisierung von Rechtsvorgängen, in: FMSt 36 (2002), 1–26.
256. A. BORST u. a. (Hrsg.), Tod im Mittelalter. Konstanz 1993.
257. D. GEUENICH/O. G. OEXLE (Hrsg.), Memoria in der Gesellschaft des Mittelalters. Göttingen 1994.
258. M. LAUWERS, La mémoire des ancêtres, le souci des morts. Morts, rites et sociéte au Moyen age. Paris 1996.
259. P. NEHRER, Ars moriendi. Sterbebeistand durch Laien. Eine historisch-pastoraltheologische Analyse. St. Ottilien 1989.
260. O. G. OEXLE, Die Gegenwart der Toten, in: Death in the Middle Ages. Hrsg. v. H. Braet/W. Verbeke. Leuven 1983, 19–77.
261. O. G. OEXLE, Mahl und Spende im mittelalterlichen Totenkult, in: FMSt 18 (1984), 401–420.
262. K. SCHMID, Gebetsgedenken und adliges Selbstverständnis im Mittelalter. Ausgewählte Beiträge. Sigmaringen 1983.
263. K. SCHMID/J. WOLLASCH (Hrsg.), Memoria. Der geschichtliche Zeugniswert des liturgischen Gedenkens im Mittelalter. München 1984.
264. D. SICARD, La liturgie de la mort dans l'église latine des origines à la réforme carolingienne. Münster 1978.

4.12 Fegefeuer und Ablass
265. H. BOOCKMANN, Über Ablaß-‚Medien', in: GWU 34, 709–721.
266. C. CAROZZI, Le voyage de l'âme dans l'au-delà d'après la littérature latine (Ve–XIIIe siècle). Rome 1994.
267. P. DINZELBACHER, Vision und Visionsliteratur im Mittelalter. Stuttgart 1981.
268. K. FRANKL, Papstschisma und Frömmigkeit. Die „Ad instar-Ablässe", in: RQA 72 (1977), 57–124, 184–247.
269. P. JEZLER, Himmel – Hölle – Fegefeuer. Das Jenseits im Mittelalter. Zürich 1994.
270. TH. KLAUSER/E. DASSMANN/K. THRAEDE (Hrsg.), Jenseitsvorstellungen in Antike und Christentum. Münster 1982.
271. J. LEGOFF, Die Geburt des Fegefeuers. Stuttgart 1984.
272. N. PAULUS, Geschichte des Ablasses im Mittelalter. Vom Ursprung bis zur Mitte des 14. Jahrhunderts. 3 Bde. 2. Aufl. mit einer Einleitung von Th. Lentes. Darmstadt 2000.

4. Problemkreise der mittelalterlichen Frömmigkeitsgeschichte 133

273. B. POSCHMANN, Der Ablaß im Licht der Bußgeschichte. Bonn 1948.
274. H. VORGRIMLER, Geschichte der Hölle. München 1993.

4.13 Grabkult und Reliquien

275. A. ANGENENDT, Corpus incorruptum. Eine Leitidee der mittelalterlichen Reliquienverehrung, in: Saeculum 42 (1991), 320–346.
276. A. ANGENENDT, Zur Ehre der Altäre erhoben. Zugleich ein Beitrag zur Reliquienforschung, in: RQA 89 (1994), 221–244.
277. A. ANGENENDT, Das Grab als Haus der Toten, in: Grabmäler. Tendenzen der Forschung. Hrsg. v. W. Meier/W. Schmidt/M. V. Schwarz. Berlin 2000, 11–29.
278. E. BOZÓKY/A.-M. HELVÉTIUS (Hrsg.), Les reliques. Objects, cultes, symboles. Turnhout 1999.
279. E. DASSMANN, Ambrosius und die Märtyrer, in: JbAC 18 (1975), 49–68.
280. P. DINZELBACHER, Die „Realpräsenz" der Heiligen in ihren Reliquinarien und Gräbern nach mittelalterlichen Quellen, in: Heiligenverehrung. Hrsg. v. ders./P. Bauer. Ostfildern 1990.
281. H.-J. KRAUSE, Der Halberstädter Reliquienfund, in: Denkmalspflege: Sachsen-Anhalt 10 (2002), 5–25.
282. J. PETERSOHN, Über monarchische Insignien und ihre Funktion im mittelalterlichen Reich, in: HZ 266 (1998), 47–96.
283. D. ROLLASON, Saints and Relics in Anglo-Saxon England. Oxford 1989.
284. A. WENZ-HAUPTFLEISCH, Miracula post mortem. Studien zum Quellenwert hochmittelalterlicher Mirakelsammlungen vornehmlich des ostfränkisch-deutschen Reiches. Siegburg 1998.

4.14 Frauenforschung

285. C. VON BRAUN/I. STEPHAN (Hrsg.), Gender-Studien. Eine Einführung. Stuttgart/Weimar 2000.
286. C. W. BYNUM, Jesus as Mother. Studies in the Spirituality of the High Middle Ages. Berkeley 1982.
287. C. W. BYNUM, Fragmentierung und Erlösung. Geschlecht und Körper im Glauben des Mittelalters. Frankfurt a. M. 1996.
288. B. DEGLER-SPENGLER, Die religiöse Frauenbewegung des Mittelalters. Konversen – Nonnen – Beginen, in: Rottenburger Jahrbuch für Kirchengeschichte 3 (1984), 77–88.
289. B. DEGLER-SPENGLER, ‚Zahlreich wie die Sterne des Himmels'. Zisterzienser, Dominikaner und Franziskaner vor dem Problem

der Inkorporation von Frauenklöstern, in: Rottenburger Jahrbuch für Kirchengeschichte 4 (1985), 37–50.

290. P. DINZELBACHER/D. R. BAUER (Hrsg.), Frauenmystik im Mittelalter. Ostfildern 1985.
291. P. DINZELBACHER/D. R. BAUER (Hrsg.), Religiöse Frauenbewegung und mystische Frömmigkeit im Mittelalter. Köln/Wien 1988.
292. G. DUBY/M. PERROT/C. KLAPISCH-ZUBER (Hrsg.), Geschichte der Frauen. 5 Bde. Frankfurt a. M. 1993–1995.
293. E. ENNEN, Frauen im Mittelalter. 6. Aufl. München 1999.
294. F. J. FELTEN, Frauenklöster und -stifte im Rheinland im 12. Jahrhundert. Ein Beitrag zur Geschichte der Frauen in der religiösen Bewegung des hohen Mittelalters, in: Reformidee und Reformpolitik im spätsalisch-frühstaufischen Reich. Hrsg. v. S. Weinfurter. Trier 1992, 189–300.
295. F. J. FELTEN, Verbandsbildung von Frauenklöstern. Le Paraclet, Prémy, Fontevraud mit einem Ausblick auf Cluny, Sempringham und Tart, in: Vom Kloster zum Klosterverband. Das Werkzeug der Schriftlichkeit. Hrsg. v. H. Keller/F. Neiske. München 1997, 277–341.
296. H.-W. GOETZ, Frauen im frühen Mittelalter. Frauenbild und Frauenleben im Frankenreich. Weimar u.a. 1995.
297. G. MUSCHIOL, Famula Dei. Zur Liturgie in merowingischen Frauenklöstern. Münster 1994.
298. G. REHM, Die Schwestern vom gemeinsamen Leben im nordwestlichen Deutschland. Untersuchungen zur Geschichte der Devotio moderna und des weiblichen Religiosentums. Berlin 1985.

4.15 Ehe

299. I. W. FRANK, Femina est mas occasionatus. Deutung und Folgerung bei Thomas von Aquin, in: Der Hexenhammer. Entstehung und Umfeld des Malleus maleficorum von 1487. Hrsg. v. P. Segl. Köln u.a. 1988, 71–102.
300. D. HELLMUTH, Frau und Besitz. Zum Handlungsspielraum von Frauen in Alamannien (700–940). Sigmaringen 1998.
301. P. TOUBERT, La théorie du mariage chez les moralistes carolingiens, in: Il matrimonio nella società altomedievale. Bd. 1. Spoleto 1977, 233–282.
302. I. WEBER, „Consensus facit nuptias!" Überlegungen zum ehelichen Konsens in normativen Texten des Frühmittelalters, in: Zeit-

schrift der Savigny-Stiftung für Rechtsgeschichte. Kanonistische Abteilung 118 (2001), 31–66.
303. R. WEIGAND, Liebe und Ehe im Mittelalter. Goldbach 1993.
304. H. ZEIMENTZ, Ehe nach der Lehre der Frühscholastik. Düsseldorf 1973.
305. J. G. ZIEGLER, Die Ehelehre der Pönitentialsummen von 1200–1350. Eine Untersuchung zur Geschichte der Moral- und Pastoraltheologie. Regensburg 1956.

4.16 Bild- und Passionsfrömmigkeit
306. H. BELTING, Bild und Kult. Eine Geschichte des Bildes vor dem Zeitalter der Kunst. München 1990.
307. H. BELTING, Das Bild und sein Publikum im Mittelalter. Form und Funktion früher Bildtafeln der Passion, 3. Aufl. Berlin 2000.
308. W. HAUG/B. WACHINGER (Hrsg.), Die Passion Christi in Literatur und Kunst des Spätmittelalters. Tübingen 1993.
309. U. KÖPF, Art. Passionsfrömmigkeit, in: [23: Bd. 27, 722–764].
310. TH. LENTES, Bild, Reform und Cura monialium. Bildverständnis und Bildgebrauch im *Buch der Reformacio Predigerordens* des Johannes Meyer (1485), in: Dominicains et Dominicaines en Alsace XIIIe–XXe siècle. Hrsg. v. J.-L. Eichenlaub. Colmar 1996, 177–195.
311. TH. LENTES, „Andacht" und „Gebärde". Das religiöse Ausdrucksverhalten, in: Kulturelle Reformation. Sinnformationen im Umbruch 1400–1600. Hrsg. v. B. Jussen/C. Koslofsky. Göttingen 1999, 29–67.
312. P. SEEGETS, Passionstheologie und Passionsfrömmigkeit im ausgehenden Mittelalter. Der Nürnberger Franziskaner Stephan Fridolin (gest. 1498) zwischen Kloster und Stadt. Tübingen 1998.

5. Forschungsgeschichte und neue Mediävistik

313. G. ALTHOFF (Hrsg.), Die Deutschen und ihr Mittelalter. Themen und Funktionen moderner Geschichtsbilder vom Mittelalter. Darmstadt 1992.
314. A. ANGENENDT, Liturgik und Historik, 1./2. Aufl. Freiburg/Basel/Wien 2001.
315. M. BORGOLTE, Sozialgeschichte des Mittelalters. Eine Forschungsbilanz nach der deutschen Einheit. München 1996.
316. J. FRIED, Vom Zerfall der Geschichte zur Wiedervereinigung. Der Wandel der Interpretationsmuster, in: Stand und Perspektiven der

Mittelalterforschung am Ende des 20. Jahrhunderts. Hrsg. v. O. G. Oexle. Göttingen 1996, 45–72.

317. H.-W. GOETZ, Moderne Mediävistik. Stand und Perspektiven der Mittelalterforschung. Darmstadt 1999.

318. J. KOCKA, Zwischen Nationalsozialismus und Bundesrepublik. Ein Kommentar, in: Deutsche Historiker im Nationalsozialismus. Hrsg. v. W. Schulze/O. G. Oexle. Frankfurt a. M. 1999, 340–357.

319. U. KÖPF, Kirchengeschichte oder Religionsgeschichte des Christentums? Gedanken über Gegenstand und Aufgabe der Kirchengeschichte um 1900, in: Der deutsche Protestantismus um 1900. Hrsg. v. F. W. Graf/H. M. Müller. Gütersloh 1996, 42–66.

320. F. LOTTER, Methodisches zur Gewinnung historischer Erkenntnisse aus hagiographischen Quellen, in: HZ 229 (1979), 288–356.

321. N. LUHMANN, Die Religion der Gesellschaft. Frankfurt a. M. 2000.

322. TH. NIPPERDEY, Die Aktualität des Mittelalters. Über die historischen Grundlagen der Moderne, in: Nachdenken über die deutsche Geschichte. Essays. Hrsg. v. ders. München 1991, 24–35.

323. O. G. OEXLE, Geschichte als Historische Kulturwissenschaft, in: Kulturgeschichte heute. Hrsg. v. W. Hardtwig/H.-U. Wehler. Göttingen 1996, 14–40.

324. O. G. OEXLE, Geschichtswissenschaft im Zeichen des Historismus. Studien zu Problemgeschichten der Moderne. Göttingen 1996.

325. A. RIECKS, Die französische Sozial- und Mentalitätsgeschichte als Basis einer Geschichte der glaubenden Menschen, in: Zeitschrift für Kirchengeschichte 101 (1990), 58–79.

326. K. SCHREINER, Wissenschaft von der Geschichte des Mittelalters nach 1945. Kontinuitäten und Diskontinuitäten der Mittelalterforschung im geteilten Deutschland, in: Deutsche Geschichtswissenschaft nach dem zweiten Weltkrieg (1945–1965). Hrsg. v. E. Schulin. München 1989, 87–146.

327. W. SCHULZE, Deutsche Geschichtswissenschaft nach 1945. München 1989.

Anhang

Abkürzungen der biblischen Bücher dt./lat.

Einheitsübersetzung		Vulgata	
Altes Testament		**Vetus Testamentum**	
Gen	Das Buch Genesis	Gn	Liber Genesis
Ex	Das Buch Exodus	Ex	Liber Exodi
Lev	Das Buch Levitikus	Lv	Liber Levitici
Num	Das Buch Numeri	Nm	Liber Numerorum
Dtn	Das Buch Deuteronomium	Dt	Liber Deuteronomii
Jos	Das Buch Josua	Ios	Liber Iosue
Ri	Das Buch der Richter	Idc	Liber Iudicum
Rut	Das Buch Rut	Rt	Liber Ruth
1 Sam	Das erste Buch Samuel	I Sm	Liber Samuhelis I (id est Regum I)
2 Sam	Das zweite Buch Samuel	II Sm	Liber Samuhelis II (id est Regum II)
1 Kön	Das erste Buch der Könige	III Rg	Liber Malachim id est Regum III
2 Kön	Das zweite Buch der Könige	IV Rg	Liber Malachim id est Regum IV
1 Chr	Das erste Buch der Chronik	I Par	Liber Paralipomenon I
2 Chr	Das zweite Buch der Chronik	II Par	Liber Paralipomenon II
Esra	Das Buch Esra	I Esr	Liber Ezrae I
Neh	Das Buch Nehemia	II Esr	Liber Ezrae II
Tob	Das Buch Tobit	Tb	Liber Tobiae
Jdt	Das Buch Judit	Idt	Liber Iudith
Est	Das Buch Ester	Est	Liber Hester
1 Makk	Das erste Buch der Makkabäer	I Mcc	Liber Macchabeorum I
2 Makk	Das zweite Buch der Makkabäer	II Mcc	Liber Macchabeorum II
Ijob	Das Buch Ijob	Iob	Liber Iob
Ps	Die Psalmen	Ps	Liber Psalmorum
Spr	Das Buch der Sprichwörter	Prv	Liber Proverbiorum Salomonis
Koh	Das Buch Kohelet	Ecl	Liber Ecclesiastes
Hld	Das Hohelied	Ct	Liber Canticum Canticorum
Weish	Das Buch der Weisheit	Sap	Liber Sapientiae Salomonis
Sir	Das Buch Jesus Sirach	Sir	Liber Iesu filii Sirach
Jes	Das Buch Jesaja	Is	Liber Isaiae Prophetae
Jer	Das Buch Jeremia	Ier	Liber Hieremiae Prophetae
Klgl	Die Klagelieder	Lam	Lamentationes
Bar	Das Buch Baruch	Bar	Liber Baruch

Ez	Das Buch Ezechiel	Ez	Liber Hiezechielis Prophetae
Dan	Das Buch Daniel	Dn	Liber Danihelis Prophetae
Hos	Das Buch Hosea	Os	Osee Propheta
Joel	Das Buch Joel	Ioel	Iohel Propheta
Am	Das Buch Amos	Am	Amos Propheta
Obd	Das Buch Obadja	Abd	Abdias Propheta
Jona	Das Buch Jona	Ion	Iona Propheta
Mi	Das Buch Micha	Mi	Micha Propheta
Nah	Das Buch Nahum	Na	Naum Propheta
Hab	Das Buch Habakuk	Hab	Abacuc Propheta
Zef	Das Buch Zefanja	So	Sofonias Propheta
Hag	Das Buch Haggai	Agg	Aggeus Propheta
Sach	Das Buch Sacharja	Za	Zaccharias Propheta
Mal	Das Buch Maleachi	Mal	Malachi Propheta

Neues Testament — **Novum Testamentum**

Mt	Das Evangelium nach Matthäus	Mt	Evangelium secundum Mattheum
Mk	Das Evangelium nach Markus	Mc	Evangelium secundum Marcum
Lk	Das Evangelium nach Lukas	Lc	Evangelium secundum Lucam
Joh	Das Evangelium nach Johannes	Io	Evangelium secundum Iohannem
Apg	Die Apostelgeschichte	Act	Liber Actuum Apostolorum
Röm	Der Brief an die Römer	Rm	Ad Romanos
1 Kor	Der erste Brief an die Korinther	I Cor	Ad Corinthios I
2 Kor	Der zweite Brief an die Korinther	II Cor	Ad Corinthios II
Gal	Der Brief an die Galater	Gal	Ad Galatas
Eph	Der Brief an die Epheser	Eph	Ad Ephesios
Phil	Der Brief an die Philipper	Phil	Ad Philippenses
Kol	Der Brief an die Kolosser	Col	Ad Colossenses
1 Thess	Der erste Brief an die Thessalonicher	I Th	Ad Thessalonicenses I
2 Thess	Der zweite Brief an die Thessalonicher	II Th	Ad Thessalonicenses II
1 Tim	Der erste Brief an Timotheus	I Tim	Ad Timotheum I
2 Tim	Der zweite Brief an Timotheus	II Tim	Ad Timotheum II
Tit	Der Brief an Titus	Tit	Ad Titum
Phlm	Der Brief an Philemon	Phlm	Ad Philemonem
Hebr	Der Brief an die Hebräer	Hebr	Ad Hebraeos
Jak	Der Brief des Jakobus	Iac	Epistola Iacobi
1 Petr	Der erste Brief des Petrus	I Pt	Epistola Petri I
2 Petr	Der zweite Brief des Petrus	II Pt	Epistola Petri II
1 Joh	Der erste Brief des Johannes	I Io	Epistola Iohannis I
2 Joh	Der zweite Brief des Johannes	II Io	Epistola Iohannis II
3 Joh	Der dritte Brief des Johannes	III Io	Epistola Iohannis III
Jud	Der Brief des Judas	Iud	Epistola Iudae
Offb	Die Offenbarung des Johannes	Apc	Apocalypsis Iohannis

Vater unser

Pater noster, qui es in caelis:
sanctificetur nomen tuum;
adveniat regnum tuum;
fiat voluntas tua,
sicut in caelo, et in terra.
Panem nostrum cotidianum da
  nobis hodie;
et dimitte nobis debita nostra,
sicut et nos dimittimus
  debitoribus nostris;
et ne nos inducas in tentationem;
sed libera nos a malo.

Vater unser im Himmel,
geheiligt werde dein Name.
Dein Reich komme.
Dein Wille geschehe,
wie im Himmel so auf Erden.
Unser tägliches Brot gib uns heute.

Und vergib uns unsere Schuld,
wie auch wir vergeben unsern
  Schuldigern.
Und führe uns nicht in Versuchung,
sondern erlöse uns von dem Bösen.

Apostolisches Glaubensbekenntnis

Credo in Deum,
Patrem omnipotentem,
Creatorem caeli et terrae.
Et in Iesum Christum,
Filium eius unicum, Dominum
  nostrum:
qui conceptus est de Spiritu Sancto,
natus ex Maria Virgine,
passus sub Pontio Pilato,
crucifixus, mortuus, et sepultus:
descendit ad inferos:
tertia die resurrexit a mortuis:

ascendit ad caelos:
sedet ad dexteram Dei
Patris omnipotentis:
inde venturus est
iudicare vivos et mortuos.
Credo in Spiritum Sanctum,
sanctam Ecclesiam catholicam,
Sanctorum communionem,
remissionem peccatorum,
carnis resurrectionem,
vitam aeternam. Amen.

Ich glaube an Gott,
den Vater, den Allmächtigen,
den Schöpfer des Himmels und der Erde,
und an Jesus Christus,
seinen eingeborenen Sohn,
unseren Herrn,
empfangen durch den Heiligen Geist,
geboren von der Jungfrau Maria,
gelitten unter Pontius Pilatus,
gekreuzigt, gestorben und begraben,
hinabgestiegen in das Reich des Todes,
am dritten Tage auferstanden von
  den Toten,
aufgefahren in den Himmel;
er sitzt zur Rechten Gottes,
des allmächtigen Vaters:
von dort wird er kommen,
zu richten die Lebenden und die Toten.
Ich glaube an den Heiligen Geist,
die heilige katholische Kirche,
Gemeinschaft der Heiligen,
Vergebung der Sünden,
Auferstehung der Toten
und das ewigen Leben. Amen.

Nicaeno-Constantinopolitanisches Glaubensbekenntnis

Credo in unum Deum,
Patrem omnipotentem,
factorem caeli et terrae,
visibilium omnium et invisibilium.
Et in unum Dominum Iesum Christum,
Filium Dei unigenitum,
et ex Patre natum ante omnia saecula,

Deum de Deo, lumen de lumine,
Deum verum de Deo vero,
genitum, non factum,
consubstantialem Patri:
per quem omnia facta sunt;
qui propter nos homines
et propter nostram salutem
descendit de caelis,
et incarnatus est de Spiritu Sancto

ex Maria virgine,
et homo factus est,
crucifixus etiam pro nobis
sub Pontio Pilato,
passus et sepultus est,
et resurrexit tertia die
secundum Scripturas,
et ascendit in caelum,
sedet ad dexteram Patris,
et iterum venturus est cum gloria,

iudicare vivos et mortuos:
cuius regni non erit finis.
Et in Spiritum Sanctum,
Dominum et vivificantem,
qui ex Patre Filioque procedit,

qui cum Patre et Filio
simul adoratur et conglorificatur,

qui locutus est per prophetas.
Et unam sanctam catholicam
et apostolicam Ecclesiam.
Confiteor unum baptisma
in remissionem peccatorum.
Et exspecto resurrectionem mortuorum,

et vitam venturi saeculi. Amen.

Ich glaube an den einen Gott,
den allmächtigen Vater,
den Schöpfer des Himmels und der Erde,
alles Sichtbaren und Unsichtbaren.
Und an den einen Herrn Jesus Christus,
Gottes einziggeborenen Sohn,
und aus dem Vater geboren vor allen Zeiten,

Gott von Gott, Licht vom Lichte,
wahrer Gott vom wahren Gott,
gezeugt, nicht geschaffen,
wesensgleich dem Vater;
durch ihn ist alles geworden;
er ist wegen uns Menschen
und um unseres Heiles willen
von den Himmeln herabgestiegen
und ist fleischgeworden vom Heiligen Geist

aus Maria, der Jungfrau,
und ist Mensch geworden;
gekreuzigt wurde er sogar für uns
unter Pontius Pilatus,
hat gelitten und wurde begraben;
und er ist auferstanden am dritten Tag
gemäß den Schriften
und hinaufgestiegen in den Himmel;
er sitzt zur Rechten des Vaters
und wird wiederum kommen mit Herrlichkeit,

Lebende und Tote zu richten;
sein Reich wird kein Ende haben.
Und an den Heiligen Geist,
den Herrn und Lebensspender,
der aus dem Vater und dem Sohne hervorgeht,

der mit dem Vater und dem Sohne
zugleich angebetet und mitverherrlicht wird,

der durch die Propheten gesprochen hat.
Und die eine heilige katholische
und apostolische Kirche.
Ich bekenne die eine Taufe
zur Vergebung der Sünden.
Und ich erwarte die Auferstehung der Toten

und das Leben der kommenden Zeit.
Amen.

Schematischer Ablauf der Messfeier

Struktur	Handlung	Bezeichnung	Handelnde(r)
Wortfeier			
Eröffnung	Einzug u. Gesang	Introitus	Zelebrans, Chor
	(Verkürzte) Litanei	Kyrie eleison	Chor, alle
	Festtagslob	Gloria	Zelebrans, Chor, alle
	Gebet	Collecta	Zelebrans
Lesungsteil	Lesung	Prophet, Apostel	Lektor/Subdiakon/ Zelebrans
	Zwischengesang	Graduale, Alleluja	Chor, alle
	Evangelien-Lesung	Evangelium	Diakon/Zelebrans
	Glaubensbekenntnis	Credo	alle, Chor
	Auslegung	Homilie	Zelebrans
	Entlassung der Katechumenen		
	[Gläubigen-Gebet]	[Deprecatio Gelasii]	[Zelebrans, Diakon, alle]
Opferfeier			
Gabenbereitung	Gabendarbringung	Offertorium	Volk, Diakon/ Zelebrans
	Gabengebet	Oratio super oblata	Zelebrans
Hochgebet mit Präfation und Kanon	Danksagung	Praefatio	Zelebrans
	Allg. Gesang	Sanctus	Chor
	Segensbitte	Te igitur	Zelebrans
	Lebendengedächtnis	Memento	Zelebrans
	Heiligengedächtnis	Communicantes	Zelebrans
	Annahmebitte	Hanc igitur	Zelebrans
	Wandlungsbitte	Quam oblationem	Zelebrans
	Abendmahlsworte	Qui pridie	Zelebrans
	Gedächtnisvollzug	Unde et memores	Zelebrans
	Annahmebitte	Supra quae	Zelebrans
	Gemeinschaft mit dem himmlischen Altar	Supplices te rogamus	Zelebrans
	Totengedächtnis	Memento	Zelebrans
	Heiligengemeinschaft	Nobis quoque peccatoribus	Zelebrans
	Lobpreis (Doxologie)	Per ipsum	Zelebrans
Kommunionteil	Herrengebet	Pater noster	Zelebrans, alle
	Friedensgruß	Pax domini	Zelebrans, alle
	Brotbrechung	Agnus dei	Chor, alle
	Kommunion	Communio	Chor, alle
	Gebet	Postcommunio	Zelebrans
	Entlassung mit Segnung	Benedictio(missa)	Zelebrans

Schematischer Überblick über das Stundengebet

Dreiergebet (trina oratio) 7 Bußpsalmen (zum ersten Mal) Gradualpsalmen (in drei Psalmengruppen aufgeteilt, darum ebenfalls Dreiergebet genannt)
N o k t u r n e n (Vigilien) Toten-Vigil Allerheiligen-Vigil
Toten-Matutin Allerheiligen-Matutin M a t u t i n (später Laudes)
P r i m (mit Kapitel) Dreiergebet 7 Bußpsalmen (zum zweiten Mal) Allerheiligen-Litanei
T e r z
Morgenmesse
S e x t
Hauptmesse
N o n
Ve s p e r Allerheiligen-Vesper Toten-Vesper
K o m p l e t
Dreiergebet: Bußpsalmen (zum dritten Mal)

Register

Personen-/Autorenregister

Abaelard (Petrus Abaelardus, frühscholastischer Philosoph, † 1142) 86, 103
Agricius (Bischof von Trier, 4. Jh.) 7
Albertus Magnus (Dominikaner, scholastischer Theologe, † 1208) 15
Albrecht II. (Markgraf von Brandenburg, Erzbischof von Mainz, † 1545) 105
Alkuin (angelsächsischer Theologe, Berater Karls des Großen, † 804) 41
ALTHOFF, GERD 66, 74
Ambrosius von Mailand (lateinischer Kirchenlehrer, Bischof von Mailand, † 397) 7, 25
ANDREAS, WILLY († 1967) 60
ANDRIEU, MICHEL († 1956) 62
ANGENENDT, ARNOLD 71, 72, 84, 96, 97, 98, 102, 104, 111
Anselm von Canterbury (scholastischer Theologe und Philosoph, † 1109) 20, 90
ARIÈS, PHILIPPE 107, 108
Aristoteles (griechischer Philosoph, † 322 v. Chr.) 90
Augustinus (lateinischer Kirchenlehrer, Bischof von Hippo, † 430) 19, 25, 32, 43, 48, 50, 51, 81, 109, 110
Augustus (römischer Kaiser, † 14 n. Chr.) 109

BARTH, KARL († 1968) 57
BECHER, MATHIAS 97
BECK, HEINRICH 76
BELOW, GEORG VON († 1927) 54
BELTING, HANS 101, 102, 112
Benedikt von Nursia (Ordensgründer, Verfasser der „Regula Monachorum", † um 547) 6

Benedikt von Aniane (Abt, Klostergründer, † 821) 13
BENZ, KARL JOSEF 85
Bernhard von Clairvaux (Abt und Kirchenlehrer, Klostergründer, † 1153) 15, 16, 20, 49, 99, 100
BERSCHIN, WALTER 95
Berthold von Henneberg (Erzbischof von Mainz, Reichsreformer, † 1504) 35
BERTRAM, ERNST († 1957) 60
Bismarck, Otto von (Staatsmann, † 1898) 53, 54
BLICKLE, PETER 48, 88
Bonaventura (Franziskanertheologe, Philosoph und Kirchenlehrer, † 1274) 16
Bonifatius (angelsächsischer Benediktiner und Missionar, † 754) 11, 38
BOOCKMANN, HARTMUT († 1998) 65, 105
BORGOLTE, MICHAEL 63
BORST, ARNO 94
BOZÓKY, EDINA 110
BRANDMÜLLER, WALTER 71
BRAUN, CHRISTINA VON 68
BROWE, PETER († 1949) 71
BROWN, PETER 73, 95
BRUNNER, OTTO 59
BURKERT, WALTER 1, 45, 79, 98
BÜTTNER, HEINRICH 63
BYNUM, CAROLINE WALKER 101

CABROL, FERNAND († 1937) 62
Caesarius von Arles (Erzbischof von Arles, † 542) 10
CARLEN, LOUIS 93
CAROZZI, CLAUDE 110
CASSIRER, ERNST († 1945) 55, 73
CHAVASSE, ANTOINE († 1982) 62

CHIFFOLEAU, JACQUES 47
Chlodwig I. (Fränkischer König, Merowinger, †511) 7, 8, 9, 55
COLPE, CARSTEN 74, 75
Columban der Jüngere (irischer Missionar, Abt, †615) 10
CONSTABLE, GILES 86, 94

DELEHAYE, HIPPOLYTE († 1941) 96
DEMANDT, ALEXANDER 65, 80
DEMPF, ALOIS († 1982) 70
DESHUSSES, JEAN († 1997) 62
DINZELBACHER, PETER 73, 99, 110
DOLD, ALBAN († 1982) 62
DÖLGER, FRANZ JOSEPH († 1940) 57, 62
DÖLGER, FRANZ 57
DÖRRIE, HEINRICH 85
DOUGLAS, MARY 73
DUBY, GEORGES († 1996) 81, 85, 98
DUCHESNE, LOUIS († 1922) 62
Duns Scotus (scholastischer Philosoph und Theologe, Franziskaner, †1308) 16
Dürer, Albrecht (Maler, Graphiker, Zeichner, Kunstschriftsteller, †1528) 29, 53
DURKHEIM, ÉMILE († 1917) 55

Eckhart, (Meister Eckhart, Dominikaner, Philosoph, Theologe, Mystiker, †1328) 16, 17, 26, 29, 37, 100
EHRHARD, ALBERT († 1940) 57
EICHMANN, EDUARD († 1946) 59
Elisabeth von Schönau (Visionärin, †1164) 16
ELM, KASPAR 65, 94, 95
ELSAS, CHRISTOPH 74, 75
ENNEN, EDITH 68
Erasmus von Rotterdam (niederländischer Humanist und Theologe, †1536) 35
ERDMANN, CARL 93
Eusebius von Caesarea (Bischof von Caesarea, Kirchenhistoriker, †339) 106
EWIG, EUGEN 63

FASCHER, ERICH 85
FEINE, HANS ERICH 69
FELTEN, FRANZ J. 84
FLASCH, KURT 100

FLECKENSTEIN, JOSEF 82
FRANZ, ADOLPH († 1916) 62
Franziskus von Assisi (Stifter des Franziskanerordens, †1226) 16, 31, 36, 86, 100
FRAZER, JAMES GEORGE († 1914) 56
FRIED, JOHANNES 58, 76, 77, 87
Friedrich II. (Kaiser, †1250) 26, 60
Friedrich, der Weise (Kurfürst von Sachsen, †1525) 112

GALL, LOTHAR 54
Gelasius (Papst, †496) 5, 107
GEORGE, STEFAN († 1933) 59, 60
Gerhoh von Reichersberg (Propst, Reformer, †1169) 15
Gertrud von Helfta (Zisterzienserin, Mystikerin, †1302) 17
GEUENICH, DIETER 108
GIERKE, OTTO VON († 1921) 54
GIESEBRECHT, WILHELM VON († 1889) 54
GLADIGOW, BURKHARD 30
GOETZ, HANS-WERNER 66
GOLLWITZER, HEINZ 63
GÖRICH, KNUT 97
GRABMANN, MARTIN († 1949) 70
GRAF, FRIEDRICH WILHELM 57
Gregor I., der Große (Papst, Kirchenlehrer, †604) 11, 25, 70, 101, 110
Gregor VII., (Papst, †1085) 14
Gregor von Tours (Bischof von Tours, Geschichtsschreiber, †594) 10
GRIMM, JACOB († 1863) 54
Groote, Gerhard (Bußprediger u. Mystiker, Begründer d. Devotio moderna, †1384) 17
GRUNDMANN, HERBERT 59, 94, 106
GUARDINI, ROMANO († 1968) 62, 102
GUÉRANGER, PROSPER († 1875) 62

HAAS, ALOIS M. 100
Hadewijch (Begine, Mystikerin, erste Hälfte des 13. Jh.) 16
HAHN, ALOIS 103
HALLINGER, KASSIUS († 1991) 93
HAMM, BERNDT 65, 72
HAMPE, KARL († 1936) 58
HARNACK, ADOLF VON († 1930) 56, 69
HARTMANN, WILFRIED 107
HATTENHAUER, HANS 42, 74
HAUBRICHS, WOLFGANG 64
HAUCK, ALBERT († 1918) 55, 69, 70

HAUCK, KARL 64, 81
HAUSCHILD, WOLF-DIETER 72
HÄUSSLING, ANGELUS ALBERT 72
HEILER, FRIEDRICH († 1967) 56
HEIMING, ODILO († 1998) 62
Heinrich Institoris (Dominikaner, einer der Verfasser des Hexenhammers, † 1505) 27
Heinrich Seuse (Dominikaner, Mystiker, † 1366) 16, 37, 100, 102
HEINZELMANN, MARTIN 80, 111
Héloise (Geliebte Abaelards, Äbtissin, † 1101) 86
HELVÉTIUS, ANNE-MARIE 110
Herrad von Landsberg (Äbtissin von Hohenburg im Elsaß, † um/nach1196) 94
HERRMANN, JOACHIM 65
HERWEGEN, ILDEFONS († 1946) 62
Hieronymus (Lateinischer Kirchenlehrer, † 419/20) 7, 25, 35
Hildegard von Bingen (Benediktinerin, Mystikerin, † 1179) 16, 71, 86, 95
HOLL, KARL († 1926) 57
Honorius Augustodunensis (Scholastiker des 12. Jh.) 71
Honorius III. (Papst, † 1227) 95
HUIZINGA, JOHAN († 1945) 60, 61
Hus, Jan (tschechischer Theologe und Reformator, † 1415) 26
HUSSERL, EDMUND († 1938) 56

Irene (byzantinische Kaiserin, † 803) 12
ISERLOH, ERWIN († 1996) 71, 96
Ivo von Chartres (Kanoniker, Bischof von Chartres, †1115/16) 14

Jacob (alttestamentlicher Patriarch) 31
JAKOBS, HERMANN 94
Jakobus (Apostel) 93
JANSSEN, JOHANNES († 1891) 55
JARNUT, JÖRG 17
JEDIN, HUBERT († 1980) 71
Jeremias (alttestamentlicher Prophet) 31
Jesus Christus 3, 5, 10, 16, 17, 19, 21–23, 29, 31, 37, 64, 86, 91, 92, 100, 107
Johannes (Apostel) 36
Johannes der Täufer (neutestamentlicher Bußprediger) 31

Johannes Gerson (Theologe und Kirchenpolitiker, † 1429) 17, 18, 65
JUNGMANN, JOSEF ANDREAS († 1975) 72
JUSSEN, BERNHARD 97

KAHL, HANS-DIETRICH 81
Kant, Immanuel (Philosoph, † 1804) 53
KANTOROWICZ, ERNST HARTWIG († 1963) 59, 60
Karl I., der Große (Arnulfinger, Kaiser, † 814) 6, 11, 12, 38, 41, 58, 77, 82, 92, 97, 107, 109
KELLER, HAGEN 13, 66, 87
KERN, FRITZ († 1950) 63
Klara von Assisi (Ordensgründerin, † 1253) 86
KLAUSER, THEODOR († 1988) 62
KLEBEL, ERNST 63
KNOWLES, DAVID († 1974) 94
KOCKA, JÜRGEN 58
Konrad von Marburg (Inquisitor, † 1233) 27
Konstantin I., der Große (römischer Kaiser, † 337) 7, 106
KÖPF, ULRICH 72, 100
KÖRNTGEN, LUDGER 102
KOTTJE, RAYMUND 102
KRUSCH, BRUNO 96
KUHN, HUGO 18

LADNER, GERHART († 1993) 59
LAMPRECHT, KARL († 1915) 56
LANDAU, PETER 74
LANDGRAF, ARTUR MICHAEL († 1958) 70
LANDSBERG, PAUL L. († 1944) 58
LAUWERS, MICHEL 108
LECLERCQ, JEAN († 1993) 90, 94
LECLERCQ, HENRI († 1945) 62
LEEUW, GERARDUS VAN DER († 1950) 56
LEGOFF, JACQUES 67, 110
LENTES, THOMAS 89
Leo III. (Papst, † 816) 12
LEROQUAIS, VICTOR-MARTIAL († 1946) 62
LÉVY-BRUHL, LUCIEN († 1939) 56
LOOFS, FRIEDRICH († 1928) 69
LORTZ, JOSEPH († 1975) 58, 61, 71
LOT, FERDINAND 96
LOTTER, FRIEDRICH 95, 96

LÖWE, HEINZ 92
LÜBKE, CHRISTIAN 76
Ludwig I., der Fromme (Kaiser,
 †840) 13, 94
LUHMANN, NIKLAS 1, 87
Luther, Martin (Reformator, †1546)
 26, 31, 35, 48, 54, 57, 61, 112
LUTTERBACH, HUBERTUS 86, 103

MAIER, BERNHARD 76
MALINOWSKI, BRONISLAW († 1942) 56
Maria von Oignies (Mystikerin,
 †1213) 16
Martin von Tours (Klostergründer,
 Bischof von Tours, †397) 7, 32
Maternus (Bischof von Köln, 4. Jh.) 7
MAUSS, MARCEL († 1950) 73, 98
Mechthild von Magdeburg (Mystikerin, †um 1282) 17, 86
MEIER-STAUBACH, CHRISTEL 99
MEUTHEN, ERICH 65
MEYER, HANS BERNHARD 72
MOELLER, BERND 72, 105
MOHLBERG, KUNIBERT († 1963) 62
Moses (alttestamentlicher Führer,
 Prophet, Gesetzgeber) 31
MÜLLER, KLAUS E. 107
MUSCHIOL, GISELA 94

Nikolaus von Kues (Theologe und
 Philosoph, †1464) 18
NIPPERDEY, THOMAS 113
Noah (alttestamentliche Gestalt) 109
Norbert von Xanten (Ordensgründer,
 Erzbischof von Magdeburg, †1134)
 15, 86
Novalis (Georg Philipp Friedrich
 Freiherr von Hardenberg, Dichter,
 †1801) 53

OEXLE, OTTO GERHARD 58, 74, 108
OHLY, FRIEDRICH 88, 90, 99, 100
OHST, MARTIN 103
Origenes (Griechischer Theologe und
 Philosoph, †254) 29
Otfried von Weißenburg (Mönch,
 Dichter, †um 870) 35
Otto I., der Große (Kaiser, †973) 13
Otto III. (Kaiser, †1002) 97
OTTO, RUDOLF († 1937) 56

PANOFSKY, ERWIN († 1968) 59, 102
PATSCHOVSKY, ALEXANDER 106

PAULUS, NIKOLAUS († 1930) 71, 103
Paulus (Apostel, Missionar, †um 60)
 5, 17, 22, 23, 24, 26, 29, 30, 36, 42,
 81, 84, 92
PETERSON, ERIK († 1960) 57
Petrarca (Humanist und Dichter,
 †1374) 92
Petrus Lombardus (scholastischer
 Theologe, Bischof von Paris,
 †1160) 90
Petrus Waldes (Begründer der Waldenserbewegung, †1218) 35, 86
Petrus (Apostel) 5, 11, 88
PEUCKERT, WILL-ERICH († 1969) 60, 61
Pippin der Jüngere (fränkischer König,
 Sohn Karl Martells, †768) 11
Pippin der Mittlere (fränkischer Hausmeier, †714) 11
POHL, WALTER 81
POSCHMANN, BERNHARD († 1955) 102
Prinz, FRIEDRICH 94

REHM, GERHARD 95
RETTBERG, FRIEDRICH WILHELM
 († 1849) 55
RITTER, GERHARD († 1967) 63
RUDOLPH, KURT 89
RÜEGG, WALTER 83
RUH, KURT 99, 100, 101
Rupert von Deutz (monastischer Theologe, †1129/30) 15, 71

SCHÄFERDIEK, KNUT 72, 86
SCHELER, MAX († 1928) 55, 56
SCHIEFFER, RUDOLF 107
SCHIEFFER, THEODOR 11, 63, 64
SCHILLING, HEINZ 65
SCHMID, KARL († 1993) 104, 108
SCHNABEL, FRANZ († 1966) 63
SCHRAMM, PERCY ERNST († 1970) 59
SCHREIBER, GEORG († 1963) 71
SCHREINER, KLAUS 66, 73, 94, 106
SCHUBERT, HANS VON († 1931) 61, 70
SEE, KLAUS VON 64
SEEBERG, REINHOLD († 1935) 69
SEGL, PETER 106
SEMMLER, JOSEF 94
Severin von Noricum (Apostel des
 Glaubensfriedens in Noricum, †482)
 7
SIEBEN, HERMANN JOSEF 71
SIERCK, MICHAEL 85
SIGAL, PIERRE-ANRDÉ 93, 96

SÖDERBLOM, NATHAN († 1931)   56, 74
SPEYER, WOLFGANG   81
SPINDLER, MAX   63
STAUBACH, NIKOLAUS   94
STEINEN, WOLFRAM VON DEN († 1967)
   59
Stephan II. (Papst, † 757)   11
STEPHAN, INGE   68
STUTZ, ULRICH   69
SYBEL, HEINRICH VON († 1895)   54

TELLENBACH, GERD († 1999)   59, 82, 108
Tetzel, Johannes (Dominikaner, Ablaßprediger, † 1519)   105
THIEL, JOSEF FRANZ   75
Thomas von Kempen (Vertreter d. Devotio moderna, † 1471)   17, 32, 48
Thomas von Aquin (scholastischer Theologe und Philosoph,† 1274) 15, 21, 26, 47, 70, 86, 90
Thomas Becket (Erzbischof von Canterbury, † 1170)   93
TREITINGER, OTTO   59
TREITSCHKE, HEINRICH VON († 1896)   54
TROELTSCH, ERNST († 1923)   53, 55, 56, 73, 82

TRUSEN, WINFRIED   105, 106
TUGÈNE, GEORGES   81
TYLOR, EDWARD BURNETT († 1917)   56

UYTFANGHE, MARC VAN   95

VOGEL, CYRILLE († 1982)   62, 87, 102
VOGÜÉ, ADALBERT DE   94

WARBURG, ABY MORITZ († 1929)   59
WEBER, INES   86
WEBER, MAX († 1920)   55, 64, 71, 73, 82, 103
WEINFURTER, STEFAN   94
Widukind (Führer der Sachsen gegen Karl den Großen)   97
Willibrord (angelsächsischer Missionar, † 739)   10, 11
WOLLASCH, JOACHIM   94, 104, 108
WORRINGER, WILHELM († 1965)   61
Wulfila (westgotischer Bischof, Bibelübersetzer, † 383)   35
Wyclif, John (englischer Theologe, Kirchenreformer, † 1384)   35

ZIRKER, HANS   74
ZORN, WOLFGANG   63

Ortsregister

Aachen   12, 93
Abtei Beuron   62
Abtei Cluny   14, 37
Abtei Gorze   14
Abtei Maredsous   62
Abtei Maria Laach   62
Abtei Solesmes   62
Ägypten   6
Alpen   12

Baltikum   7
Barcelona   12
Basel   17
Basel–Kaiseraugst   7
Belgien   9, 15, 16, 62, 95
Bistum Merseburg   97
Bodensee   94
Böhmen   13, 15, 26
Bologna   15, 83
Bonn   57

Bretagne   12
Byzanz   12, 59

Canterbury   93
Chalcedon   22

Dänemark   13, 14
Departement Sarthe   62
Deutschland   7, 13, 14, 15, 17, 24, 27, 35, 48, 56, 62, 68, 72, 73, 95, 105, 106, 108
– Ostdeutschland   16
– Süddeutschland   15
Donau   4, 7

England   56, 92, 106
Europa   6, 7, 12, 14, 53, 61, 76, 81, 82, 83, 113
– Alteuropa   76
– Mitteleuropa   76

– Nordeuropa 11
– Osteuropa 106
– Südeuropa 14
– Westeuropa 14
– Zentraleuropa 6

Frankenreich 11
Frankreich 8, 15, 55, 73
– Nordfrankreich 15
– Südfrankreich 106
Friesland 11

Gallien 6, 7, 8, 9, 10, 39, 92, 111
– Innergallien 9
– Nordgallien 9
– Südgallien 8
Griechenland 42, 102

Halberstädter Dom 97
Hamburg (Stadt und Erzbistum) 12, 83
Hirsau 14
Holland 16

Irland 111
Israel 42, 102
Italien 15
– Norditalien 111

Jerusalem 93

Kärnten 12
Köln 7, 15, 16, 93, 95
Konstanz 17

Lyon 9, 15

Magdeburg 15, 83
Mähren 13
Mainz 7, 63

Mont Ventoux 92
Montecassino 31
Münster 71

Nicaea 22
Niederlande 9, 56
Niederrhein 9, 12, 16
Nordafrika 6
Norwegen 13, 14

Oxford 15

Palästina 6
Paris 15, 16, 83
Polen 13, 14, 83
Pyrenäen 12

Reims 55
Rhein 4, 7, 12, 54
Rheinland 95
Rom 10, 11, 12, 13, 25, 38, 83, 93, 111

Sankt Blasien 14
Santiago de Compostela 93
Schweden 13, 14, 56
Schweiz 63
Siegburg 14
Skandinavien 83, 106
Spanien 6
Speyer 7
Straßburg 7, 17, 57
Syrien 6

Trier 7

Ungarn 13, 14, 83

Wilsnack 48
Worms 7, 14

Sachregister

Ablass 47, 71, 72, 91, 93, 103–105
Acheiropoieta 101
Adel 8, 9, 10, 13, 14, 49, 50, 84, 89, 90, 93, 94, 97, 104, 109
Adelskirche 84
Altarschreine 111
Ämterhierarchie 39, 50
Andacht 17, 37, 48, 89, 105

– Andachtsbuch 38, 89
– Andachtsbild 89, 102
Antiborussismus 63
Apokalyptik 20
Arme 2, 4, 20, 23
Armenfürsorge 2 f., 39, 50
Arme Seelen 24, 105, 110
Arme-Seelen-Dienst 24, 109 f.

Register 149

Arme-Seelen-Messe 46, 47
Askese 5, 20, 21, 28, 32, 48, 94, 104
Asket/Asketin 5, 30, 32, 104
Aufbruch, religiöser 86

Beginen 26, 95
Beichte 43 f., 103, 104, 105
Benediktsregel 6, 13, 37, 93, 94
Berufung 85 f., 101
Bibel 6, 34–36, 79, 87 f., 101
Bibelübersetzungen 18, 35, 62
Bibelzauber 35, 36
Bild 100, 101 f.
Bildwerk, plastisches 112
Bischof 4, 7, 8, 9, 14, 25, 39, 43, 45, 49, 50, 84
Bischofsamt 4, 5
Bischofssitze 7
Bischofswahl/-ernennung 8, 25
Blut 8, 15, 28, 44, 76, 81, 103
– Blut Jesu Christi 39, 46, 48
– Blutende Hostie 48
– Blutopfer 2, 85
– Blutsverwandtschaft 81, 84
Buch 1, 87–89, 94
– Andachtsbuch 89
– Buchdruck 18, 35, 88, 91
– Buchführung 38, 89, 98
– Buchkultur 34, 88
– Buchkunst 65
– Buchreligion 34 f., 87, 88, 89
– Buchstäblichkeit 87
– Buchtheologie 88
– Bußbuch 43 f., 102
Buße 10, 15, 40, 42–44, 46, 66, 79, 92, 96, 99, 102 f., 104 f., 107, 108, 109, 110
Bußsystem 43, 103 f.
Bußwallfahrt 93

Christentum
– Charakteristika 2–4
– Entfaltung 4–7
– Germanisierung 61, 69, 70
– Hellenisierung 69
– Prozess (der Christianisierung) 7–18, 77 f.
– Verhältnis zum Germanentum 54 f., 61
– Vorbedingungen 77
Christologie 22 f.
Christus 21–23
– Antlitz Jesu 29, 102

– Bilder und Begriffe des NT 22
– Bräutigam 17
– Christus passus 37, 100
– Ebenbild des unsichtbaren Gottes 29
– Erlöser 21
– Eschatologisch Beauftragter 21
– Heiland 21
– Hoherpriester 23
– Leib und Blut Christi 48
– Passion Christi 37, 38, 99, 100
– Präexistentes Gottwesen 22
– Repräsentant Gottes 21
– Richter 64
– Sieghelfer 10
– Weltherrscher 23

Devoten 17, 35, 37, 48, 94
Devotio moderna 17, 91, 94
Dogma/Dogmengeschichte 5, 24 f., 56, 69, 70, 71, 72, 73, 85
Dominikaner 15, 16, 17, 37, 40, 47, 95
Doppelexistenz 27, 29, 107, 111
Dualismus 19, 25, 30, 75, 92

Ehe 2, 4, 40, 49, 67, 78, 86, 97
– als Konsens 86
– als Sakrament 40, 49
– Ehebruch 43
– Eherecht 11
Ehelosigkeit 2, 5, 40
Eid 34, 112
Einheitsstreben 82
Einung 16, 37, 99
Endgericht 9, 23, 31, 42, 80, 98
Erneuerung 15, 65, 102, 109
Ethik 2, 4, 23, 28, 42, 53, 71, 84–86, 103, 113
Eucharistie (siehe auch: Messe) 39, 40, 45, 46, 72, 96
Exkommunikation 26, 43, 105
Exorzismus 34, 40

Famula Dei 32, 94
Fegefeuer 24, 47, 74, 105, 108, 109 f.
Feindesliebe 2, 22
Flugseele 107, 109
Franziskaner 15, 16, 37, 47
Frauenbewegung, religiöse 94 f.
Frauengeschichte 67
Freiheit 38, 40 f., 50, 74
Freiwilligkeit 3, 49

Frömmigkeit 15, 17, 20, 37, 46, 48,
  56, 64, 69, 87, 97, 98, 100, 102, 103,
  112
– Frömmigkeit, gezählte 97 f.
Frömmigkeitsforschung 73
Frömmigkeitsgeschichte 65, 68, 69,
  70, 71, 72, 77
Frömmigkeitstheologie 18, 65, 72

Gebeinteilung 111
Geben/Gabe 46, 47, 71, 73, 76, 85, 89,
  97–99
– Gabe – Gegengabe 71, 85, 89, 98
Gebet 5, 6, 12, 15, 21, 32, 36 f., 38, 39,
  47, 56, 60, 73, 77, 78, 79, 93, 96, 98,
  104, 108
Gebetssteigerung 37
Gebot 2, 3, 77, 80, 86, 88, 103
Geistesverwandtschaft 28
Gemeinde 2, 4, 15, 39, 43, 45, 84
– Christengemeinde 2, 45, 84
– Kleingemeinde 4
– Pfarrgemeinde 39
– Urgemeinde 15, 43
Gendergeschichte 67
Gentilismus 6, 10, 77, 80–84, 89
Gesinnung 42, 73
Gesinnungserneuerung 44, 104
Gespräch
– Selbstgespräch 28
– Außengespräch 28
Gewaltlosigkeit 2, 26
Gewissen 2, 28, 42 f., 67, 84, 86, 94
Glaube 23, 24–27, 33, 36, 41, 47, 48,
  79, 87, 88, 89
– Aberglaube 54, 90
– Astralglaube 80
– Dämonenglaube 64
– Glaube, Hoffnung, Liebe 21
– Glaubensaussage 5
– Glaubensbegründung 88
– Glaubensbekenntnis 3, 12, 24 f., 41,
  88, 91, 112
– Glaubensfragen 12, 25, 26
– Glaubensheiligung 41
– Glaubensinhalte 3
– Glaubenslehre 24, 90
– Glaubenslicht 54
– Glaubensüberzeugung 8
– Glaubensvergehen 26
– Glaubensverkündigung 4
– Glaubenswissen 78, 83, 88, 89–91
– Glaubenszeuge 31

– Glaubenszeugnis 32
– Volksglaube 68
– Vorsehungsglaube 80
– Wunderglaube 70
Gnade 25, 42, 47, 50, 51, 69, 85, 90,
  93, 98, 111
Gott 18–21
– Allmacht 21, 80
– Beschützer der Armen 2
– Eine und Einzige 18 f.
– Geistigkeit 4
– Gerechtigkeit 20, 80
– Güte 20, 80
– Heilswille 25
– Personalität 20
– Reich 22
– Richter 79 f.
– Strafe 20
– Trinität 5, 19
– Unverstehbarkeit 79
– Ursache 21
– Vater 2, 79
– Vertrauen 80
– Verzeihen 20
Gottesbild 18–27
Gottesfreundschaft, -kindschaft 19 f.,
  23 f.
Gottesliebe 2, 32, 43
Gottesmensch 5, 32, 34
Gottesurteil 9, 10, 21, 26, 40, 97, 105
Grabkult 30, 93, 96, 98, 108, 110 f.

Hagiografie 95 f.
Häresie/Häretiker 24, 26, 106
Heilige, das 56, 64, 74
Heilige, der 30–33, 95 f.
– ethisch u. religiös Vollendeter 31
– Frauen 32
– Fürsprecher / Patrone 95
– Grab / hl. Ort 30 f., 85, 89, 91, 93,
  95, 110 f.
– himmlischer Mittler 5, 30
– Imitation 28
– Tag / hl. Zeit 30 f., 85, 89
– Viten 32 f., 95
– Wundertäter / Wunderkraft 10, 32,
  111
Heiligenverehrung 5, 95 f.
Heiliger Geist 19, 24, 40, 91
Heiligsprechung 25, 111
Heilshandlungen 40
Herz 3, 37, 40, 44, 77, 78, 79, 80, 84,
  85, 86, 90, 112

Hexenprozess 27, 106
Himmel 3, 21, 22, 23 f., 41, 48, 91, 92, 93, 101, 105, 107, 109–111
Himmelreich 88
Himmelsgeleit 31
Himmelskraft 30, 39
Himmelsmächte 36
Himmelspforte 88
Himmelsstadt 109
Hölle 3, 20, 23 f., 41, 104, 109 f.
Höllenpein 108
Hören 4, 35, 36, 44, 48, 51
Humiliaten 15

Inquisition 26 f., 105 f.
Intellektualismus, griechischer 79
Intentionshaftung 102 f.
Internationalität 66, 92
Investiturstreit 9, 14, 107

Jenseitsvorstellungen 3, 23 f., 65, 78, 109 f.
Juden/Judentum 2, 3, 4, 6, 34, 60, 66, 76, 81, 83

Kanoniker–Bewegung 4, 13, 14 f., 51, 94
Kanoniker–Regel 13, 15
Katechismus 88
Katharer 25, 26, 105
Kelten 64, 76, 77
Ketzerei/Ketzer 4, 15, 25 f., 35, 51, 83 f., 105, 106
Kirchengeschichte 54 f., 57 f., 61, 68–73
– deutsch-evangelische Sicht des Mittelalters 54 f.
– romantisch-katholische Sicht des Mittelalters 55
Kirchenschatz (thesaurus ecclesiae) 104
Kirchenstaat 11
Kirchweihe 40, 85, 97
Klerikalisierung 46, 50
Klerus 13, 15, 39, 47, 50, 51, 65
Kloster 6, 12, 13, 14 f., 15 f., 24, 50, 65, 83, 88, 90, 92, 93 f., 98, 100, 104, 108, 109, 110
Kommunikation, rituelle 66 f.
Kommunion 9, 43, 44, 48, 97, 107
Königserhebung 11
Königskirche 8 f., 10
Königspriestertum 8, 14, 59, 107

Königssalbung 40, 97
Königstaufe 7 f.
Konzilien 4, 5, 8, 9, 11, 12, 13, 17, 22, 24, 25, 26, 44, 48, 70, 82, 103
– Erstes Vatikanisches Konzil 70
– Konzil von Chalcedon 22
– Konzil von Nicaea 22
– Konzil von Konstanz 17
– Viertes Laterankonzil 44, 48, 103
Kosmos 30, 74, 78–80
Kult 33–40
Kultbild 101, 102
Kulturgeschichte 55 f.
Kulturprotestantismus 56 f.
Kunst 55, 98, 100, 102, 112

Landeskirche 11
Leib 19, 27, 28, 30, 99, 107, 109, 110, 111
Liturge 39 f.
Liturgie 4, 6, 11, 12, 24, 36, 38–40, 44, 50, 58, 59, 62, 65, 66 f., 72, 82, 87, 88, 96 f., 102, 107, 108, 109, 111
Liturgieforschung 57, 62 f., 72
Lollarden 35

Märtyrer 5, 11, 30, 93, 104, 111
Mediävistik 58 f., 66–68, 75–78, 112 f.
Memoria 108 f.
Mensch
– äußerer 27 f., 29
– Bild Gottes 27, 28–30
– Doppelgestalt 29
– ethisch gut 28
– Fähigkeiten 21, 75
– Freiheitsstatus 41
– Geschöpf 28 f.
– innerer 27 f., 29, 30, 88, 100
– Leib und Seele 27, 30
– Offenheit 74
– rational 73
– rituelles Wesen 33
– Schutz- und Heilsbedürftigkeit 64, 79 f.
– Wert und Zukunft 23, 56
Menschenbild 27–33
Menschenopfer 6, 76 f.
Menschenpaar 29, 81
Menschentypen 19
Mentalitätsgeschichte 63 f., 67
Merowingerzeit 7–10
Messe 39, 44–48, 96 f., 98, 107 f., 110

- als Bußableistung 46
- als Segen 45
- Mess–Allegorese 38
- Messstipendium 47
- Privatmesse 46 f.
- Totenmesse 107 f.
- Votivmesse 46
Metropolitenamt 8
Mission 3, 6, 7, 10 f., 12, 13, 14, 41, 65, 76, 81, 82, 84, 87, 92
- Angelsächsische Mission 10 f., 86, 92
- Sachsenmission 12, 41
Mobilität 79, 92
Modernismus 57
Monastik 90
Monastische Forschung 93–95
Mönchsbewegung, irofränkische 10, 12, 43, 92
Mönchtum 5 f., 12 f., 14 f., 50, 92
Monotheismus 18 f., 87
Mystik 15, 16, 20, 28, 36 f., 55, 60, 61, 62, 70, 72, 73, 99–101, 102, 112
- Frauenmystik 16 f.
- Leidensmystik/Passionsmystik 16, 37, 100
- Liebesmystik/Brautmystik 49, 99
- Seinsmystik 16
Mythos 33 f., 55, 89

Nachfolge Christi 17, 23, 28, 29, 31, 48, 85, 91, 92, 93
Nächstenliebe 2, 43
Nationalkirche 61
Natur 74, 75, 78, 79, 80, 89, 103, 113

Objektivität 34, 50, 57 f., 62, 102
Opfer 2, 6, 20, 45, 46, 47, 48, 71, 73, 76 f., 79, 85, 98, 112
Geistiges Opfer (siehe: Selbsthingabe) 2, 45, 85
- Menschenopfer 6, 76 f.
- Blutopfer 2, 85
- Opfergaben 46, 47, 71
- Sachopfer 112
Oralität 34, 87
Ordination 40, 49–51
Ordnung 58 f., 65, 67, 68, 77, 78, 79, 106

Päpstliche Gewalt 5, 25, 104
Papsttum 5, 11, 18, 25, 82, 107
Paradies 29, 109

Passionsfrömmigkeit 17, 37, 99, 100, 102, 108
Peregrinatio 86, 91–93
Person-Idee 113
Personalismus 2, 20, 79, 99
Personalität 20, 78–80
Pilgerschaft 91–93
Pollutio 49, 86, 103
Pontifex (maximus) 23, 106
Prämonstratenser 15
Predigt 10, 18, 39, 40, 51, 88, 100
Priester 4, 10, 23, 25, 34, 39, 40, 43, 44, 45, 46, 47, 49–51, 75, 76, 88, 108
- Eigenpriester 10
- Messpriester 47
- Mönchspriester 51
- Seelsorgspriester 39 f.
Profangeschichte 53 f., 58, 60, 63 f., 73 f.
Provinzialromanen 76

Reform, karolingische 10–13, 35, 38, 84, 87 f.
Reformation 23, 38, 54, 55, 61, 65, 69
Reichskirche 4–6, 13, 14, 83
Reinheit 50, 73, 103
Religion 1, 84 ff.
- als Klassenherrschaft 65
- als Sozial- und Zivilisationskraft 64
- Anfänge 33
- Begriffsbestimmung 1, 74
- Einfachreligion 1, 6, 10, 64, 74–75, 77, 78, 89
- Entwicklung 56, 74, 75, 84
- Erlösungsreligionen 21
- ethische 2
- Funktion 74
- Gentilreligionen 6 f.
- germanisch-sächsische 41
- Gewissensreligion 113
- heidnische 65
- Heilsreligionen 21
- Hochreligion 1, 6, 28, 45, 74–75, 76, 77, 90
- indigene 6 f., 76, 77
- kosmische 36, 78, 80
- personal bestimmte 36, 78, 79
- reflektierte 89
- römische 6
- städtische 3, 6, 87, 90 f.
- Vergeistigung von 73, 89
- Wesen 53, 56, 74

Register

Religionsgeschichte 1, 10, 30, 55–56, 58 f., 64 f., 68–74
Religionspraxis 10, 33, 34, 73, 76, 83, 90, 112
Religionssoziologie 56, 73
Religionsstrafen, Verzicht auf 3 f., 26
Religionswissenschaft 56, 68 f.
Reliquien 5, 9, 10, 31, 39, 64, 66, 91, 102, 107, 110–112
Renaissance des 12. Jahrhunderts 67
Reue 43, 104, 105
Rex et sacerdos 8, 10, 11, 13, 107
Riten/Ritual 9, 33 f., 36, 39, 55, 59, 64, 66 f., 73, 74, 85, 96 f.
Ritualsequenzen 66, 96, 108

Sakramente 40–51
Scholastik 15, 21, 38, 43, 49, 70, 80, 88, 90, 104, 110
Schriftauslegung 35, 87, 88
Schule
– Annales-Schule 67
– Dölger Schule 62
– Religionsgeschichtliche Schule 56, 57
– Städtische Schule 91
– Volksschule 88
Seele 16, 56, 107, 109
Segen 11, 31, 34, 36, 39, 45, 49, 50, 66, 89, 96, 108
Selbst
– Selbstbeobachtung/-reflexion 103
– Selbstbild(nis) 27 f., 29
– Selbstchristianisierung/-katechese 88, 91
– Selbstgespräch 28
– Selbsthingabe/-opfer 2, 45, 48, 85, 112
– Selbstkontrolle 21, 44, 84, 103
– Selbstverfluchung 34
– Selbstverfügung 86
– Selbstvervollkomnung/-verwirklichung 5, 27 f., 43 f.
– Selbstverwundung 16, 30, 100
Sensus spiritualis 99
Sexualität 25, 40, 49, 86, 99, 103
Sieghilfe, göttliche 8
Slawen 6, 14, 58, 65, 76, 77, 83
Solidargemeinschaft 110
Sozialgeschichte 63–65
Sozialintegration 1
Sozialtätigkeit 2, 3, 4, 6, 39, 45, 46, 85, 104

Sozialveränderung 23, 64, 85, 90
Sozialverhältnisse 78
Spätmittelalter 17 f., 31, 37, 38, 44, 47, 55, 60 f., 62, 65, 71, 72, 73, 88, 93, 99, 102, 106, 108, 112
Staat 2, 9, 21, 53, 54, 59, 63, 85, 97, 106, 107
– Staat und Kirche 106 f.
– Staatsgewalt 26, 105 f.
– Staatsreligion 5, 26
– Staatssymbolik 59
Stadt 15, 67, 76, 83, 90 f.
Stundengebet 36 f.
Subjektiv 34, 50, 57, 73
Subjektivismus 58, 60
Subjektivitätskultur 73
Sünde/Sünder 20, 24, 43, 44, 45, 46, 47, 49, 73, 80, 93, 98, 103, 104, 105, 106, 108, 110, 112
Sündenstrafe 80, 104 f.
Symbolik 71, 99
Symbolismus 71
Synkretismen 10
Synoden 4, 5, 8, 13, 25

Tathaftung 42, 102 f.
Taufe 3, 7 f., 9, 10, 24, 26, 31, 40, 41 f., 55, 66, 83, 96, 97
– Geisttaufe 25
– Getaufte 24, 30, 43, 49, 49, 85, 90
– Kindertaufe 41 f.
– Patenschaft 97
– Taufbewerber 88
– Taufversprechen 43
– Zwangstaufe 41
Teufel 19, 20, 22, 25
Theodizee-Frage 79
Theologie 89–91
– Dialektische Theologie 57
Tod 1, 3, 23 f., 29, 30, 31, 33, 45, 47, 78, 95, 96, 107–109, 110
– Sterbe-/Totenliturgie 107 f.
– Totenmessen 108
– Toten-Memoria 108 f.
– Tod Jesu 22 f., 45, 92
Toleranz 26
Transsubstantiation 48
Traum/Trance 107, 109
Tun-Ergehen-Zusammenhang 89, 90, 98

Universalismus 58, 78, 80–84
– universal und personal 75, 76

Universität/Hochschule 9, 15f., 18, 35, 39, 83, 76, 88, 89, 90, 91, 112
Unreinheit 49, 86, 103
Urbild/Vorbild 1, 4, 22, 27f., 31, 33, 38
Ursprungsdenken 1, 33, 109
Ursünde/Erbsünde 29

Vaterunser 22, 41, 88, 98, 112
Vera Icona 29f., 37, 102
Verinnerlichung/Spiritualisierung 17, 37, 44, 48, 77, 91, 99
Vir Dei 32, 94
Vitalseele 107, 109
Viten 32f., 95f.
Volksfrömmigkeit 17f., 70, 72, 112
Volkskunde, religiöse 68, 71
Volkssprachlichkeit 18, 35, 37, 38, 41, 100f.
Vulgata 29, 35

Waldenser 15, 25, 26, 105
Wallfahrt 17, 39, 72, 83, 91, 93, 105

Weihe 8, 9, 40, 49–51, 96, 97
Wormser Konkordat 14
Wort(e) 33f., 34f.
– Antwort 24, 36, 90
– entscheidendes 3
– Fehler 38, 44
– Formalismus 70
– Gottes 2, 4, 22, 34f., 36, 45, 48, 57
– heiliges 33, 36
– wirkmächtiges 36
– Zauber 36
Wortgottesdienst 36
Wortverkündigung 39
Wunder 10, 31–33, 48, 80, 95, 96, 101

Zählen 48, 97–99
Zahlensysteme 99
Zauber 35, 36, 39, 70, 101, 106
Zehn Gebote 88
Zisterzienser 15, 37
Zwei-Gewalten-Lehre 5, 12, 107
Zwei-Naturen-Lehre 22f., 25

Enzyklopädie deutscher Geschichte
Themen und Autoren

Mittelalter

Agrarwirtschaft, Agrarverfassung und ländliche Gesellschaft im Mittelalter (Werner Rösener) 1992. EdG 13 Gesellschaft
Adel, Rittertum und Ministerialität im Mittelalter (Werner Hechberger) 2004. EdG 72
Die Stadt im Mittelalter (Frank Hirschmann)
Armut im Mittelalter (Otto Gerhard Oexle)
Geschlechtergeschichte des Mittelalters (Hedwig Röckelein)
Die Juden im mittelalterlichen Reich (Michael Toch) 2. Aufl. 2003. EdG 44

Wirtschaftlicher Wandel und Wirtschaftspolitik im Mittelalter (Michael Rothmann) Wirtschaft

Wissen als soziales System im Frühen und Hochmittelalter (Johannes Fried) Kultur, Alltag, Mentalitäten
Die geistige Kultur im späteren Mittelalter (Johannes Helmrath)
Die ritterlich-höfische Kultur des Mittelalters (Werner Paravicini) 2. Aufl. 1999. EdG 32

Die mittelalterliche Kirche (Michael Borgolte) 2. Aufl. 2004. EdG 17 Religion und Kirche
Mönchtum und religiöse Bewegungen im Mittelalter (Gert Melville)
Grundformen der Frömmigkeit im Mittelalter (Arnold Angenendt) 2. Aufl. 2004. EdG 68

Die Germanen (Walter Pohl) 2. Aufl. 2004. EDG 57 Politik, Staat, Verfassung
Die Slawen in der deutschen Geschichte des Mittelalters (Thomas Wünsch)
Das römische Erbe und das Merowingerreich (Reinhold Kaiser) 3., überarb. u. erw. Aufl. 2004. EdG 26
Das Karolingerreich (Klaus Zechiel-Eckes)
Die Entstehung des Deutschen Reiches (Joachim Ehlers) 2. Aufl. 1998. EdG 31
Königtum und Königsherrschaft im 10. und 11. Jahrhundert (Egon Boshof) 2. Aufl. 1997. EdG 27
Der Investiturstreit (Wilfried Hartmann) 2. Aufl. 1996. EdG 21
König und Fürsten, Kaiser und Papst nach dem Wormser Konkordat (Bernhard Schimmelpfennig) 1996. EdG 37
Deutschland und seine Nachbarn 1200–1500 (Dieter Berg) 1996. EdG 40
Die kirchliche Krise des Spätmittelalters (Heribert Müller)
König, Reich und Reichsreform im Spätmittelalter (Karl-Friedrich Krieger) 1992. EdG 14
Fürstliche Herrschaft und Territorien im späten Mittelalter (Ernst Schubert) 1996. EdG 35

Frühe Neuzeit

Bevölkerungsgeschichte und historische Demographie 1500–1800 (Christian Pfister) 1994. EdG 28 Gesellschaft
Umweltgeschichte der Frühen Neuzeit (Christian Pfister)

Bauern zwischen Bauernkrieg und Dreißigjährigem Krieg (André Holenstein) 1996. EdG 38
Bauern 1648–1806 (Werner Troßbach) 1992. EdG 19
Adel in der Frühen Neuzeit (Rudolf Endres) 1993. EdG 18
Der Fürstenhof in der Frühen Neuzeit (Rainer A. Müller) 2. Aufl. 2004. EdG 33
Die Stadt in der Frühen Neuzeit (Heinz Schilling) 2. Aufl. 2004. EdG 24
Armut, Unterschichten, Randgruppen in der Frühen Neuzeit (Wolfgang von Hippel) 1995. EdG 34
Unruhen in der ständischen Gesellschaft 1300–1800 (Peter Blickle) 1988. EdG 1
Frauen- und Geschlechtergeschichte 1500–1800 (Heide Wunder)
Die Juden in Deutschland vom 16. bis zum Ende des 18. Jahrhunderts (J. Friedrich Battenberg) 2001. EdG 60

Wirtschaft
Die deutsche Wirtschaft im 16. Jahrhundert (Franz Mathis) 1992. EdG 11
Die Entwicklung der Wirtschaft im Zeitalter des Merkantilismus 1620–1800 (Rainer Gömmel) 1998. EdG 46
Landwirtschaft in der Frühen Neuzeit (Walter Achilles) 1991. EdG 10
Gewerbe in der Frühen Neuzeit (Wilfried Reininghaus) 1990. EdG 3
Kommunikation, Handel, Geld und Banken in der Frühen Neuzeit (Michael North) 2000. EdG 59

Kultur, Alltag, Mentalitäten
Medien in der Frühen Neuzeit (Stephan Füssel)
Bildung und Wissenschaft vom 15. bis zum 17. Jahrhundert (Notker Hammerstein) 2003. EdG 64
Bildung und Wissenschaft in der Frühen Neuzeit 1650–1800 (Anton Schindling) 2. Aufl. 1999. EdG 30
Die Aufklärung (Winfried Müller) 2002. EdG 61
Lebenswelt und Kultur des Bürgertums in der Frühen Neuzeit (Bernd Roeck) 1991. EdG 9
Lebenswelt und Kultur der unterständischen Schichten in der Frühen Neuzeit (Robert von Friedeburg) 2002. EdG 62

Religion und Kirche
Die Reformation. Voraussetzungen und Durchsetzung (Olaf Mörke)
Konfessionalisierung im 16. Jahrhundert (Heinrich Richard Schmidt) 1992. EdG 12
Kirche, Staat und Gesellschaft im 17. und 18. Jahrhundert (Michael Maurer) 1999. EdG 51
Religiöse Bewegungen in der Frühen Neuzeit (Hans-Jürgen Goertz) 1993. EdG 20

Politik, Staat und Verfassung
Das Reich in der Frühen Neuzeit (Helmut Neuhaus) 2. Aufl. 2003. EdG 42
Landesherrschaft, Territorien und Staat in der Frühen Neuzeit (Joachim Bahlcke)
Die Landständische Verfassung (Kersten Krüger) 2003. EdG 67
Vom aufgeklärten Reformstaat zum bürokratischen Staatsabsolutismus (Walter Demel) 1993. EdG 23
Militärgeschichte des späten Mittelalters und der Frühen Neuzeit (Bernhard Kroener)

Staatensystem, internationale Beziehungen
Das Reich im Kampf um die Hegemonie in Europa 1521–1648 (Alfred Kohler) 1990. EdG 6
Altes Reich und europäische Staatenwelt 1648–1806 (Heinz Duchhardt) 1990. EdG 4

19. und 20. Jahrhundert

Bevölkerungsgeschichte und Historische Demographie 1800–2000 (Josef Gesellschaft
Ehmer) 2004. EdG 71
Umweltgeschichte des 19. und 20. Jahrhunderts (Frank Uekötter)
Adel im 19. und 20. Jahrhundert (Heinz Reif) 1999. EdG 55
Geschichte der Familie im 19. und 20. Jahrhundert (Andreas Gestrich)
1998. EdG 50
Urbanisierung im 19. und 20. Jahrhundert (Klaus Tenfelde)
Soziale Schichtung, soziale Mobilität und sozialer Protest im 19. und
20. Jahrhundert (N.N.)
**Von der ständischen zur bürgerlichen Gesellschaft (Lothar Gall)
1993. EdG 25**
Die Angestellten seit dem 19. Jahrhundert (Günter Schulz) 2000. EdG 54
**Die Arbeiterschaft im 19. und 20. Jahrhundert (Gerhard Schildt)
1996. EdG 36**
Frauen- und Geschlechtergeschichte im 19. und 20. Jahrhundert
(Karen Hagemann)
**Die Juden in Deutschland 1780–1918 (Shulamit Volkov) 2. Aufl. 2000.
EdG 16
Die Juden in Deutschland 1914–1945 (Moshe Zimmermann) 1997.
EdG 43**

Die Industrielle Revolution in Deutschland (Hans-Werner Hahn) Wirtschaft
**1998. EdG 49
Die deutsche Wirtschaft im 20. Jahrhundert (Wilfried Feldenkirchen)
1998. EdG 47**
Agrarwirtschaft und ländliche Gesellschaft im 19. Jahrhundert (Stefan Brakensiek)
**Agrarwirtschaft und ländliche Gesellschaft im 20. Jahrhundert (Ulrich Kluge)
2004. EdG 73
Gewerbe und Industrie im 19. und 20. Jahrhundert (Toni Pierenkemper)
1994. EdG 29**
Handel und Verkehr im 19. Jahrhundert (Karl Heinrich Kaufhold)
**Handel und Verkehr im 20. Jahrhundert (Christopher Kopper) 2002.
EdG 63
Banken und Versicherungen im 19. und 20. Jahrhundert (Eckhard Wandel)
1998. EdG 45**
Unternehmensgeschichte im 19. und 20. Jahrhundert (Werner Plumpe)
**Staat und Wirtschaft im 19. Jahrhundert (Rudolf Boch) 2004. EdG 70
Staat und Wirtschaft im 20. Jahrhundert (Gerold Ambrosius) 1990.
EdG 7**

Kultur, Bildung und Wissenschaft im 19. Jahrhundert (Hans-Christof Kraus) Kultur, Alltag und
Kultur, Bildung und Wissenschaft im 20. Jahrhundert (Frank-Lothar Kroll) Mentalitäten
2003. EdG 65
Lebenswelt und Kultur des Bürgertums im 19. und 20. Jahrhundert
(Andreas Schulz)
**Lebenswelt und Kultur der unterbürgerlichen Schichten im 19. und
20. Jahrhundert (Wolfgang Kaschuba) 1990. EdG 5**

Formen der Frömmigkeit in einer sich säkularisierenden Gesellschaft (Karl Egon Religion und
Lönne) Kirche
**Kirche, Politik und Gesellschaft im 19. Jahrhundert (Gerhard Besier)
1998. EdG 48**

	Kirche, Politik und Gesellschaft im 20. Jahrhundert (Gerhard Besier) 2000. EdG 56
Politik, Staat, Verfassung	Der Deutsche Bund und das politische System der Restauration 1815–1866 (Jürgen Müller) **Verfassungsstaat und Nationsbildung 1815–1871 (Elisabeth Fehrenbach) 1992. EdG 22** **Politik im deutschen Kaiserreich (Hans-Peter Ullmann) 1999. EdG 52** **Die Weimarer Republik. Politik und Gesellschaft (Andreas Wirsching) 2000. EdG 58** **Nationalsozialistische Herrschaft (Ulrich von Hehl) 2. Auflage 2001. EdG 39** **Die Bundesrepublik Deutschland. Verfassung, Parlament und Parteien (Adolf M. Birke) 1996. EdG 41** Militärgeschichte des 19. Jahrhunderts (Ralf Pröve) Militärgeschichte des 20. Jahrhunderts (Bernhard R. Kroener) Die Sozialgeschichte der Bundesrepublik Deutschland (Axel Schildt) Die Sozialgeschichte der DDR (Arnd Bauerkämper) **Die Innenpolitik der DDR (Günther Heydemann) 2003. EdG 66**
Staatensystem, internationale Beziehungen	**Die deutsche Frage und das europäische Staatensystem 1815–1871 (Anselm Doering-Manteuffel) 2. Aufl. 2001. EdG 15** **Deutsche Außenpolitik 1871–1918 (Klaus Hildebrand) 2. Aufl. 1994. EdG 2** **Die Außenpolitik der Weimarer Republik (Gottfried Niedhart) 1999. EdG 53** **Die Außenpolitik des Dritten Reiches (Marie-Luise Recker) 1990. EdG 8** Die Außenpolitik der BRD (Ulrich Lappenküper) **Die Außenpolitik der DDR (Joachim Scholtyseck) 2003. EDG 69**

Hervorgehobene Titel sind bereits erschienen.

Stand: (Juli 2004)